동아시아와 문명,

그리고

지역체제

21세기형 신문명시스템 구상

전홍석(全洪奭, Jeon Hong-seok)

성균관대학교에서 한국철학, 중국철학을 공부하고 철학박사 학위를 받았다. 이후 한국연구재단 해외박사후연수지원사업에 선정되어 중국사회과학원 철학연구소에서 동서비교철학을 공부했다. 그리고 베이징외국어대학교 방문학자로 초빙을 받아 동대학 중국해외중국학연구센터(中國海外漢學研究中心)에서 문명교류사에 관한 다양한 연구를 수행했다. 그 외에 중국톈진외국어대학교 객좌교수, 중국톈진FESCO 중한무궁화국제교육원장, 원광대학교 HK+ 연구교수 등을 역임했다. 현재는 순천향대학교 학술연구교수, 중국해외중국학연구센터 겸임연구원, 동아시아문명연구소장으로 있으면서 저술활동과 학술강연에 전념하고 있다. 저서로『동아시아 문화학 로드맵, 주첸즈(朱謙之)의 문화사상』,『초기 근대 서구지식인의 동아시아상과 지식체계』,『동아시아와 문명』,『동아시아 문명공동체』,『조선시대 공공성 담론의 동학』,『독일 계몽주의의 유학적 기초』,『문명 담론을 말하다』,『조선 후기 북학파의 대중관 이해』,『朱謙之 문화철학 연구』가 있다. 또한 역서에는『중국사상이 유럽문화에 끼친 영향』,『중한관계사―근대편』,『중한관계사―현대편』,『문화철학』등이 있다.

동아시아와 문명, 그리고 지역체제 21세기형 신문명시스템 구상

초판인쇄 2020년 11월 20일 초판발행 2020년 11월 30일
지은이 전홍석 펴낸이 박성모 펴낸곳 소명출판 출판등록 제13-522호
주소 06643 서울시 서초구 서초중앙로6길 15, 2층
전화 02-585-7840 팩스 02-585-7848 전자우편 somyungbooks@daum.net 홈페이지 www.somyong.co.kr

값 21,000원 ⓒ 전홍석, 2020
ISBN 979-11-5905-518-8 93300

동아시아와 문명, 그리고 지역체제

East Asia, Civilization and Regional System
: 21st century new civilization system initiative

21세기형 신문명시스템 구상

전홍석 지음

소명출판

책머리에

오늘날 4차 산업혁명기는 디지털기술의 영향력이 자동화로 완벽한 힘을 구비하면서 미증유의 새로운 것들을 만들어내는 대변혁의 시기이다. 더구나 현 인류는 인간의 경험이 인터넷, 디지털 미디어 등 기술의 영향력을 받는 동시에 매우 사회적이라 할 수 있는 '기술-사회 생활techno-social life-초연결사회'의 삶을 살고 있다. 본 저술은 이러한 문명사의 변곡점에 직면해서 동아시아East Asia, 문명civilization, 지역체제regional system라는 세 개의 키워드를 중심으로 인문과학, 사회과학 분야를 넘나들며 동아시아의 신新문명과 미래상을 타진한다. 즉 21세기 지속가능한 평화공존의 동아시아 호모 엠파티쿠스Homo-Empathicus(공감하는 인간)형 '신문명시스템 new civilization system 구상'을 목표로 집필된 것이다.

이 책에서는 국내외 동아시아담론의 다양한 시각들을 수용하고 그 교차 지점에서 문명으로서의 동아시아, 곧 문명공동체 지역시스템이라는 대안적 관점을 제안한다. 이 같은 혁신적인 문명표준은 현 동아시아체제에 뿌리 깊게 착근되어 있는 근대 서구식 자본주의체제, 국민국가주의 등의 한계에서 탈피해 '신문명시스템'을 의제화하는 새로운 의미망의 호혜·연대·공생·포용적 지역평화협력모델이다. 그리고 이른바 신문명시스템은 동서양의 경계를 가로질러 전통적 세계관과 근대적 세계관을 융·통합하는 거시구도 속에서 문명 기제가 선도하는 생명공감적 보편(진보)성과 다원공동체의 공진화Co-evolution로 추동됨을 천명한다.

익히 아는 바와 같이 동아시아권은 최근 정치경제적으로 급부상하면서 세계적 위상이 눈에 띄게 제고되었다. 그럼에도 불구하고 19세기 말부터 서구에서 도입된 근대 세계시스템, 곧 자본주의 세계경제(세계체제)와 그 정치적 상부구조인 근대적 열국체제inter-state system(국가간체제)가 어느 권역보다 강세를 띠고 있는 지역이다. 더욱이 그로부터 기인된 민족국가지상至上의식, 신냉전질서, 신민족주의, 분단체제 등이 동아시아 사회의 지배적 사유로 고착화되어 극명한 분열상으로 표출되고 있다.

이런 점에서 호모 엠파티쿠스형 지역시민주의를 매개로 하는 영구적 평화번영체제인 초국적 문화질서, 평화질서의 출현이 무엇보다도 절실한 때다. 그 대안적 비전으로 제시하는 동아시아 '신문명시스템-문명공동체'는 현대사회의 문명사적 변곡점, 위기, 더불어 그와 연동하는 역내域內 국가들의 제반 분쟁과 균열 현상들을 목도하면서 생명, 공감, 상생, 연결, 소통, 공유, 생태 등 21세기 문명의 다층적이고 진화한 메가트렌드Megatrend를 포용하는 전 지구적 평화협력과 지역공동체 지평의 품격 높은 삶터가 요청된다는 문제의식에서 발제되었다.

이 시민주도형 문명공동체 지역구상은 동아시아성과 세계성에 접속하는 지구지역적glocal인 열린 민족주의의 성숙을 전제로 한다. 국가 단위와 세계 단위의 중간항인 '신문명시스템-문명공동체'는 그 평화프로세스를 민족적 층위에서 그치지 않고 동아시아와 지구적 문맥으로까지 확장한다. 즉 '민족적 층위-분단체제 극복', '지역적 층위-동아시아 분열상 해소', '지구적 층위-세계체제 변혁'이라는 혁신적인 체제모델을 지향한다.

끝으로 국내 인문사회학 출판시장의 어려운 여건 속에서도 애정 어린 교정과 출판의 수고로움을 도맡아준 소명출판 가족 여러분들께 깊은 감사의 마음을 전한다. 또한 졸고를 꼼꼼하게 읽으면서 유익한 조언을 아끼지 않은 많은 선생님들이 계신다. 이 지면을 빌려 사은謝恩을 표한다. 덧붙여 고달픈 학문적 삶의 여정에서 항상 따뜻한 벗이 되어준 아들 병현(중국 저장대학浙江大學, Zhejiang University 재학)에게 이 책을 선사한다. 아버지가 계도하는 정신적 자양분으로 읽히고 기억되기를 바라 마지않는다.

2020년 11월

전 홍 석 識

차례

제1장

총론

현재 동아시아East Asia는 일국一國적 근대화modernization 기획이 착수된 이래 동아시아공동체의 문화적 소통과 연대적 실제상들이 파편화 · 기형화되어 역내域內 국가 간 상호 대결과 분쟁이 일상화되고 있다. 이 지역은 한반도를 둘러싸고 "중국의 인민군, 러시아의 극동군, 일본의 자위대, 한국과 일본 주둔군을 비롯한 미국의 태평양군, 그리고 남북의 무력까지 집중된 세계적인 중무장 지역이다."[1] 이러한 군사적 대치국면에 더해서 탈냉전으로 일시 사라졌던 해양세력(일본 · 미국)과 대륙세력(중국 · 러시아) 간의 팽팽한 대결구도가 되살아났다. 가령 미국의 인도 · 태평양 전략과 중국의 일대일로一帶一路 · One belt, One road 전략이 상충하는 이원적 구조 속에서 동아시아 제국諸國은 패권적 국가주의nationalism에 기대어 반목과 충돌을 거듭하고 있다. 동아시아권은 세계적 위상 제고와 세계경제의 동아시아화 추세에도 불구하고 여전히 근대국가 세계시스템과 이로부터 기인된 냉전질서가 지배하는 체제인 것이다. 그로 인해 국제구도의 다극화 특징인 해묵은 영토 · 역사 문제, 위안부 문제, 사드THAAD(고고도미사일방어 시스템) 사태 등으로 상호 불신하며 갈등 · 대립하고 있다.

돌이켜 볼 때 저간의 한국, 중국, 일본 등 동아시아권의 국제관계는 급속히 악화되어 신냉전, 신민족주의 기류를 형성하면서 극명한 분열상들을 보여준다. 일본은 점증하는 인접국의 국력 신장에 맞서 자신들의 기득권 수호를 위해 평화헌법 폐지, 집단자위권, 핵무장의 노골화, 주변 국가와의 '독도-한국', '센카쿠尖閣열도-중국', '북방 4개 도서(에토로후擇捉 · 구나시리國後 · 하보마이齒舞 · 시코탄色丹)-러시아' 영토분쟁 등 여러 잡음을 내고 있다. 중국 역시 대국굴기大國崛起라는 과도한 패권의식으로 주변국을 복속시키고자 하는 대국주의적 야욕을 확산시키고 있다. 더구나 중국은 자국과 미국의 '주요 2개국G2 시대'를 선언하면서 동아시아의 패권을 장악하려고 한다. 일본과는 댜오위다오釣魚島(일본명 센카쿠열도)분쟁을, 동남아시아 국가들과는 난사南沙군도와 시사西沙군도 영유권분쟁을 벌이고 있다. 또한 동북공정, 불법어로, 이어도 영토분쟁화 시도 등은 한국과 직접적으로 갈등을 빚는 대표적인 사안들이다.

이러한 동아시아권의 제반 분쟁과 균열 현상들은 초국가주의transnationalism적 평화협력 구상으로서의 '지역시스템' 공백이 불러온 결과라고 할 수 있다. '동아시아'란 정치·경제·문화·역사적 경험 공간과 그 미래의 기대 지평이 복합적으로 융합된 '지리정치적geopolitical 개념이자 지리문화적geo-cultural 개념이다. 초국가적 지역공동체 구성을 핵심으로 하는 한국발 '동아시아담론'은 이들 개념군과의 밀접한 연관 속에서 현 동아시아 분열상들에 대한 저마다의 진단과 해법을 제시하면서 지난 1990년대 초부터 점차 고조되어 왔다.[2] 아시아태평양시대the Asia-Pacific era로 상징되는 동아시아권의 부상과 그에 상응하는 '동아시아'에 대한 내재적이고 주체적인 재개념화의 시도가 다름 아닌 '동아시아담론'이라고 할 수 있다. 한편으로 이러한 지적 경향이 부상하게 된 데는 냉전의 해체와 사회주의권의 몰락, 유교문명에 기초한 동아시아 국가들의 급속한 사회경제적 발전, 민주화의 제3물결 등 여러 요인들이 작용했다. 그리고 영국과 미국을 필두로 신자유주의neo-liberalism로 대변되는 자본주의 세계화globalization의 확산과 그에 따른 유럽연합EU, 남미공동시장MERCOSUR, 북미자유무역협정NAFTA, 동남아시아국가연합ASEAN, 아프리카통일기구OAU 등 지역주의regionalism 강화도 주요한 자극제가 되었다.

더욱이 동아시아 지역협력은 1997년 경제위기 직후 ASEAN+3 정상회의, 1999년 동아시아 협력선언, 2001년 동아시아비전그룹EAVG : East Asia Vision Group 보고서 등을 통해 급속히 진전되었다. 무엇보다 EAVG 보고서의 동아시아공동체 구상은 유럽의 지역주의에 대한 반사적이고 모방적인 시도를 넘어 상호 의존과 상호 연대의 새로운 지역질서라는 지역적 공공재의 공급을 증진하기 위한 주체적 모색으로 평가된다. 이 보고서가 지역의 평화peace를 위한 정치안보협력, 공동의 번영prosperity을 위한 경제금융협력, 인간적 진보progress를 위한 사회문화 협력을 동아시아공동체의 세 가지 근본적 목표로 제시한 점은 고무적이다.[3] 이와 함께 2013년 한국 정부에 의해 제안된 '동북아평화협력구상(서울프로세스)' 또한 거시적으로는 기존 동아시아공동체론의 연장선상에서 파악할 수 있다. 지금 동북아에는 역내 국가 간에 평화와 협력을 증진시키기 위한 다자적 메커니즘이 없다는 인식이 바로 그것이다. 이후로도 한반도(한국)를 동아시아(동북아시아)의 피봇Pivot으로 하는 '균형자론', '운전자론', '교량국가론'[4] 등이 제시되었음은 주지의 사실이다.

그런가 하면 동아시아담론이 본질적으로는 '세계화'라는 새로운 방식의 제국주의에 대항해서 동아시아 지역주의의 응전을 목표로 대두되었다는 사실을 간과할 수 없다. 세계질서를 형성했던 냉전의 종식과 함께 대립의 형태가 문명civilization의 충돌로 바뀌었다는 시각은 '전통문화'에 대한 재인식을 촉구했고 이로 인해 동아시아라는 상상의 공동체가 모색된 것이다.[5] 이를테면 어떤 담론들은 이 지역의 자본주의적 구조를 근원적으로 회의하기보다는 그 틀 안에서 '동아시아성'을 주장하고자 했고, 반면에 일부 담론들은 자본주의라는 틀을 넘어서는 전망을 '동아시아성'에서 탐구하고자 했다. 전자의 경우는 1980년대 말부터 주로 보수진영의 학자들이 주창했던 이른바 동아시아 지역의 공통된 동질성과 우월성을 전제로 하는 동아시아발전모델론, 아시아적 가치론, 유교자본주의론 등의 '동아시아아이덴티티identity담론'을 지칭한다. 이 관점은 자본주의라는 세계사적 보편에 동아시아가 성공적으로 편입한 현실을 설명하고 그 성공을 합리화하는 데도 원용되었다. 한편 후자의 경향은 대체로 진보적 학자들(『창작과비평』의 논객들)의 '대안적 공동체로서의 동아시아 담론(대안체제담론)'에서 발견된다. 이 일군의 지식인들은 탈냉전기 기존 진보진영의 담론의 현실적 준거 기준이 갑자기 사라진 공황적 상황에서 새로운 담론의 근거지로 '동아시아'를 주목했다. 이들은 사회주의권의 몰락을 자본주의의 전면적 승리로 해석하지 않고 새로운 진보담론의 계기를 동아시아적인 것의 특수성에서 찾고 그것을 자본주의 너머의 것으로 파악했던 것이다.[6]

　이 동아시아담론은 그동안 인문사회과학 전반에 걸쳐서 다양하게 이루어졌음에도 불구하고 그 수준은 여전히 모색 단계에 머물고 있다. 심지어 일각에서는 현재의 '동아시아'란 용어에 대해 그것은 과거 일본의 동양사와 아시아주의처럼 '기원의 망상'에 빠져 있는 오염된 개념이라고 혹독하게 비판한다. 다시 말해 동아시아 개념은 '전통' 그 자체를 설명하는 분석 개념이 아니라 현재의 기원을 역사적으로 재구성하여 궁극적으로 미래를 자기 것으로 만들고자 하는 '권력의지'를 내포한다는 것이다.[7] 그런가 하면 아이덴티티나 대안체제 등의 동아시아담론은 서구에 대한 강박관념이나 콤플렉스가 잠재화된 일종의 나르시시즘narcissism적 자기예찬으로서의 '역 오리엔탈리즘reversed orientalism'에 지나지 않는다는 회의적 반론 또한 만만치 않다.[8] 더구나 아이덴티티론이 서구의 보편적 근대의 주변부에서 실현된 지역적 근대성modernity을 탐색하는 방식을 취한다거나 한편으로 대안체제론이 현실 적합성이 떨어지고 그 지향해야 할 대안적 체제의 모습을 구제화하지 못한 점 등은 현 동아시아담론의 본질적 한계로 지적되기도 한다. 이러한 자기모순성을 극복하지 못한다면 그것이 아무리 원대한 동아시아적 이상을 표상한다고 하더라도 그 현실적 효용성은 부정적일 수밖에 없다. 때문에 세계화와 탈근대를 아우르면서도 현 담론들의 결점을 희석시키고 그 긍정성을 적극 발양시키는 지적 실험으로서의 '동아시아학' 구성이 무엇보다도 절실하다고 할 것이다.

이런 의미 맥락에서 지역체제상 '동아시아학-문명공동체' 논의는 21세기 새로운 패러다임으로 자리매김한 '문명대안론'의 시류와 맞물려 그 적실성을 획득하고 있다. 동아시아인들은 이 세계적 조류에 부응해 자신의 정체성identity이 국적보다는 동아시아인이라는 데서 더 자긍심을 찾고 동일문명의 요람에서 편안함과 유대감을 느끼는 영구적인 동질적 '평화연대체' 구성을 구체화해야 한다. 그 접착제는 인간의 공통된 취약성과 연약성, 그리고 그 안전의 필요성에 공감하는 '보편적 인권'이 되어야 함은 물론이다. 이 논단은 민족국가의 영토, 재산권 등에 한정된 지극히 배타적인 보호장치를 허물고 보다 포괄적인 '문명'기제를 통한 보편적 인권의 실현, 즉 그 보호와 안전의 의미장semantic field을 확장하자는 주장을 포괄한다. 이를테면 "실리적인 이성이 재산권을 기초로 한 '내 것 vs. 네 것'의 세계를 이끌었다면 이제는 공감empathy이 보편적 인권을 기반으로 하는 '우리'라는 새로운 세계로 이끌고 있다"[9]라는 견해가 그것이다. 자본주의적 이성이 근대국가의 영역이라면 '공감'은 영토를 초극한 문명공동체의 기제인 것이다.

우리는 이러한 공감의 문명시대에 즉하여 과거 국가강권주의 논리로 인해 소실된 평화와 인권의 꿈, 그리고 생명존엄에 관한 모든 이의 사고가 멈추고 절망한 자리, 바로 그로부터 각성된 동아시아 문명세계의 새로운 지평을 향한 논의를 재개해야 한다. 이제 동아시아인들은 좀 더 온도를 낮추고 인류의 '보편적 인권'에 조응하는, '국제 공공성publicness' 차원의 동아시아공동체 모델을 안출하는 데 머리를 맞대야 할 때다. 그와 관련해서 이 책은 지역연대, 지역체제, 지역정체성, 지역지평, 지역질서 등을 의제로 하는 기왕의 동아시아담론이 환영이나 단상에 그치지 않고 탄탄한 학적 체계로 발전하기 위해서는 학문 간 통섭과 학제 간 융합을 지향하는 호혜적·공생적·포용적 기제로서의 현대 '문명학적 공정'이 요구된다는 문제 인식에서 발상되었다. 이를테면 문명의 담론사적 접근을 통해 '신문명시스템new civilization system'으로 수렴되는 동아시아 지역공동체와 지역체제 연구의 새로운 지평을 여는 데 일조하고자 한다. 이에 대한 자세한 설명과 논거는 본문의 내용을 통해 확인하기 바란다. 다만 독자들의 전체적인 이해를 돕기 위해 각 장별로 내용을 간략히 소개해보고자 한다.

본 저작은 총론을 포함해 모두 여덟 개의 장으로 구성되었다. 개별 장의 각론은 내용과 구조 면에서 모두 독립적이고 고유한 체제를 띠지만 동아시아의 '지역평화공동체-신문명시스템' 구상이라는 목표를 향해 유기적으로 공명한다.

제2장 「동아시아공동체-문명대안론」은 동아시아공동체에 대한 문명적 정위定位를 중심으로 다룬 글이다. 20세기 말 미소냉전질서의 해체 이후

'문명대안론'의 대두와 함께 다각적인 차원에서 동아시아와 지역공동체 담론이 폭발되어 오늘에 이르고 있다. 이 제반 동아시아담론들을 세밀하게 들여다보면 그것을 관통하는 저류에는 '문명공동체'의 실제상들이 포착된다. 초국적 지역질서를 설계하는 지역공동체론은 '문명'이라는 큰 그림 안에서 동행한 것이다. 이 점에서 기술기축시대Axial Age of Technology 3·4차 산업혁명이라는 '변환된 근대성'의 토대 위에서 동아시아공동체에 대한 문명적 정위 문제를 공론화할 필요가 있다. 그것은 상위 범주인 '문명학'이 수범垂範하는 학술적 영감과 자원들을 동아시아 역내 담론 차원에서 적극 수용해 재창안함으로써 장기 지속적인 공동번영과 평화협력의 새로운 동아시아 '지역시스템'을 모색하는 데 있다. 이 논제 설정은 현 세계적 담론인 예술·공감·영성·생명·생태라는 문명의 다층적 근대성을 포용하는 혁신적인 '동아시아학 연구모델'이 요청된다는 문제 인식에 따른 것이다.

실제로 '동아시아학'을 문명의 단·복수적 담론사와 연계시켜 보면 '진보적 의미-보편론'과 '총체(포괄)적 의미-다원공동체론'의 의제를 안출할 수 있다. 제2장에서는 여기에 토대하여 지역공동체론의 문명적 이해를 제고시켜 상호 유기적·전일적 연결망을 구성하는 '생명생태적 문명(진보)관'을 제시했다. 이 신문명시스템에는 보편과 특수가 함께 살아 숨 쉬는 다양성 속의 통일성, 통일성 속의 다양성이 확보됨은 물론이다. 그리고 소통적·연대적 생명코드가 이 문명공동체의 조직원리, 접착제로 기능해야 한다. 결국 '동아시아 문명공동체'는 문명의 단·복수론적 지평의 융합지점, 즉 '문화다원주의'를 전제로 한 '보편문명universal civilization'에의 지향이라는 양자의 상호적 공진화Co-evolution 속에서 직조된다고 할 수 있다. 이 같은 격상된 문명표준체계는 동아시아사회를 국가(민족)주의와 세계주의globalism의 간극을 메워주는 문명생태주의적 지평의 품격 높은 지역 삶터로 이끌 것이다.

제3장 「문명공동체−동아시아시민주의」는 '유럽연합−유로시민주의' 모델을 준거로 삼아 '동아시아공동체−지역시민주의'를 구상해 보았다. 그 요지는 동아시아시민주의의 핵심인자인 인문·종교·예술 네트워크를 활성화시켜 지속적으로 창신創新해가는 동아시아 '문명공동체'를 구성하자는 것이다. 현재 동아시아권의 제반 분쟁과 균열 현상을 감안해 볼 때 지속 가능한 '문화와 평화질서'의 출현이 무엇보다도 절실한 때다. 인권과 평화 보장을 위한 초국가적 연합체 강화는 '동아시아시민', 곧 역내 인권주의자와 평화주의자의 상호 빈번한 교류와 공감 속에서만 가능하다. 바람직한 동아시아의 문명공동체는 '보편적 인권'과 '평화이념'을 지향하는 시민세력이 그 정체성 구성의 주체가 되었을 때 견고해질 수 있다. 이것이 바로 초국적 시민사회로서의 인문·종교·예술 네트워크를 통한 '동아시아 평화공동체'를 제안하는 이유다. 이제 동아시아인들은 맹목적이고 그릇된 '국가' 관념에서 벗어나 보다 포괄적이고 개방적인 '문명'에 터하여 타자와 호응하는 상호 주체적인 공존공영의 '동아시아공동체 구성'을 구체화해야 할 것이다.

이런 점에서 제3장 「문명공동체−동아시아시민주의」에서는 역내 인문·종교·예술 네트워크의 활성화와 그에 따른 동아시아 문명공동체, 평화공동체 구상의 제반사항들을 논구했다. 이 제안은 크게 보아 동아시아 시민사회 지역구상 노선에 합류한다. 그 발상은 '동아시아시민주의'라는 새로운 협력모델로서 정치·경제 영역보다는 동아시아를 매일매일 체험하면서 살아가는 동아시아시민의 탈권력적·탈시장적 생활세계에 바탕을 둔다. 때문에 이 네트워크는 동아시아인의 공통된 생활유전자인 '동아시아 생명주의'를 시민사회의 문화 영역에 구현하고자 하는 구상이기도 하다. 요컨대 본 '동아시아 문명공동체 로드맵'은 동아시아 생명문화운동의 핵심인 인문인, 종교인, 예술인을 역내 연결망의 '생명주의 데모스Demos(마을·민중·시민·다수)'로 격상시켜 동태적이고 역동적인 '동아시아의 정체성'을 모색하는 데 목표를 둔다. 그 궁극적 지향점은 현재 세계적 담론인 예술·공감·영성·생태문명의 동아시아적 의미를 진작시키고 그로부터 각성된 '동아시아 평화공동체'를 정식화하는 데 있다.

제4장 「동아시아의 세계체제론적 전망」에서는 동아시아와 그 지역체제에 대한 '서구적 시각'을 중점적으로 고찰한다. 이 장은 동아시아 지역연구Area Studies(지역학)와 연계된 국제관계상 종속체계subordinate system로서의 타자적 인식 공간과 그에 따른 자아적 재생산을 무력화하기 위해 기획된 것이다. 구체적으로는 세계체제(또는 세계체계, world system) 분석상 국지적 체제로서의 '동아시아'를 호명하고 그것의 외부(서양)적 의미 부여, 그리고 지역 내부와의 긴장관계를 근현대 동아시아의 역사지형에서 통찰, 재개념화를 시도했다. 사실 '동아시아'란 근대 제국주의 시기 유럽인의 지배이념이 투사된 아시아상을 일본인이 지역 침탈을 목적으로 수용해서 전유appropriation한 개념이다. 그리고 지난 19·20세기 동아시아인들은 이를 내면화해 공통된 지역정체성에 관심을 기울이기보다는 서구의 근대를 누가 더 빨리 선점하는가에 사활을 걸었다. 더구나 근대 '민족국가' 모델을 수입한 이래 그 가치와 원칙을 다른 어떤 비서구권 국가들보다 열렬하게 옹호해 왔다.

오늘날 동아시아인들은 민족국가의 사고회로에서 탈피해 인류공동체에 접속하는 '열린 민족주의'를 궁구할 때다. 아울러 세계체제 변혁과 민족국가 내부개혁 사이의 매개항인 지역체제에 대한 적실한 논의를 재개해야 한다. 여기에는 포스트-모던post-modern 맥락에서 유럽(서구)적 보편주의european universalism와 그에 저항하는 지역연구의 새로운 시각, 지역지식의 재구조화가 포함되어야 함은 물론이다. 이런 의미에서 세계체제론의 대표적 서양학자인 이매뉴얼 월러스틴Immanuel Wallerstein과 조반니 아리기Giovanni Arrighi의 동아시아에 대한 개념화적 맥락, 즉 전자의 '서구적 외인성外因性'과 후자의 '전통적 내인성內因性'이라는 대립적인 두 시각을 고찰했다. 또한 탈근대 '동아시아식 체제모델'의 동학the dynamics을 월러스틴의 '보편적(지구적) 보편주의universal universalism'와 아리기의 '문명연방common wealth of civilization'의 교차 지점에서 포착, 전망해보고자 했다. 월러스틴과 아리기는 동아시아체제에 대한 선명한 인식 차이에도 불구하고 두 가지 점에서 의미심장한 접합점을 발견할 수 있다. 첫째는 현 동아시아세계에 뿌리 깊게 착근된 서구식 세계체제 모델의 종식과 향후 '신新아시아시대the new Asian age'의 도래를 전망한다는 점이다. 둘째는 신아시아시대의 성격 규명상 동서양 융·통합의 혁신적인 '신문명시스템'을 상정한다는 사실이다. 이 두 학자의 이론은 새로운 동아시아 다이멘션Dimension으로서의 '지역시스템'을 구상하는 데 유의미한 지식자원으로 활용될 수 있을 것이다.

제5장 「신문명시스템─신중세화론적 모색」은 21세기 '초국적 지역체제' 구상 차원에서 탈근대적이고 탈제국주의적인 맥락의 '신중세화neo-medi-evalization론'에 지반을 둔 새로운 동아시아의 지역시스템 모델을 제안한다.

21세기 서구중심주의west-centrism의 세계사적 철수 단계인 세계화의 패퇴와 그와 대비되는 동아시아권의 부상은 새로운 '아시아태평양시대'를 촉진시키고 있다. 그러나 환태평양의 핵심지인 '동아시아'의 의미구성체는 구미 열강과 군국 일본이 각인시킨 '근대 세계시스템'의 제국주의적 조형물로 이해된다. 따라서 진정한 의미의 아시아태평양권이라는 '태평양의 재창안'이 실행되려면 '동아시아'가 제국주의로부터의 탈맥락화가 선행되어야 할 것이다. 문명적 가치와 그 의미를 중시하는 '신중세주의'는 혁신적인 동아시아의 '지역공동체' 모색과 '지역평화공동체' 창출을 위한 지침과 모델로서의 지적 영감을 제공해 준다.

본래 신중세화 담론은 상호 의존이 심화되고 세계화가 일정한 단계에 도달했을 때의 국제관계를 나타내기 위한 학술적인 용어로 출현했다. 이 이론은 1960~1970년대에 아놀드 월퍼스Arnold Wolfers, 헤들리 불Hedley Bull 등에 의해 제기된 바 있다. 특히 국제관계학 분야에서 영국학파를 대표하는 불은 미래에 출현할 가능성이 있는 국제시스템의 하나로 '신중세 질서'를 제시했다. 이 장에서는 신중세주의론자인 불, 제러미 리프킨Jeremy Rifkin, 타나까 아끼히꼬田中明彦, 조동일을 비롯해서 동아시식 신중세화 사조라고 할 수 있는 문명국가론, 조공-책봉체제론, 천하天下론, 복합국가론 등을 논구했다. 이른바 '신중세체제'는 문명공동체 범주의 보편성과 특수성을 잇는 거시적 구도의 결합조직이자 생태학적 관계망을 긍정하는 '다양성 속의 조화'를 지향한다. 그 핵심은 세계화의 원심력과 국민국가의 구심력에 대한 균형성이 어느 때보다도 요구되는 오늘날 '보편적 세계성'과 '특수적 지역성'이 함께 어우러져 있는 중세화 과정의 재발견으로 요약할 수 있다.

본 장에서는 동아시아 지역의 평화협력과 공동번영을 위한 지적 토대 구축 차원에서 기왕의 문명과 동아시아의 양대 담론이 교직交織하는 '신중세화-신문명시스템' 구상을 통해 아시아태평양권과 연계된 동아시아 '근대화-민족(주권)국가체제'의 변혁이라는 역내 공동 목표에 응답, 그 방향과 이론을 제시해보고자 했다. 21세기 '신중세주의'는 기존 동아시아와 문명의 양대 담론이 축적해온 대안체제의 회통점에 위치한다. 따라서 이 연구 영역은 지역시스템적 평화생명공동체의 조형과 직결된 선구적 개척 분야로 적극 자리매김해야 할 때다. 신중세주의는 세계화와 탈근대를 아우르면서도 현 동아시아담론의 결점을 희석시키고 그 긍정성을 적극 발양시키는 지적 실험이다. 특히 여타 지역화regionalization 블록들의 모범이 되고 있는 유럽연합의 실체가 '새로운 중세화' 모델에 터한다는 사실에 착안할 필요가 있다. 동아시아인들은 EU에게 길을 물어 지역시스템의 다이멘션 창출을 위한 '신중세화 모델-신문명시스템'을 적극 평가하고 무게 있게 검토해야 한다. 그리고 여기에 토대해 '보편적 인권'에 접속하는 지역 공동번영의 평화연대체 구상을 현실화해야 할 것이다.

제6장 「세계경제와 동아시아모델」은 미국 캘리포니아학파California School의 수정주의 담론에 초점을 맞추어 동아시아모델(경제발전경로)을 정식화하기 위해 기획된 것이다. 20세기 후반 이래 중국과 동아시아는 정치경제적 팽창을 거듭하면서 세계헤게모니 국가인 미국을 대체하는 세력권으로 급부상했다. 이러한 무한한 성장활력은 서구학계에서 세계체제 분석상 '근대화-서구모델'을 이탈해 '탈근대화postmodernization-동아시아모델'을 설정하고 그에 대한 다양한 담론들을 생산하는 계기가 되었다. 본 장에서는

근대세계경제(세계체제) 맥락에서 산업혁명을 의제로 전개된 서구모델, 대분기Great Divergence론 등을 선행적으로 검토했다. 그런 다음 로이 빈 웡R. Bin Wong, 王國斌, 케네스 포메란츠Kenneth Pomeranz, 안드레 군더 프랑크Andre Gunder Frank, 존 홉슨John M. Hobson, 아리기 등 캘리포니아학파의 담론지형을 중심으로 동서양의 두 발전경로를 비교·분석하고 이를 기초로 탈근대적 '동아시아모델의 동학'을 추적해 현재화하고자 했다.

근대 '서구식 체제모델'은 (동)아시아를 유럽적 역사 표준의 타자로 격하시키고 서구의 지배권력을 정당화하기 위해 만들어지고 확장된 단일중심체제다. 따라서 캘리포니아학파가 '동아시아모델' 연구를 통해 세계보편사로서 다중심의 상호 연결된 세계상을 확립하고자 한 시도는 의미심장하다. 캘리포니아학파의 수정주의 연구자들은 '스미스형 동력the Smithian Dynamics'을 명제로 근면혁명Industrious Revolution론, 원공업화proto-industrialization론 등을 비판적으로 재구성하면서 산업혁명 이전 중국과 동아시아의 경제를 유럽보다 더 고도화한 스미스형 성장the Smithian Growth 단계에 있었다고 판단했다. 그리고 이것은 서구학계에서 '노동집약적labour-intensive 산업화로서의 동아시아 경제발전경로'로 집약·유형화된다. 더불어 오늘날 중국과 동아시아의 급부상이라는 현상분석과 그 미래 전망, 곧 근대(성)모델에 대한 서양의 독점을 폐기하려는 다선적·다중적 근대(성)모델의 제시로까지 이어진다. 무엇보다 근대 산업문명과 미국헤게모니를 비판하면서 동아시아를 친환경의 노동집약적 대안문명으로 격상시켜 논구한 점들은 특기할 만하다. 요컨대 동서양 두 체제의 융합을 지향하는 수정주의 그룹의 연구는 21세기형 주체적이고 탈근대적인 '동아시아식 체제모델'을 구상하는 데 유익한 지식토대가 될 것이다.

　제7장 「탈근대 동아시아식 체제모델」은 역내 담론 차원에서 21세기형 주체적이고 탈근대적인 ‘동아시아 지역체제’의 연구 동향을 집성하기 위해 집필된 글이다. 이 장에서 제안하는 대안적 지역체제는 인류의 ‘공유적 보편성’이 수범하는 동서양 두 체제의 혼성화hybridization를 승인하면서 동아시아의 전통적 자산과 비전을 간직한 혁신적인 ‘신문명시스템’이다. 제2차 세계대전 이후 제3세계권의 지역 가운데 ‘동아시아’만이 정치경제적 발전을 성취하면서 서구학계에서는 (동)아시아의 성장을 해명하려는 학술적 조류가 1980년대부터 가시화되었다. 더하여 20세기 말 사회주의권의 몰락에도 불구하고 중국이 ‘미국헤게모니’를 위협할 정도로 국제적인 역량과 위상이 커지자, 2000년을 전후로 구미 중심적 세계사를 총체적으로 재검토·교정하고 동아시아 성장의 원인을 해독해내려는 시도가 미국의 ‘캘리포니아학파’를 중심으로 수행되었다. 이 수정주의 그룹은 산업혁명 직전까지 중국과 동아시아의 지역체제·경제발전 수준은 서유럽과 비등했거나 그것을 능가했으며 오늘날의 급부상도 이례적인 것이 아니라 그 본래의 역사적 지위를 회복한 것이라 파악했다. 심지어 동아시아를 자본집약적 에너지소모형인 서구식의 부자연스러운 발전경로를 대체할 차세대 헤게모니문명으로 격상시킨다. 동아시아는 노동집약적 에너지절약형의 자연스러운 발전경로로서 현 세계의 불평등구조를 해체하고 친환경적이면서도 평등한 분배를 실현할 문명의 중심축이라는 것이다.

　이러한 동아시아에 관한 역외(서구·타자)적 의미부여는 역내 지식인들과의 적극적인 상승작용을 통해 다양한 방식으로 ‘동아시아식 체제모델’을 실체화하려는 움직임들로 나타났다. 본 장에서는 역내 체제담론의 동학을 주시하면서 탈근대적인 '동아시아식 체제모델'을 구체화해보고자 했다. 먼저 세계체제론상 '유럽(서구)적 보편주의'의 망령 타파와 주체적 시각의 모색이라는 차원에서 근대 서구모델과 그 확산주의diffusionism를 비판적으로 검토했다. 그리고 캘리포니아학파, 일본학계의 이론들을 분석해 '동아시아모델(동아시아경로)'의 실상과 부상 과정을 점검해보았다. 그 요점은 동아시아의 경제 기적을 해명하는 분석기제, 즉 캘리포니아학파와의 공명 속에서 정식화된 일본학계의 '근면혁명-노동집약적 산업화' 발전경로론이다. 또한 그와 연동해서 동아시아와 문명의 의미장이 교차하는 공동번영과 평화협력의 지역체제 다이멘션, 즉 '21세기형 동아시아 체제모델' 구상을 한국과 중국의 담론지형에서 포착, 전망해보고자 했다. 이를테면 인문사회학을 통섭하는 한반도발 분단체제론과 그 과제로 제시된 복합국가론, 생명 지속적 발전, 소국주의를 논구했다. 아울러 중국발 지역체제론으로 순수한 경제경로인 다중모델(중국형 발전모델)론, 또한 중화中華제국전통을 사상자원으로 하는 신천하新天下주의, 트랜스시스템사회trans-systemic society, 跨體系社會를 고찰했다. 이 제반 담론은 상호 간 참조체계를 이루어 '21세기형 동아시아체제'를 구상하는 데 균형적인 지식토대가 될 것이다.

끝으로 제8장 「동아시아문명과 한반도 진경문화」는 21세기 혁신적인 '동아시아학' 정립과 함께 지역체제의 전환이라는 거시구도 속에서 근대국가주의적 세계시스템을 초극하는 동아시아 '국제 공공성' 창출을 목표로 연구된 것이다. 이 연구기획은 21세기 동아시아 신문명시스템의 모델을 근대화의 반대편에 존재하는 탈근대적 '중세화'로 설정해 18세기 한반도 '조선성리학-진경眞景문화'의 재발견을 통해 동아시아공동체 구성의 문화적 전범和而不同을 모색해보고자 했다. 구체적으로 이 글은 문명공동체 단위의 '중세화론'에 토대해 서구적 근대성이 문명 개념에 적층되기 이전 그 원의에 함의된 '중화'가 동아시아의 중세 세계시스템과 대응되고 이러한 중세 중화보편주의 가치관이 정치체제인 책봉, 공동문어인 한문, 보편종교인 유교로 구현된 자기 완결적인 세계가 바로 '동아시아문명'임을 논구했다. 이와 함께 중화사상이 송대宋代 성리학에서 『춘추春秋』 존왕양이尊王攘夷라는 도덕률과 결합하여 중세 보편적 가치로 재탄생하는 과정과 역사 상황을 고찰해보았다. 그 결과 동아시아 중세 후기 '중화 공공성'은 당시 이민족의 침략과 지배에 시달렸던 한족漢族 왕조의 시대적 정황과 맞물려 '인도仁道정신'에 입각한 포괄적이고 원심적인 '세계주의'보다는 '의리義理정신'에 입각한 자주적이고 구심적인 '민족주의' 성향이 두드러진 것이 그 특징임을 확인했다. 이러한 주자 성리학 차원의 춘추의리적 '중화' 이념은 도학道學사상의 수용과 함께 조선에 절대적인 영향을 미쳤다.

특히 조선 후기 영·정조 대의 문화황금기 '진경시대'는 조선성리학이 고양시킨 문화자존의식, 곧 조선이 세계에서 가장 뛰어난 문화를 향유하고 있다는 '조선중화주의' 현양의 한 양태라고 할 수 있다. 당시 조선인들은 중화보편주의를 주체화하여 문명의 주변의식에서 탈피했고 민족문화를 제고시킬 수 있었다. 이를테면 동아시아 중화민족주의의 한 형태인 '조선중화주의-진경문화'는 민족문화의 특성인 '이夷'가 중세 동아시아문명의 보편적 규범인 '화華'를 포섭하여 성취해낸 한민족공동체의 탈주변화를 표상한다. 여기에는 또한 '서로 다르면서 화합하는 삶의 방식'이자 '다양성 속의 조화'를 지향하는 전통시대 동아시아의 문명철학, 즉 공자孔子의 화이부동和而不同, 정주程朱의 이일분수理一分殊, 율곡의 이통기국理通氣局이 구현되어 있다. 한반도의 진경문화는 '중화보편주의理一'가 역내 제반 민족문화로 전이되어 '문화다원주의分殊'를 이룩한 '동아시아 중세화理一分殊'의 결정체라고 할 수 있다. 더욱이 이것은 동아시아의 문명 아이덴티티 '중화'가 원천적으로 국가주의로 환원될 수 없음을 적시해 준다. 이 제반사항에 비추어 볼 때 18세기 조선의 진경시대와 그 문화는 오늘날 동아시아 평화연대체 건설의 귀중한 문화적 자산으로서 현재성을 갖는다고 할 것이다.

제2장

동아시아공동체

문명대안론

이끄는 말

세계문명사로 볼 때 근현대 인류사회는 '서구적 근대성modernity'이 본
격화된 '과학기술시대-기술기축시대Axial Age of Technology'로 명명된다.[1]
이 기술기축시대의 전반기인 19 · 20세기의 1 · 2차 산업혁명기는 서구
에서 발원한 근대국가시스템이 전 지구적으로 팽창된 제국주의 시대였
다. 당시의 과도기적 근대성은 화석에너지(석탄 · 석유)에 기반을 둔 호모
사피엔스Homo-Sapiens적 적자생존과 식민주의의 논리가 지배적 담론을
형성했다. 그리고 20세기 후반부터 일기 시작한 문명사적 새로운 변화의
물결은 근대적 거대 담론이나 거대 서사를 해체하는 포스트모더니즘post-
modernism운동과 겹치면서 '정보통신 기술의 분산 네트워크혁명'과 '재생
가능한 에너지(녹색에너지)제도 혁신'이 결합한 기술기축시대의 '3 · 4차
산업혁명기'로 접어들었다. 이 시대는 향후 로봇이나 인공지능AI 등이 발
달되어 인간을 위한 '아톰세계(현실 : 1 · 2차 산업혁명)'와 '비트세계(가상 :
3차 산업혁명)'가 융합하는 '4차 산업혁명'의 도래가 예고되고 있다. 뿐더
러 '공감뉴런Empathy Neurons' 이론에 기초해 인간을 적대적 경쟁보다는 공
생공영의 유대를 가장 고차원적인 욕구로 지향하는 이타적 존재로 재규
정한다.[2] 21세기는 현실의 나와 온라인상의 내가 일체화됨으로써 사회적
연결의 욕구와 자아 · 타아 실현의 욕구가 극대화되는 새로운 패러다임의
'변화shift된 근대성'에 당면해 있다. 국제관계와 세계체제상에서도 타자
와 공감하는 호모 엠파티쿠스Homo-Empathicus형 시민사회로서의 초국가
적 '지역화regionalization-지역공동체시대'로 대전환하고 한다.

동서양의 지성계는 이러한 세계문명사적 큰 흐름과 그 시대정신을 포

착하고 과거의 배타적인 대결의식은 인류의 공멸을 자초할 뿐이라는 뼈아픈 반성에 토대하여 영구한 세계평화체제 구축을 위한 다각적인 모색을 시도하고 있다. 그것은 공분모적 복합체인 '문명civilization'에서 소기의 대안과 해법을 강구하고자 하는 '문명대안론-문명담론'으로 압축할 수 있다. '지역공동체' 논의는 이 제반 '문명대안론'과 연동된 문제로서 어떤 면에서는 지구화된 자본과 그 논리를 대행하는 국가(국민국가) 간의 딜레마로 출현한 것이다. 현대세계를 '세계화globalization'라는 현실적인 맥락에서 통찰해보면 획일주의와 다원주의라는 상호 모순된 양면성이 병존한다는 사실을 깨달을 수 있다. 한편에서는 신자유주의neoliberalism 차원의 세계화라는 맹렬한 기세로 전 인류의 삶의 형태가 자유민주주의와 자본주의 시장경제를 축으로 획일화되는 과정을 밟는가 하면, 다른 한편에서는 자유주의와 사회주의의 이념적 대립이 사라진 후 각 민족과 지역의 특수한 문화culture적 전통과 정체성identity에 대한 관심이 고조되고 있다. 이러한 경향은 서구문명의 보편화 기획에 저항하는 동양의 복권으로서 이 양자의 대결은 '서양 대 동양', '근대 대 전통', '세계 대 지역'의 대립쌍이 비서구 결집의 또 다른 형태로 형식화된 '지역화 담론'이라고 할 수 있다.[3]

이렇게 20세기 말 문명대안론, 세계화, 지역학Area Studies(지역연구), 포스트모더니즘 등의 세계적 사조들과 맞물려 '동아시아East Asia'라는 용어는 인문사회학계에서 다양한 차원에서 새롭게 개진되었다. 그리고 이를 주도했던 한국발 동아시아담론이 공유하는 공통점은 '지역공동체 관철'이라는 의제로 수렴되고 있다. 초국가주의transnationalism적 지역공동체 구성을 핵심으로 하는 '동아시아담론'은 지역연대, 지역정체성, 지역지평, 지역질서 등을 화두로 지난 1990년대 초부터 고조되어왔다. 그러나 이 지적 담론에 대한 비관론 역시 병존한다. 대표적인 경우로 "공동의 지역과 인종, 그리고 문명을 기반으로 한 아이덴티티identity와 연대의 형성은 잠정적이고 유동적이며 특수주의에 근거한 것으로 보편으로의 지향이라는 점에서 애초부터 그것이 가지고 있는 한계는 자명한 것"[4]이라는 인식이 그것이다. 그와 결부해서 "동서가 서로 충격을 가하고 융합하는 체제 내에서 자기의 역사 과정을 토론할 때 우리들은 이미 이른바 '순수한 본토'니 '타자와 구별되는 자아'니 하는 분류로 확립된 주체성에 의지할 수 없다"[5]라는 견해도 존재한다. 심지어 2000년대 중반 동아시아담론은 정부의 지역주의regionalism 정책화기를 맞이해 쇠퇴국면에 들어섰다는 보고는 무겁게 받아들여야 한다. 이 시기 "후원 담론으로 육성되는 과정에서 담론적 탄력성을 잃고 담론의 지향성이 굳어져 가더니 후원 담론의 지위를 상실하자 담론적 역할을 위협받게 되었다"[6]는 것이다.

이러한 후원 담론화의 폐해에도 불구하고 동아시아 담론사에는 방법이나 시론, 지적 실험, 프로젝트 혹은 대안의 모색을 위한 기능으로서 동아시아를 이해하고자 하는 다양한 연구 노력들이 목도된다.[7] 이들 제안들 중에서도 본 장은 '지역연대'를 목표로 하는 '동아시아적 시각'을 수용하고 그 교차 지점에서 '문명으로서의 동아시아'라는 지적 실험에 응답하고자 한다. 이 논제 설정은 부국강병을 추구하는 국민국가주의에 흡입당한 '20세기형 문명'을 넘어서려는 '문명론 차원'에서의 혁신적인 변화가 일어나야 한다는 문제 인식으로부터 출발한다.[8] 그것은 "20세기의 타율적 문명 전환을 딛고 21세기에 자율적 문명 전환을 추구하는 한민족공동체를 비롯한 동아시아인의 활동이 이곳저곳에서 어우러질 때 새로운 동아시아문명의 빛이 비칠 것"[9]이라는 명제로 더욱 선명화할 수 있다. 그러나 한편으로 여기에 가해지는, "지적 실험 가운데 '문명적인 것'과 '지역연대적인 것'이 어떻게 위치지어져야 할지에 대해서도 좀 더 논의될 필요가 있다"[10]라는 반론도 무시할 수 없다. 이러한 학계의 논란은 동아시아공동체에 관한 그 상위 담론인 '문명적 정위定位'가 결여되고 정합적인 분석이 부재한 데서 비롯된 것이다. 여기서는 '문명의 담론사'적 접근을 통해 그 해법의 실마리를 찾고, 더 나아가 이로써 동아시아와 그 지역공동체 연구의 새로운 지평을 여는 데 일조하고자 한다.

동아시아 – 담론과 공동체

동아시아담론

이른바 아시아Asia란 단어는 그 원형을 '아쑤바Assuva'에서 찾을 수 있다. 기원전 1235년 무렵 히타이트족Hittite의 어느 왕이 그러한 이름을 가진 장소, 사람들을 정복했다는 기록이 남아 있다. 이는 에게해 동쪽 어딘가에 위치한 국가 또는 부족연합을 가리키는 것으로 '동맹'이나 '친구'를 의미했다. 그 뒤 '아쑤바'라는 말이 그리스로 건너가면서 오늘날의 '아시아'에 보다 가까운 발음을 얻게 된 것이다.[11] 그 어원은 '일출asu' 또는 '해 뜨는 곳asia'이며 통상 에게해 동쪽 지방을 뜻한다. 그것이 처음부터 '일몰erebu'이나 '해 지는 곳europe'과 상보적이어서 양자가 짝을 이루어 세계를 완성하는 실체였다는 인식은 곱씹을 만하다.[12] 여하튼 대략 15세기 이후 대항해 시대를 거쳐 현재의 지역인 '동아시아'에까지 아시아의 범위가 확장되었다. 그리고 서구 식민세력들이 동양에 '아시아'라는 명칭을 재도입하면서 비로소 이곳에 살았던 사람들이 이 용어를 재채택하게 된 것이다. 참고로 유럽인들이 현재의 동아시아 지역을 아시아라고 본격적으로 부르게 된 것은 17세기 초 예수회 선교사들이 세계지도를 소개하면서 지리적 명칭으로 사용했던 '아세아亞細亞'를 통해서였다.[13] 그런데 중국 관리들이 'Inferior-Trifling-Inferior'의 뜻으로 영역하면서 한자로 경멸적인 '아세아'라고 음역했고 그것은 중국을 중심에 두고 주변에 아시아를 위치시키는 발상에서 선택한 표기라고 한다.[14]

그러나 서구의 '근대국가 세계시스템'과 연동하는 근대적 '아시아'는 유럽의 타자로서 유럽적 자아의 필요에 따라 구성, 해체, 재구성을 거듭하는 동태적 개념이다. 근동Near East, 중동Middle East, 극동Far East 등 아시아에 관한 거의 모든 지리적 범주의 표준공간은 표준시간과 마찬가지로 지극히 유럽적이다.[15] 근대 동아시아의 지역적 정체성 형성은 이 유럽적 동양으로서의 식민 담론과 무연하지 않다. 원래 '동아시아'란 말은 근대 제국주의 시기 유럽인이 만들어낸 '아시아상'을 일본인이 수용해서 지역제국주의로 전유appropriation한 개념이다. 일본발 침략적 동아공동체론은 메이지유신을 전후한 19세기 말의 아시아연대론과 1930년대 후반 중일전쟁 시기에 제기된 동아협동체론을 거치면서 구성되었었다. 이 양대 담론은 일본의 아시아 맹주론의 다른 표현이었다. 더욱이 1930년대에 확산되었던 '동아'와 '대동아'는 영국 중심적 개념인 '극동'에 대응하는 일본 중심적 개념으로서 그것은 일본의 대동아공영권으로 인해 현재까지도 가해자나 피해자 모두에게 기피의 대상이 되고 있다. 정리하자면 동아시아는 "애초부터 오리엔탈리즘orientalism이라는 제국주의적 원죄를 갖고 태어난 심상지리이다. 아시아라는 지역적 정체성이 서구라는 외적 타자의 시선에 의해 규정되었다면 '동아시아'는 일본이라는 내적 타자에 의한 '권력의지'로부터 형성"[16]된 것이다.

이상으로 볼 때 '동아시아'는 강대국들의 지적 범주이거나 정치적 고안 아니면 문화적 창안임을 알 수 있다. 제2차 세계대전 이후에는 미국이 세계적 패권국으로 등장하면서 "극동에서 동아시아라는 변화는 유럽 중심적 권력구조에서 미국 중심적 '지식 권력구조로의 전이'를 의미하는데 그 과정에서 유럽이 만든 '극동'이라는 개념과 일본이 만들어낸 '대동아'라는 개념은 사라지게 되었다."[17] 이러한 변화는 제2차 세계대전 이후 영국에서 미국으로 세계체제의 헤게모니가 옮아간 현실을 반영한다. 그 실마리는 존 K. 페어뱅크John K. Fairbank와 에드윈 O. 라이샤워 Edwin O. Reischauer의 공동연구에서 찾아볼 수 있다. 이들은 한국과 중국, 일본, 베트남을 포함한 동아시아가 유럽의 입장에서 보면 '극동'이지만 미국에서 태평양을 건너 이들 지역으로 가는 경우 '극서'가 된다는 사실을 지적한다. 그런 까닭에 유럽이 문명세계의 중심이라는 낡은 개념을 의미하는 '극동'이라는 이름은 더 이상 사용될 수 없다는 것이다. 또한 동아시아라는 말은 유럽 중심의 세계를 부정하는 제3세계 국가들이 세계무대에서 주요 행위자로 부상했던 현실을 반영한다.[18] 가령 1955년 4월 인도네시아 반둥에서 개최된 아시아·아프리카 회의는 중립과 협력이라는 비동맹노선의 제3세계권이 출현했음을 의미한다. 이때 아시아와 아프리카의 29개국이 참가하여 경제협력, 문화협력, 인권 및 민족자결, 종속민족 문제, 세계평화의 증진 등을 토의했다.[19]

이 제반 요인으로 인해 극동에 대신해 '동아시아'라는 이름이 더욱 빈

번하게 채택되어 사용된 것이다. 그러나 과거 구미와 일제가 뿌려놓은 부정적 동아시아상이 일소되고 동아시아가 스스로를 '동아시아'라 부르기 시작한 것은 1990년대 초반 이후의 일이다. 제2차 세계대전 이후 40여 년간 서태평양동아시아 지역을 가로지르던 냉전구도가 해체되고 중국이 세계자본주의 시장경제체제로 편입해 들어오면서 동아시아는 하나의 지역으로 인식되었고 자신의 이름을 스스로 호명하게 되었다. 그리고 여기에는 이전부터 포착되는 유교문명에 기초한 동아시아 국가들의 급속한 사회경제적 발전, 유럽연합EU, 남미공동시장MERCOSUR, 북미자유무역협정NAFTA, 동남아시아국가연합ASEAN, 아프리카통일기구OAU 등과 같은 지역주의의 강화, 서구 근대성의 대안으로서의 '동아시아성'에 대한 관심 고조, 민주화의 제3물결 등 여러 요인들이 작용했다. 무엇보다도 한국 주도의 동아시아 개념은 중국 중심의 중화경제권, 일본의 대동아공영권, 제2차 세계대전 이후의 미국 중심의 군사안보적 패권구조, 동아시아의 신흥산업국NIEs의 경제적인 개념 등의 범주를 넘어서 중심-주변 구도를 초극하는 탈중심적인 수평주의적 개념으로 탈바꿈하고 있다.[20]

1990년대 초부터 등장한 한국발 동아시아 담론사를 대략 검토해보면 어떤 담론들은 이 지역의 자본주의적 구조를 근원적으로 회의하기보다는 그 틀 안에서 '동아시아성'을 주장하고자 했고, 반면에 일부 담론들은 자본주의라는 틀을 넘어서는 전망을 '동아시아성'에서 탐구하고자 했다. 전자의 경우는 주로 보수진영의 학자들이 주창했던 이른바 동아시아 지역의 공통된 동질성과 우월성을 전제로 하는 동아시아발전모델론, 아시아적 가치론, 유교자본주의론, 동아시아 민주주의 논의 등의 '동아시아아이덴티티identity담론'을 지칭한다. 이 관점은 자본주의라는 세계사적 보편에 동아시아가 성공적으로 편입한 현실을 설명하고 그 성공을 합리화하는 데도 원용되었다. 따라서 아이덴티티담론은 서구 자본주의적 범주 안에서 이루어진 하위의 분석 개념임을 알 수 있다. 한편 후자의 경향은 대체로 진보적 학자들(『창작과 비평』의 논객들)의 '대안체제담론(동아시아대안문명론)'에서 발견된다. 이 일군의 지식인들은 1980년대 말 사회주의권의 몰락과 냉전체제의 붕괴로 기존 진보진영의 담론의 현실적 준거 기준이 갑자기 사라진 공황적 상황에서 새로운 담론의 근거지로 '동아시아'를 주목했다. 이 유형은 동아시아 지역주의를 대안적 사회체제를 모색하는 수단으로, 그리고 동아시아공동체를 하나의 대안적 공동체로 바라보는 관점이다.[21]

그러나 아시아적 가치론, 유교자본주의론 등으로 대변되는 '아이덴티티담론'은 1997년 아시아 국가들에서 외환위기의 발생과 IMF 개입으로 위축되었고 그 연속과 불연속 속에서 '대안적 공동체로서의 동아시아담론'이 상승했다. 탈냉전 시대의 도래와 함께 서구가 주도하는 전지구적 자본주의화 혹은 세계화의 주요 이념인 신자유주의를 비판하고 탈근대, 탈식민주의적인 지적 모색과 토착적 발전의 대안론이 동아시아담론의 주류로 자리매김한 것이다. 그것이 소위 '동아시아공동체론'이다. 한국발 동아시아담론이 첫째, '동아시아정체성론', 둘째, '대안체제담론', 셋째, '동아시아공동체론' 이 세 가지 형태로 전개된 것이라 할 수 있다. 특히 '동아시아공동체론'은 지역통합과 밀접하게 연관된 것으로 세계화에 저항하면서도 세계화를 매개하는 이중적 역할의 지역주의에 주목한다. 여기에는 ASEAN을 중심으로 한 경제공동체와 정치안보공동체 구상으로 구분된다.[22] 동아시아정체성론과 대안체제담론이 동아시아적인 것을 이끌어내기 위한 것이라면 공동체담론은 세계화와 세계적 차원의 지역주의 대두에 대응하기 위해 동아시아 지역주의가 필요하다는 현실적 이해를 내세운 것이라고 하겠다.

이런 점에서 동아시아담론이 '세계화'라는 새로운 방식의 제국주의에 대항해서 새로운 차원의 '동아시아공동체'라는 지역주의의 응전을 목표로 진화했다고 할 수 있다. 그럼에도 일각에서는 현재의 '동아시아' 개념은 '전통' 그 자체를 설명하는 분석 개념이 아니라 현재의 기원을 역사적으로 재구성해 궁극적으로 미래를 자기 것으로 만들고자 하는 '권력의 지'를 내포한다고 혹독하게 비판한다.[23] 그런가 하면 '동아시아아이덴티티담론'이 서구 근대에 대한 반성이나 비판이 결여된 채 서구의 정치경제체제 등 보편적 근대의 주변부에서 실현된 지역적 근대성을 탐색하는 방식을 취한다거나, '대안체제담론'이 현실 적합성이 떨어지고 그 지향해야 할 대안적 체제의 모습을 구제화하지 못한 점 등은 현 동아시아담론의 본질적인 한계와 문제점으로 지적된다. 더하여 양 담론은 여전히 협소한 자중심(동북아중심주의·한반도중심주의)적 사고, 또는 서구에 대한 강박관념이나 콤플렉스가 잠재화된 일종의 나르시시즘narcissism적 자기예찬으로서의 '역 오리엔탈리즘reversed orientalism'[24]으로부터 자유롭지 못하다는 공통된 문제를 안고 있다. 이러한 자기모순성을 극복하지 못한다면 동아시아담론이 아무리 원대한 '지역공동체적 이상'을 표상한다고 하더라도 그 현실적 효용성은 부정적일 수밖에 없다.

동아시아공동체

20세기 말 새롭게 개진된 '한국발 동아시아담론'은 주체적 '동아시아' 개념 모색이라는 점에서 유의미하다. 즉 "역동적이고 주체적이며 개방적인 동아시아상이 본격적 형태로 출현한 것도 이 시기였다"[25]라는 평가는 이를 적시해 준다. 아울러 동아시아담론은 한국 학계에서 학제적 논의가 본격적으로 시작되는 하나의 이정표 구실을 했다. 이 논의는 다양한 개념과 언술로 인문사회학의 전 분야가 참여한다고 할 정도로 전형적인 학제적 담론으로 인식되고 있다. 더욱이 세계화의 심화와 동아시아 지역의 연계 속도가 가속화됨에 따라 동아시아공동체 구상은 담론의 수준을 넘어 현실적인 복잡한 정치경제적 이해관계와 결합되어 제도화하려는 노력으로 이어졌다. 1990년 후반부터 2000년대 초반까지 동아시아에서는 지역공동체 형성을 위한 다양한 접근이 시도되었다. 경제적 세계화와 동아시아사회의 급속한 부상, 아시아 금융위기 등은 더 이상 아시아가 서구를 향한 피동적 실체가 아닐뿐더러 서구세계가 만든 객체를 자신에게 전향시켜 주체성을 확립하도록 깨닫게 한 것이다. 이 과정이 일단 시작되자 기존의 민족(국민)국가를 기점으로 서구에 대항하는 구도는 더 이상 명료화하지 않은 것으로 바뀌었다.[26]

이러한 인식의 변환과 함께 한편으로 탈냉전의 분위기 속에서 유럽의 통합운동 등이 가시적인 성과가 나타나면서 '지역공동체로서의 동아시아'라는 공감대가 조성되었다. 당시 세계는 이념적인 동서냉전체제의 대결상태가 종식되고 지역적인 범주 내에서 공동번영과 평화협력을 지향하는 연합체 결성의 필요성이 대두되었다. 그에 따라 지역에 기반을 둔 공동체를 제도화하려는 국가들의 움직임이 본격화되었다. 현재는 "세계 여러 지역에서 자유무역지대와 지역적 정치연합체제를 확립하기 위한 조치가 취해지고 있다. 북미자유무역협정, 남미공동시장, 아프리카통일기구 등은 전부 다 시장을 통합하고 '지역적 규모의 경제'로 유리한 입지를 확보하려는 초국가적 정치모델의 기초를 마련하려는 시도들이다."[27] 서유럽에서는 일찍이 베스트팔렌적 관점의 영토 개념 자체에 대한 문제가 제기되어 유럽석탄철강공동체ECSC, 유럽원자력공동체EURATOM, 유럽경제공동체EEC, 유럽공동체EC, 유럽연합 등이 구현되면서 공통된 문명적 토대를 기반으로 한 새로운 초국가적 주체가 출현했다. EU는 경제통합과 사회·문화통합을 거쳐 궁극적으로는 정치통합까지 달성한 지역공동체의 대표적 사례다.[28]

동아시아의 지역협력은 1997년 경제위기 직후 한국정부의 주도로 1998년 동남아시아국가연합과 함께 동아시아공동체 형성을 위한 시작 단계로 ASEAN 국가들과 한중일 3국의 정상회담인 ASEAN+3(APT)을 발족시켰다. 그리고 당시 김대중 대통령이 '동아시아비전그룹EAVG : East Asia Vision Group'[29]을 제안해 설치했다. 이어 1999년 동아시아협력선언, 2001년 'EAVG 보고서' 등을 통해 지역협력방안의 모색은 급속히 진전되었다. 특히 'EAVG 보고서ー「동아시아공동체를 향하여 : 평화, 번영, 발전의 지역Towards an East Asian Community : Region of Peace, Prosperity and Progress」'에서 평화, 번영과 발전의 동아시아공동체 창설이 비전으로 제시된 점은 주목할 만하다. 그러한 비전 실현을 위해 이 보고서는 금융, 정치, 안보, 환경, 에너지, 사회 및 문화, 제도 등 6개 분야의 협력 사항들을 명시했다. 작성자들은 동아시아자유무역지대EAFTA 구축, 회원국들 간의 개발 및 기술 협력 증진, 지역 전체의 지식기반경제 실현, 지역안보 강화장치 확립, 통치 문제와 관련한 정치협력 확대, 국제 문제에 대한 동아시아의 적극적인 참여, 지역 내와 세계적 차원에서 다자간 환경협력의 제도화, 빈곤구제계획 제시, 기본 의료서비스 확대 프로그램 채택, 기초 교육·기술훈련·법인체 설립 개선에 초점을 맞춘 종합 인적 자원 개발계획 실행, 지역정체성과 지역의식 함양, 동아시아문화 및 예술의 보존과 증진을 위한 프로젝트 협력을 촉구했다.[30]

이와 같은 EAVG 보고서의 '동아시아공동체' 구상은 유럽의 지역주의에 대한 반사적이고 모방적인 시도를 넘어 상호 의존과 상호 연대의 새로운 지역질서라는 지역적 공공재의 공급을 증진하기 위한 주체적 모색으로 평가된다. 이 보고서가 '지역의 평화를 위한 정치안보협력', '공동의 번영을 위한 경제금융협력', '인간적 진보를 위한 사회문화협력'을 동아시아공동체의 세 가지 근본적 목표로 제시한 점은 고무적이다.[31] 이런 점에서 제러미 리프킨Jeremy Rifkin은 "EAVG는 실천되기만 하면 '아시아판 EU'로 가는 초석이 될 수 있는"[32] 제안이라고 기대감을 아끼지 않은 것이다. 그런가 하면 APT를 바탕으로 그 외에 호주, 뉴질랜드, 인도를 추가해 총 16개 회원국으로 2005년 12월에 '동아시아정상회의 EAS : East Asia Summit'가 발족했다. 여기에 "포함된 국가들의 인구가 세계 인구의 36.6%, GDP의 경우는 전 세계의 22.3%, 교역 규모는 전 세계의 22.3%를 차지"[33]한다는 점에서 동아시아에서도 공동체 형성을 위한 구체적 노력이 점화되었음을 예고했다. 리프킨은 동아시아 경제공동체가 생겨나면 세계무대에서 막강한 경제·정치세력이 될 것이라고 전망한다. 그는 "중국, 한국, 일본을 포함하면 동아시아 전체는 미국보다 50%가 더 넓다. GDP도 EU와 미국의 수준에 육박할 것이다. 동아시아의 무역 규모도 미국보다 크다. 인구 또한 20억으로 세계 전체의 3분의

1을 차지한다"[34]고 밝은 미래를 점치고 있다.

중국은 21세기 들어서면서 동아시아 국가들과의 양자 간 혹은 다자 간 협력을 통해 동아시아공동체 설립 구상을 구체화했다. 2002년 제6차 ASEAN+3 정상회의에서 동아시아공동체 개념을 받아들인 이후부터 '조화和諧세계'를 이룩하고 '중국위협론'을 불식시켜 국제사회에 자국의 긍정적 이미지를 제고하면서 지속적인 경제 발전을 도모하기 위해 10+3을 기초로 동아시아공동체 형성에 적극적으로 나서고 있다.[35] 2003년에 출범한 한국의 참여정부는 김대중 대통령의 기조를 유지해 '평화와 번영의 동북아시아 시대'를 3대 국정 목표의 하나로 제시하고 이를 달성하기 위해 '균형적 실용외교', '협력적 자주국방', '신뢰와 포용의 대북정책'을 3대 전략으로 추진했다.[36] 동아시아공동체 구상과 관련된 일본 측의 입장은 2009년에 집권한 하토야마 유키오鳩山由紀夫 총리로 대변된다. 그는 우애fraternity정신에 입각한 주변국과의 신뢰 증진을 촉진하고 이를 바탕으로 동아시아 지역에서의 항구적인 안전보장의 틀과 아시아 공동통화의 실현에 목표를 두었다. 이러한 일본의 지역공동체 논의는 2009년 10월 하토야마 총리가 베이징에서 열린 제2차 한중일 3국 간 정상회담에서 우애에 바탕을 둔 자립과 공생의 원칙, 더불어 보완성의 원칙에 입각한 동아시아공동체 구성을 개진하면서 그 절정에 달했다.[37]

이러한 진전된 성과에도 불구하고 이후의 정세는 오히려 그 반대 방향으로 퇴보하고 말았다. 동북아시아는 미국의 아시아로의 회귀정책과 맞물려 미중관계, 중일관계가 경직된 상태이고, 일본의 우경화로 한일관계, 중일관계도 대립으로 치달았다. 화해와 공존을 시도했던 한국의 진보정부는 정권 재창출에 실패했고 일본의 하토야마정부도 2010년 6월 후텐

마普天間미군기지 문제로 실각했다. 노무현정부 시절 동아시아(동북아시아)의 균형자 역할을 자임했던 한국은 이명박정부가 들어선 2008년 이후 급격히 악화되었다. 또한 일본의 하토야마 수상의 낙마로 그가 지지했던 동아시아공동체 구상 역시 된서리를 맞았다. 뒤이어 등장한 아베安倍晋三정권은 보다 강력한 미일동맹으로 회귀했고 영토·역사 문제로 한국, 중국과 충돌을 빚었다. 중국에서는 혐한嫌韓 기류가 확산되었고 대규모 반일시위, 일본기업에 대한 불매운동이 벌어졌다. 한국에서도 영토분쟁과 동북공정 등으로 중국에 대한 경계심이 높아갔다. 한반도 남북관계는 천안함 침몰사건, 북한의 연평도 공격, 핵실험 등으로 급속히 냉각되었다. 불과 몇 년 전과는 비교할 수 없는 대결적 분위기가 형성되면서 각 국에서 극우파가 득세했다.

이렇듯 동북아시아 3국의 보수주의 집권세력들이 자신들의 취약한 정치 리더십의 만회와 향후 권력의 공고화를 위해 앞장서서 국가주의nationalism를 부추기는 행태는 실로 경계하지 않을 수 없다. 더 큰 문제는 그 이면에 과거 식민시대와 냉전시대의 잔재인 강권주의와 패권주의가 자리한다는 사실이다. 일각에서는 이를 목도하면서 21세기 동북아시아는 신냉전질서와 신민족주의로 역행하고 있다고 지적한다. 인도주의를 무시한 배타적 민족주의와 그에 편승한 패권적 야욕은 상대국은 물론이고 자국 역시 파멸로 몰고 갈 뿐이다. 우리는 그 뼈아픈 경험을 전쟁과 파괴로 얼룩진 동아시아 근현대사에서 확인할 수 있다. 그러므로 과거 파시스트fascist 악령의 이데올로기적 재생산을 막기 위해서는 민족국가를 앞세운 제국주의와 쇼비니즘chauvinism에 대한 의미 있는 거부와 해체가 이루어져야 한다. 그런 차원에서 동북아시아 3국의 충돌위기가 최고조에 달했던 시기 동아시아 시민사회의 결집과 움직임이 눈에 띈다. 예컨대 2012년 9월 일본 시민들은 '영토 문제의 악순환을 멈추자'는 호소문을 발표한 바 있다. 같은 해 11월에는 일본 도쿄東京에서 영토분쟁을 걱정하는 한중일 학자들의 입장표명이 있었다. 당시 학자들이 유럽공동체와 같은 '동아시아공동체'의 건설이야말로 영토분쟁의 근본적인 해결방법이라고 주장한 점[38] 등은 특기할 만하다.

동아시아학 — 문명공동체

문명대안론

'문명'이 아닌 다른 체계로 인류사를 관통하는 변화의 본질과 그 동인을 포착해내기란 쉽지 않을 것이다. 이런 이유로 근현대 역사학, 철학, 인류학, 정치학, 경제학, 사회학 분야의 세계적 석학들은 '문명'을 심도있게 비교 분석한 방대한 연구문헌들을 내놓았다. 그 연속선상에서 기술기축시대 후반 3·4차 산업혁명이 영도하는 21세기를 예견하면서 적자생존과 개별경쟁에서 상생과 협력의 문명시대로 대전환할 것이라고 말한다. 그리고 지역공동체를 구도하는 '동아시아담론'의 생성지형은 이러한 시대적 조류 속에서 '3차 산업혁명(정보혁명)' 발흥기의 한복판에 자리한다. 주지하다시피 20세기 하반기는 정보혁명으로 대변되는 '문명'의 대변혁기였다. 당시 인류의 지성계는 세기적 전환을 준비하면서 기술전자공학시대(Z. Brzezinski, 1980), 정보화 시대(J. Naisbitts, 1982), 탈근대사회(Kurth, 1992), 후기 자본주의사회(P. Drucker, 1992) 등 그 변화의 본질을 파악하고자 하는 수많은 노력을 경주했다. 앨빈 토플러Alvin Toffler는 이 시대를 '제3의 물결The Third Wave(정보혁명)'이라 진단하면서 정치제도, 생활양식, 문화적 욕구, 사회의 조직원리, 국가 간의 관계 등에도 혁명적인 변화가 오고 있다고 주장했다. 또한 다니엘 벨Daniel Bell은 미래의 사회변화가 기술과의 연관성 속에서 정보 중심의 '탈산업사회'적 경향을 보일 것이라고 전망했다.

이러한 대변혁은 탈냉전기 이후 국제관계와 세계체제 영역에서도 예외 없이 나타났다. 20세기 말 얄타체제(냉전체제, 1945~1991)의 붕괴는 '냉전패러다임'의 이념 대립에서 탈피한 새로운 시대의 패러다임을 요청하게 되었다. 당시 몰타체제(탈냉전 시대)의 개막은 지극히 대립적인 기존의 국가, 민족, 정치, 경제, 이데올로기 등의 갈등구조에서 벗어나 보다 신축적인 '문명'이라는 분석 단위를 통해 현실 상황을 진단하고 미래세계를 조망하는 '문명담론-문명패러다임civilizational paradigm'을 폭발시켰다. 이 문명대안론의 최초 발제자인 새뮤얼 헌팅턴Samuel P. Huntington은 자신의 저서『문명의 충돌과 세계 질서의 재편성The Clash of Civilizations and The Remaking of World Order』에서 탈냉전 세계에서 "세계정치는 문화와 문명의 괘선을 따라 재편되고 있다"[39]고 선언했다. 그는 세계질서 재편의 핵심 변수를 '문명'으로 설정하고 "이념과 강대국을 중심으로 정의되던 제휴관계가 문화와 문명으로 정의되는 제휴관계로 바뀌고 있다. 정치적 경계선이 문화적 경계선, 곧 민족적·종교적·문명적 경계선과 일치해가는 추세에 있다. 냉전시대의 블록을 대신하여 문화적 결속이 등장했으며 문명과 문명의 단층선이 세계정치에서 주요 분쟁선으로 변모하고 있다"[40]고 주장했다.

이 문명패러다임이 등장하게 된 배경에는 "문명이라는 분석 단위는

'국가'라는 분석 단위가 포괄하기에 너무 큰 문제를 다루는 데 적합하고 국가라는 단위로 분석하기에 너무 작은 문화적 문제를 다루는 데도 유용하다"[41]는 의미가 함께 내포되어 있다. 그러나 이 '다문명체제론(문명충돌론)'은 개방적 다원주의가 아닌 미국이 유럽과 함께 세계를 선도하고 지배해야 한다는 탈냉전 시대의 오리엔탈리즘의 전형으로 지목되기도 한다.[42] 그도 그럴 것이 헌팅턴은 자신이 설정한 핵심명제를 "가장 폭넓은 차원에서 문명정체성에 다름 아닌 문화 또는 문화정체성이 탈냉전 세계에서 전개되는 결집, 분열, 갈등의 양상을 규정하는 것"[43]이라고 말한다. 따라서 그의 문명론은 문물교환과 교류협력을 본질로 하는 '문명'을, 배제나 충돌, 갈등을 본질로 하는 '권력'으로 착각하는 문명갈등모델의 전형적인 사례[44]라고 비판되는 것이다. 그럼에도 그것이 기폭제가 되어 문화와 문명의 문제, 그리고 '복수적plural 문명론'으로서의 다원주의적 긍정성을 이 시대의 공론이자 화두로 부각시킨 점은 부인할 수 없다. 이러한 사고의 전환은 "90년대 전 세계적인 획일화 위기나 사람의 눈을 어지럽게 하는 분화와 재구축의 과정에서도 우리들은 분명히 문화친화적인 지렛대의 작용을 실감할 수 있었으며 모든 가치판단과 행동의 준칙 및 정의는 문명 형태의 차이를 결론으로 삼았다. 이는 현재의 국제관계 속에서 보편적인 원칙이 된 듯하다"[45]라는 정치학적 · 경제학적 · 문명학적 인식을 포괄한다.

그런가 하면 헌팅턴의 주장 반대편에는 세계를 일원적 역사관으로 바라보는 '단수적singular 문명론'이 자리한다. 이 관점은 타문명의 가치와 특수성을 야만시하는 일방적인 서구의 단선적 진보사관으로 이어져 현재 '서구중심(보편)주의'를 정당화하는 기제로 작동하고 있다. 이러한 단수적 문명 개념은 보편적 세계문명론과도 맞닿아 있으며 서구 계몽주의 문명의 동심원적 확장성을 전제로 한다. 특히 17·18세기 이성주의와 계몽사조가 낳은 보편적인 자유, 평등, 인권, 법치, 시장, 개인 등의 서구적 가치들이 문명 개념과 연결되어 근현대의 문명화, 근대화, 세계화라는 일련의 과정을 거치면서 전 세계로 보급되었다. 이 경우 인류의 문명사는 문명의 전파와 야만의 흡수 과정만이 존재할 뿐이다. 문명은 유럽이 세계를 석권한 제국주의 시대에 이르기까지 오직 하나의 세계문명이라는 단수로서의 기독교문명만을 지칭한다. 동시에 여기에는 앞서 문명화된 서구가 보편문명universal civilization이 되고 여타 비서구는 저급문명으로서 서구문명을 추종해야 한다는 당위성이 함축되어 있다. 이러한 관념은 기독교도인 역사학자로부터 시작해 헤겔G. W. F. Hegel, 마르크스K. Marx로 이어졌으며 1989~1992년 자유민주주의체제가 사회주의체제를 패퇴시킴으로써 자유민주주의와 시장경제가 보편적인 체제가 되었다는 미국의 일본계 학자 프랜시스 후쿠야마Francis Fukuyama의 단수적 역사종말론에서 극대화되었다.[46]

좀 더 부연하자면 문명을 근대성과 연결시켜 볼 때 근대성은 문명 개념의 고유특성인 '진보'와 '합리주의'에 대한 신념에 토대한다. 기술기축시대 전반 1·2차 산업혁명기에 근대성을 이끈 주체가 부르주아인 점을 감안해보면 이성주의는 '자본주의적 근대성'을 조형해낸 본질적인 틀임에 틀림없다. 특히 타자와의 관계성을 배제하는 서구의 이원적 근대성은 단수적 문명의 '진보' 신념으로 이어진다. 서구의 문명 개념에 내포된 '진보 대 야만'의 구획의식은 단선적 진보사관에 연원한 서구보편주의의 세계적 동질화 과정의 근저를 이룬다. 그리고 여기에는 서구문명의 패권을 강제하는 강권주의 논리가 함의되어 있다.[47] 이 문명의 진보적 이념은 산업자본주의와 그에 부속된 과학기술의 위력을 통해 현대문명에 뿌리 깊게 착근되어 여러 파국 현상들, 곧 환경파괴, 인종차별, 종교적 대립, 문명 간의 충돌, 세계화 갈등 등 인류사회 전반에 걸쳐 위화감을 조성해 왔다. 무엇보다도 단수적 문명론의 재무장으로 파악되는 '신자유주의적 세계화'는 모든 영역에서 상품화를 촉진시킴으로써 사회복지의 철회, 노동시장의 시공간적 조정 등을 초래하고 있다. 뿐더러 기후온난화와 오존층의 파괴, 자연자원의 착취, 채무국들의 자원 남벌 등 환경 퇴락을 유발함으로써 기존의 '진보' 신념에 대한 균열을 가속화시키고 있다.[48]

그러나 현대 문명담론은 이와 같은 일방주의적인 단수문명론이 퇴조하고 '문명'은 복수이며 각각의 문명은 교류 또는 독자적인 방식으로 발전해 왔다는 '복수문명론'이 대세를 이룬다. 헌팅턴의 문명론적 테제 또한 서구문명의 단선적인 역사관을 비판하고 문명의 복수성을 주창하는 세계사적 기획의 연장선상에 위치한다.[49] 역사적으로 오스발트 슈펭글러Oswald Spengler, 아놀드 토인비Arnold Joseph Toynbee, 페르낭 브로델Fernand Braudel, 칼 야스퍼스Karl Jaspers 등은 그 대표적인 선구자들이다. 이들은 서구의 지배적 이념이었던 서구 유일문명론에 대항해 문명의 복수적 의미를 인정하고 확대했다. 그리고 20세기 말 그 맥은 탈냉전기 국제정치학에서 헌팅턴이 계승했다. 헌팅턴의 논의가 기점이 되어 문화를 통섭하는 '문명 단위'가 세계를 읽는 새로운 눈, 분석 틀로서 그 적실성을 획득한 것이다. 세계의 지성계는 헌팅턴이 발현시킨 복수문명론의 기반 위에서 현대와 미래세계에 대한 다각도의 문명적 변환과 모색을 시도하고 있다.

이 같은 패러다임의 전환은 현대문명의 새로운 모델에 대한 탐색, 문명의 다양한 유형의 존재와 가능성을 전제한다. 더 나아가 현재적 '문명담론'은 진화를 거듭해 지난 200여 년 동안 석권해온 '서구의 분절적 근대성'과 관련된 현대문명의 진단과 이를 대체할 새로운 유형을 제안하고 있다.

이 흐름들은 결국 '문명'을 통한 타자와의 대화와 호혜적 관계만이 인류가 지향하는 공존공영의 미래세계를 담보할 수 있다는 신념으로 확산되고 있다. 그 구체적인 전개 양상을 현대적 '문명' 개념의 다양한 함의 속에서 확인할 수 있다. 정수일이 문명의 존재, 발달, 상호 교류의 원동력을 문명의 생명인 '공유성'으로 파악한 개념이나, 박이문이 새로운 문명의 모델을 '포스트과학기술문명'으로 명명하면서 주창한 '생태학적 세계관'으로서의 문명 개념, 장회익이 문명을 인간 생존의 호혜성을 증가시키는 하나의 상위 생명개체로 규정한 '온 생명론'적 개념, 또는 뚜웨이밍杜維明이 '문명의 대화'의 전제로 인류문명의 다원성, 동일성, 차이성을 동시에 인정해야 한다는 문명 개념이 그 실례들이다. 이러한 경향은 서양의 학자들에게도 선명하게 드러난다. 안드레 군더 프랑크Andre Gunder Frank가 염원했던 '다양성 속의 통일성'이라는 인류보편의 이상을 담은 개념이나, 혹은 존 홉슨John M. Hobson이 주창한 '동양적 서양의 발흥'으로서의 문명 개념, 제러미 리프킨이 예고한 21세기 공감적 인간이 주도하는 분산적·협동적·비위계적인 '공감문명Empathic Civilization' 개념 등을 꼽을 수 있다. 그리고 카렌 암스트롱Karen Armstrong의 기축시대의 인류보편적인 '공감과 자비의 영성spirituality'을 체현하는 문명 개념도 여기에 포함된다.[50]

이렇듯 현대는 '문명'에 관한 교류·대화·공존 담론의 미증유의 확대시대라고 할 수 있다. 이를 선도하는 상기한 담론들은 기술기축시대의 후반부로 접어드는 과도기, 즉 3차 산업혁명이 발흥시킨 '문명다원주의'라는 토양 위에서 생장할 수 있었다. 여기에는 패권을 가진 중심이 지배하는 일방적 질서가 아닌 여러 지역이 평등하게 교류하면서 공생하는 인류보편의 염원이 담겨 있다. 문명비평가 리프킨은 미래의 '공감문명 시대'를 예고하면서 현재 인류사회는 근대 이기적 개인의 틀에서 벗어나 타인과 공감하는 이타적 협업의 시대를 열고 확장하고 있다고 주장한다. 다시 말해, 21세기는 적자생존과 경쟁의 문명에서 네트워킹의 3차 산업혁명과 분산자본주의 시대의 '공감문명'으로 이행되고 있다는 것이다.[51] 이러한 인식은 저간의 시대상을 단적으로 적시해 준다. 더욱이 그것은 온·오프라인의 융합을 통한 인간 삶의 최적화 시대, 이른바 4차 산업혁명과 교차하면서 체감의 온도를 높여주고 있다. 이 시대는 영성, 이성, 감성, 공감의 새로운 합의 영역인 '공감하는 인간Homo-Empathicus' 과 그들이 영도하는 '공존주의 문명관'을 요청하고 있는 것이다. 아울러 인간과 자연, 중심과 주변, 서구와 비서구 등의 이분화적 갈등 구조를 파기하고 인류의 평화와 공존을 목표로 생명생태적 관계망network을 회복하는 예술·공감·영성·생태문명을 지향하고 있다.

담론사적 정위

한국발 동아시아담론은 21세기 들어 문학, 역사, 철학 등 인문학을 위시해서 사회학, 정치학, 경제학 등 사회과학 분야에서 가장 활발하게 논의되는 토픽 중의 하나가 되었다. 각 담론에서 드러나는 여러 문제점과 한계에도 불구하고 모든 영역을 고루 포괄할 정도로 폭넓은 외연을 자랑한다. 현재는 '담론discourse'의 수준을 넘어 '동아시아학'이라는 당당한 '학學'적 관면冠冕을 부여하는 데까지 진척되고 있다. 이를테면 한중일 삼국을 실질적인 유교문명(문화)권으로 묶어 "동아시아학은 서구문명권(기독교문명권)이나 중동문명권(회교문명권)과 구분하여 유교문명권을 대상으로 하는 학"[52]이라고 말할 수 있다는 것이다. 더불어 그것은 "애초에 서구에 대한 타자로서 자신의 외부로부터 출현한 동아시아 개념이 근대 민족·국가라는 내부의 장벽과 오랜 시간에 걸쳐 상호 대면, 경합, 그리고 절충하는 것을 통해 자의식을 획득해 가는 과정"[53]을 보여준다는 점에서 의미심장하다. 따라서 일부 담론자들은 "우리가 동아시아담론을 어떻게 전유하느냐에 따라 그것은 청산해야 할 과거가 아니라 만들어야 할 미래가 된다"[54]라고 피력하는 것이다. 여기서는 그 상위 범주인 '문명학'이 수범垂範하는 학술적 영감과 자원들을 동아시아 역내 담론 차원에서 적극 수용해 재창안함으로써 그에 응답하고자 한다. 그 수렴점은 '동아시아'와 '문명' 양 담론의 핵심축, 즉 장기 지속적인 공동 번영과 평화협력의 동아시아 '지역시스템-문명공동체'임은 물론이다.

사실 기왕의 동아시아담론들을 세밀하게 들여다보면 그것을 관통하는 저류底流에는 '문명공동체'의 실제상들이 포착된다. 초국적 지역질서를 설계하는 지역공동체론은 '문명'이라는 큰 그림 안에서 동행한 것이다. 동아시아 지역은 식민통치의 유산, 문화적 차이, 역사적 라이벌의식과 적대감, 다양한 민족적 경험, 이념대립 등이 역내 국가들 간의 상호 평화협력을 저해하는 원심력으로 작동해 왔다. 그러나 그에 못지않게 동아시아인들을 한데 묶어주는 문명적 요소, 즉 공통된 세계관, 생활습관, 문화심리 등의 구심력 또한 상당하다. EAVG 보고서가 동아시아를 가리켜 "많은 국가들이 지리적으로 인접해 있고 공동의 역사, 비슷한 문화 기준과 가치를 가진 나라도 적지 않다"[55]고 분석한 의미가 그것이다. 이를 감안해 볼 때 기술기축시대 3·4차 산업혁명이라는 '변환된 근대성'의 토대 위에서 동아시아공동체에 대한 문명적 정위 문제를 공론화할 필요가 있다. 이것은 현 세계적 담론인 예술·공감·생명·영성·생태라는 문명의 '다층적 근대성'을 포용하는 혁신적인 '동아시아학 연구모델'이 요청된다는 문제 인식에 따른 것이다. 그 방법론은 세계화의 파고 속에서 개진되는 단·복수적 문명의 역사 순기능적 상호 작용을 동아시아학적 논의로 수렴, 그로부터 적출되는 현재성과 미래성이 담보된 '동아시아 문명공동체'를 구체화하는 것이다.

현행 문명담론은 '대안적 문명의 유형'이나 '문명권 사이의 상호관계'에 관한 어떤 규범적 패러다임을 설정하는 내용이 기본 골격을 이룬다. 탈냉전기 '문명'의 개념사로 볼 때 '문명'은 앞서 논급한 대로 양대 범주로 정리할 수가 있다. 문명의 '단수적 의미'와 '복수적 의미'가 그것이다. 특히 담론사에 있어 복수론으로의 전이는 필연적으로 문명권 논의와 연계될 수밖에 없다. 실제로 단수의 문명 개념에서는 하나의 중심 권역만을 상정해 문명의 일방적 확장과 전파를 내세우지만, 복수의 문명 개념에서는 다양한 문명을 전제로 하는 '문명의 권역'적 측면이 부각된다. 동아시아담론은 그 영향권하에서 발생, 전개된 것이다. 좀 더 진전시켜 보면 단수적 문명론이 보편문명의 '중심주의(보편화)'와 결합된다면 복수적 문명론은 개별문명의 '다원주의(지역화)'와 연결된다. 전자가 인류사를 하나의 문화 단위체에 의한 단일한 문명화 과정으로 이해하는 데 반해서, 후자는 그것을 동등한 가치를 지닌 다수의 문화공동체들에 의한 복수적 문명화 과정으로 설명한다.[56] 현재 동아시아학 차원의 지역공동체 논의가 '세계성과 지역성', '근대성과 전통성' 등의 첨예한 대립 구도 속에서 이루어지는 것도 이 때문이다. 그리고 이 이분화적 발상 이면에는 단수적 보편문명의 세계적 일체화와 복수적 개별문명의 자기 정체성 강화라는 상호 대극적인 해묵은 문명론적 논쟁이 자리한다.

이러한 갈등 양상은 세계문명의 생명생태적 관계망을 조율하는 새로운 '문명학', 즉 단수론적 보편주의와 복수론적 다원주의를 화해·회통시키는 공존주의적 '예술·공감·영성·생태문명'의 변증법적 탄생을 예고한다. 그러니만큼 문명학의 하위 범주인 '동아시아공동체' 설정은 국가주의적 경계를 넘어 '다원적으로 조망(다원성)하면서도 하나의 전체상(보편성)'을 제시하는 교차문화적이고 보편사적 범주인 '문명' 기제로 접근하는 것이 그 본의에 맞다. 이런 의미에서 '동아시아학'을 문명 개념과 연계시켜 보면 '보편론'과 '공동체론'의 의제를 안출할 수 있다. 문명은 정치, 경제, 제도, 교류, 진보, 정체성, 시민, 근대성 등의 다중적 층위들이 온축된 역사적 개념이다. 이러한 문명 개념의 포괄성으로 인해 '동아시아학' 연구의 방향과 영역은 광범위하게 열려 있다. 문명의 단수론은 야만과 상반되는 진보(발전·도덕)를 함의한다. 이 보편(진보)적 의미의 관점은 자칫 다원주의가 불러올 극단적인 상대주의를 억제하고 '동아시아적 보편문명'을 실현할 수 있는 기틀을 마련해 준다. 그런가 하면 문명의 복수론은 소단위의 문화를 포괄하는 '대단위의 공동체(정체성)'를 함의한다. 이 다원적 의미의 관점은 문명의 공동체 정신을 옹호하여 역내 특정 문화의 독점주의를 지양하고 교류와 포용을 가능하게 하는 토대가 될 것이다.

이렇게 문명에 내포된 진보(보편)적 혹은 공동체적 범주의 양면성은 동아시아학 차원의 '보편적 동아시아성'과 여기에 호응하는 '다원공동체론'을 확보하는 데 상호 교정과 보완적인 관계로 활용할 수 있다. '문명 공동체'라는 이명二名식 표현에서 '공동체'란 단어는 어원상 문명의 '진보적 의미'와 '총체(포괄)적 의미'에 수렴된다. 따라서 새로운 동아시아 다이멘션Dimension으로서의 '문명공동체' 정립은 문명에 관한 개념사적 접근이 불가피하다. 그 관건은 담론사에서 글로벌 문명표준을 어떻게 재규정하느냐에 달려 있다. 먼저 문명의 진보관(보편문명)에 착안해보면 현 동아시아의 위기가 서구적 근대성의 닫힘과 두절의 이항대립의식에서 발원한다는 점에서 상호 주체적 연결고리를 인정하는 '생명생태 지향적 진보'로서의 열림과 소통의 인식전환을 각성시킨다. 현재 다극화체제(신냉전질서)의 핵심인 '근대국가 세계시스템'이 동아시아 문명표준으로서의 관성이 다한 이상, 이로부터 탈피된 생태학적 보편문명관의 지반 위에서 다원성과 타자성을 포용하는 '생명주의적 동아시아성'이 문명공동체의 구성원리이자 보편원리로 자리 잡아야 한다. 정수일이 "보편문명의 실현은 오로지 서로의 부정 아닌 긍정, 상극 아닌 상생 속에서 상부상조적 교류를 통해서만 가능하다"[57]고 피력한 의미가 여기에 있다.

본래 '진보'란 역사의 변화가 좀 더 높은 단계로 이행하는 일련의 정신적·물질적 변화의 법칙을 포괄한다. 과거 동아시아 지역이 서구의 문명화 질서, 즉 근대 세계시스템에 편승하면서 '분절화된 진보' 이념으로 인해 타자에 대한 정복, 배타, 약탈을 자행함으로써 야만성을 드러냈다면 이제 생명공동체의 입장에서 그들과 협력하고 공존하는 격조 높은 '생명생태 중심의 진보관'을 모색할 때다. 아울러 진보의 척도 역시 침략적·지배적 보편성이 아닌 친화적·공생적 보편으로 전환되어야 한다.[58] 더 나아가 동아시아인들은 무절제한 정복으로 타자에게 고통을 안겨주는 물질적

충족은 결코 진보의 척도가 될 수 없음을 자각해야 한다. 그런 점에서 클라이브 해밀턴Clive Hamilton의 탈성장사회post-growth society를 지향하는 정치철학 '유디머니즘eudemonism(행복주의)'은 시사해주는 바가 크다. 그가 제시한 '탈성장사회'란 세계화된 신자유주의적 소비자본주의 문명을 넘어서는 역사 단계다.[59] 해밀턴은 국가적 행복을 측정하는 척도라면서 시장에 팔릴 재화와 서비스만을 계산에 넣는 기존의 국가진보척도인 GDP나 GNP에 대한 대안적 지표로 '참진보지표GPI : Genuine Progress Indicator'를 제안한다. GPI는 시장 외부에 있다는 이유만으로 도외시되어온 가족과 공동체가 행복에 기여하는 영역과 자연환경이 베풀어주는 행복의 영역을 강조한다.[60]

한편 포괄(총체)적 의미의 관점에서 보면 '문명'이란 특정 공동체의 고유한 속성으로서의 소단위의 문화를 포괄하는 총화물, 즉 시공간상 양적 대단위의 공동체, 질적 상위 수준의 문화현상 등을 총칭하는 문화의 상위적 개념으로 이해할 수 있다. 이것은 문명을 두고 새뮤얼 헌팅턴은 "가장 광범위한 문화적 실체",[61] 페르낭 브로델은 "하나의 공간, 하나의 문화 지역",[62] 크리스토퍼 도슨Christopher Dawson은 "하나의 문화 관계에 걸쳐 있는 거대한 체계",[63] 그리고 정수일은 "문화는 문명을 구성하는 개별적 요소이고 그 양상",[64] 박이문은 "문명이라는 개념은 인간의 삶의 양식을 총괄적으로 지칭하는 개념으로서 문화라는 개념을 포괄한다"[65]고 각각 정의한 데서도 알 수 있다. 이 입장에서 보면 미시적 차원의 '문화'는 문명의 작은 단위를 구성하는 '구성인자'로 인식되는데 한 문명권의 "진보는 문화의 발전에 의지하고 문화의 발전은 필연적으로 문명의 진보를 촉진시킨다"[66]는 이해방식을 망라한다. 거시적 차원의 '문명'은 수량적으로 문화를 포괄하는 더 큰 실체로서 "언어적・혈통적·정치적·경제적·기술적·예술적·역사적·제도적인 면에 있어 문화소라고 부를 수 있는 수많은 구체적 요소들을 자신 속에 반드시 포함한다."[67] 문명권 간의 차이는 바로 이 문화 인자의 동질성과 이질성에 의한 것이며 그로 인해 세계문명의 화합과 갈등이 유발된다고 하겠다.

이와 같이 역사 속에서 '문명'은 시공간적으로 인류에게 가장 포괄적이고 광범위한 자기 동일성의 틀을 제공해 주었다. 헌팅턴은 "한 개인이 속해 있는 문명은 그가 강렬한 귀속감을 느끼는 가장 광범위한 수준의 공동체다. 문명은 우리가 저 밖에 있는 '그들'과는 구별되게 그 안에 있으면 문화적으로 친숙감을 느끼는 가장 큰 '우리'다"[68]라고 정의한다. 한 문명권의 특성을 결정하는 문화가 국가, 국민, 민족, 마을, 언어, 혈통, 역사, 관습, 종교, 제도 등과 등치관계에 있다고 볼 때 '문명-보편문명'은 이 다양한 개별적 문화요소에 편재遍在하는 거시적 차원의 소통적·연대적 생명코드라고 할 수 있다. 그런 고로 동아시아 구성체인 중심문화뿐만 아니라 주변문화, 즉 지방문화, 소수문화, 하위문화 등의 소단위 공동체들이 유기체적으로 다양하게 존재해야 풍부한 동아시아문명을 성숙시킬 수 있다. 문화의 다양성이 보장되고 중심문화와 주변문화가 상호 주체적 평등관계로 공존공영해야만 문명공동체의 의미장semantic field을 넓혀나갈 수가 있는 것이다. 이러한 생명생태적 사고는 주변 문화들이 획일적인 중심 문화로 흡수·통합되는 것을 문명공동체의 파멸로 인식한다. 결국 '동아시아 문명공동체'는 문명의 단·복수론적 지평의 융합지점, 이를테면 '문화다원주의'를 전제로 한 '보편문명'에의 지향이라는 양자의 상호적 공진화Co-evolution 속에서 직조된다고 할 것이다.

끝맺는 말

미소 냉전적 세계질서의 해체 이후 '문명대안론'의 대두와 함께 다각적인 차원에서 동아시아와 지역공동체 담론이 폭발되어 오늘에 이르고 있다. 그러나 동아시아라는 새로운 지역 삶터를 구상할 때 1·2차 산업혁명기에 극대화된, 이른바 서구식 자본주의, 국민국가주의, 과학기술문명 등의 동아시아체제에 뿌리 깊게 착근되어 있는 시대착오적 '진보 이데올로기'를 수정하지 않으면 불가능할 것이다. 그 대안적 대응으로 이 장에서는 동아시아담론의 문명적 이해를 제고시켜 상호 유기적·전일적 연결망을 구성하는 '생명생태적 문명(진보)관'을 제시했다. 그 지향점은 금세기 공감, 예술, 영성, 생명생태 지향의 '진화한 근대성'에 조응하는 '신문명시스템new civilization system'을 의제화하는 것이다. 이 문명공동체에는 '보편'과 '특수'가 함께 살아 숨 쉬는 다양성 속의 통일성, 통일성 속의 다양성이 확보되어야 한다. 그리고 소통적·연대적 생명코드가 이 문명공동체의 조직원리, 접착제로 기능해야 한다. 이제 동아시아인들은 패권이 주도하는 일방적인 독단주의가 아닌 타자에게 마음을 열고 다양한 문화에서 편안함을 느끼는 혁신적인 문명표준을 마련해야한다. 이 같은 격상된 문명표준체계가 동아시아사회에 자리 잡게 되면 정치, 경제, 안보, 문화, 에너지, 환경 등의 지역네트워크는 새로운 차원에서 결절結節·작동될 것이다. 그리고 동아시아인들은 국가(민족)주의와 세계주의의 간극을 메워주는 문명생태주의적 지평의 품격 높은 지역 삶터를 향유하게 될 것이다.

한편 그동안 동아시아 '지역주의–지역공동체'의 지속적인 외연 확장에도 불구하고 그 내포적 동력은 현저하게 저하되고 있다. 그러나 아래로부터의 '지역화' 추세는 역진의 조짐 없이 오히려 강력한 동력을 발휘하고 있다. 이것이 동아시아 시민사회를 추동하는 문명공동체의 복위를 제안하는 이유다. 끝으로 단·복수적 문명론이 교직交織하는 새로운 동아시아 다이멘션, 즉 문명공동체의 핵심규범을 적출해 보면 다음과 같다. 첫째, 거시적·포괄적 세계주의, 둘째, 유기적·공감적 관계망, 셋째, 생명생태적 진보관, 넷째, 다주체·다중심적 다원주의, 다섯째, 호혜적·포용적 보편주의, 여섯째, 전일적 동서통합주의, 일곱째, 평화협력의식, 여덟째, 화해관용적 공존의식, 아홉째, 동시적·균형적 진리관, 열째, 도덕적·예술적 가치관이 그것이다.[69] 그리고 여기에 호응하는 '동아시아 문명공동체'의 성격과 방향을 제시해 볼 수 있다. 첫째, 평등과 인권, 개방과 포용, 관용과 다양성 등의 민주적 원칙들이 작동하는 공동체다.[70] 둘째, 복수적 개별문화의 고유성이 보장되고 개별문화들의 개방성과 상호 주체적 가치를 지닌 다원주의적 공동체다. 셋째, 특권문화에 의한 주변문화의 억압성을 거부하고 여러 지역문화들이 평등하게 교류하고 공존하면서 개별문화의 이상 실현이 될 상위 개념의 생명보편주의적 동아시아성을 간직한 공동체다. 넷째, 국민국가주의와 지역패권주의로부터 벗어나 동아시아적 예술·공감·영성·생태문명을 지향하는 공존공영의 공동체다. 다섯째, 역내외의 국가들에 대해 배타적 이익을 추구하거나 적대적이고 공격적인 지역메커니즘이 아닌, 국가시민주의, 지역시민주의, 세계시민주의가 조율되는 호혜적 생명공동체다.

제3장

문명공동체

동아시아시민주의

이끄는 말

21세기 전반은 인류역사상 최대의 격동기다. 문명civilization의 축이 변동됨은 물론 그 내용과 질이 대전환하고 있다. 서구중심주의West-centrism의 세계사적 철수 단계인 '세계화globalization'의 패퇴는 중국을 비롯한 동아시아East Asia 중심의 새로운 시대를 촉진시키고 있다. 통상 현세기는 구미축이 침강하고 동아시아가 중심축으로 부상하는 '아시아태평양시대the Asia-Pacific era'라 일컬어진다. 이 문명축의 변동은 미국의 동북아시아 주목, 서유럽의 대거 동진, 일본의 아시아 귀속 강조, 오세아니아 국가들의 탈구입아脫歐入亞 선포 등으로 이어지고 있다. 뿐만 아니라 태평양 횡단 교역량이 대서양 횡단 교역량을 두 배 이상 능가한 지 오래다. 그리고 21세기 초 한국, 일본, 중국, 타이완, 싱가포르 등 5개국의 GDP 합계는 유럽연합EU 27개국의 GDP 합계를 이미 앞질러 미국까지도 넘보고 있다. 더구나 미국과 유럽의 GDP 증가율이 하락세에 있는 반면에 동아시아의 GDP 증가율은 계속 상승세에 있다.[1]

그러나 이러한 동아시아권의 세계적 위상 제고와 세계경제의 동아시아화 추세에도 불구하고 정작 당사자인 한중일 3국은 전형적인 근대국가로 자처하면서 패권적 '국가주의nationalism'에 기대어 반목과 충돌을 거듭하고 있다. 동아시아는 여전히 '근대국가시스템'과 이로부터 기인된 '냉전질서'가 지배하는 사회라고 할 수 있다. 본래 냉전질서는 전쟁을 멈춘 종전상태가 아니라 전쟁을 준비하고 국지적으로 전쟁을 치르고 있는 전시 상황을 일컫는다. 이러한 냉전질서는 일상의 공간과 사고의 틀 속까지 전쟁의 의식과 구조를 심화시키고 있기 때문에 심각한 문제가 아닐 수 없다. 더욱 경계해야 할 점은 현 동아시아질서의 축이 신종플루처럼 상황에 따라 변화하는, 곧 평화질서와 양립할 수 있을 만큼 새롭게 진화해 업그레이드된 '신냉전질서'라는 사실이다.[2]

　최근 역사·영토 문제 등의 신민족주의, 신냉전 기류는 동아시아의 분열상을 극명하게 보여준다. 일본은 점증하는 인접국의 국력 신장에 맞서 자신들의 기득권 수호를 위해 군사비 지출 세계 4위, 해군력 2위를 바탕으로 평화헌법 폐지, 집단자위권, 핵무장의 노골화, 주변 국가와의 '독도-한국', '센카쿠尖閣열도-중국', '북방 4개 도서(에토로후擇捉·구나시리國後·하보마이齒舞·시코탄色丹)-러시아' 영토분쟁 등 여러 잡음을 내고 있다. 중국 역시도 대국굴기大國崛起라는 말이 보여주듯이 과도한 패권의식으로 주변국을 복속시키고자 하는 대국주의적 야욕을 확산시키고 있다. 중국은 자국과 미국의 '주요 2개국G2 시대'를 선언하면서 동아시아의 패권을 장악하려고 한다. 일본과는 댜오위다오(釣魚島, 일본명 센카쿠열도) 분쟁을, 동남아시아 국가들과는 난사南沙군도와 시사西沙군도 영유권 분쟁을 벌이고 있다. 또한 동북공정, 불법어로, 이어도 영토 분쟁화 시도 등은 한국과 직접적으로 갈등을 빚는 대표적인 사안들이다. 이러한 현 동아시아권의 제반 분쟁과 균열 현상들은 초국가주의transnationalism적 평화협력 구상으로서의 '국제공공성publicness' 공백이 불러온 결과라고 할 수 있다.

　그런 점에서 동아시아에 지속 가능한 '문화와 평화질서'의 출현이 무엇보다도 절실한 때다. 다시 말해, 동아시아의 경제적 성장과 물질적 번영이 보다 발전된 형태로 상승·지속되려면 이를 보위할 '동아시아적 가치'가 응축된 이 지역의 영구적인 평화번영체제 구축이 선행되어야 한다. 그리고 시민사회 문화시스템이 동행하는 '동아시아성'의 확보만

이 역내 생활세계의 민주적 잠재력과 참여, 더 나아가 인권보호, 평등한 상호 인정과 존중을 기대할 수 있다. 따라서 본 장에서 제안하는 혁신적인 동아시아 다이멘션Dimension으로서의 '문명공동체 로드맵'은 동아시아 생명문화운동의 핵심인 인문인, 종교인, 예술인을 역내 연결망network의 '생명주의 데모스Demos(마을·민중·시민·다수)'로 격상시켜 동태적이고 역동적인 '동아시아의 정체성identity'을 모색하는 데 목표를 둔다.[3] 그 궁극적 지향점은 현재 세계적 담론인 예술·공감·영성·생태문명의 동아시아적 의미를 진작시키고 그로부터 각성된 '동아시아 평화공동체'를 정식화하는 데 있다.

주지하다시피 유럽이라는 이름은 19세기에 민족주의 이념의 발흥과 함께 민족(국민, nation) 혹은 국민국가와 대비되는 의미를 가지면서 미약하나마 유럽주의는 민족주의의 대척점에 위치할 수 있었다. 유럽통합은 이제 유럽에서 새로운 정치적·문화적 협력의 주제어가 되었다. 각자 정치적 성향들은 다르지만 유럽의 통일을 목표로 삼고 스스로의 정체성을 유럽을 통해 정의하는 유럽 데모스European Demos가 등장했다. 유럽 데모스는 EU의 관료들과 학자들이 EU의 핵심적인 시민이 되어 EU 스스로가 시민사회의 차원에서 아래로부터의 유럽 정체성 형성의 과정을 진행하고 있다. 이러한 유로시민주의 운동의 모델은 동아시아 시민사회와 동아시아 정체성 구상에 시사해 주는 바가 크다. 세계 인구수나 교역량으로 볼 때 유럽연합을 능가하는 동아시아가 유럽처럼 하나의 데모스를 구축할 수 있다면 미래문명은 동아시아가 주도해 나갈 수 있을 것이다. 이 점에서 동아시아공동체 형성을 위해 그 정체성과 동질적 집합의식을 갖기 위한 '동아시아시민주의'의 필요성 제기는 정당하다. 여기서는 동아시아시민주의의 핵심인자인 인문·종교·예술 네트워크를 통해 지속적으로 창신創新해가는 동아시아 '문명공동체' 구성을 제안한다.

문명공동체—시민사회 지역구상

현재 글로벌global사회와 식민지적 지배가 동일선상에 존재한다면 그에 맞서 문명공동체적 '지역화regionalization'로의 전환 노력 역시 간과될 수 없다.[4] 동아시아공동체의 전제조건인 '지역정체성'은 분명 미래의 기획이자 이 미래를 조망하면서 과거로부터 성찰하는 기획이다. 그런 만큼 시간의 퇴적 위에 만들어진 공간의 존재방식으로서 동아시아의 '지역성'을 찾는 작업에는 많은 인내와 지속성이 필수적이라고 말해지는 것이다. 사실 근대 동아시아의 역사는 "전제와 정체의 동아시아로부터 해방과 변혁의 동아시아라는 대조적인 이미지로 이행해 온 역동의 과정"[5]이었다. 후자와 관련해 동아시아에서 그 고유한 전통성과 정체성을 기반으로 단일성과 연대를 추구하고자 하는 관심은 20세기 초 이래 동아시아 지식인들의 상상력을 지속적으로 자극해 왔다. 최초의 동아시아공동체 논의는 안중근이 남긴 『동양평화론』에서 확인할 수 있다. 여기서 그는 한중일 3국 간의 상설기구인 '동양평화회의체 구성', '동북아 3국 공동은행 설립과 공용화폐 발행', '동북아 3국 공동평화군 창설' 등을 제의함으로써 동북아시아공동체 형성이론의 사상적 선구로 평가된다.[6]

이른바 '동아시아'란 정치적·경제적·문화적·역사적 경험 공간과 그 미래의 기대 지평이 복합적으로 융합된 '지리정치적geopolitical 개념이자 지리문화적geocultural 개념이다. 초국가적 동아시아공동체, 즉 지역연대와 지역정체성 구성을 핵심으로 하는 한국발 '동아시아담론'은 이들 개념군과의 밀접한 연관 속에서 지난 1990년대 초부터 점차로 고조되었다.[7] 다시 말해서 20세기 후반 냉전체제의 붕괴와 함께 미소 양극 중심의 세계질서가 다극구조로 전환하는 과정에서 동아시아 국제질서의 재편, 또는 동아시아의 새로운 공존과 연대의 모색이 관심의 대상이 되면서 본격화된 것이다.[8] 통상 '동아시아' 개념은 동북아시아뿐만 아니라 동남아시아까지 포괄하는 보다 넓은 의미로 사용된다. 이렇게 되면 베트남이 동아시아의 동남쪽 관문이고 한반도는 그 동북쪽 관문인 셈이다. 그러나 유교문명권이라는 지역정체성identity으로 한정했을 때 동아시아는 한국, 중국, 일본을 주요 구성원으로 한다. 또한 여기에는 베트남, 중국의 소수민족, 타이완, 홍콩, 싱가포르, 몽골, 일본의 일부가 된 오키나와琉球도 포함된다.

좀 더 덧붙이자면 중국학자 양쥔楊軍·장나이허張乃和가 동아시아를 황허黃河 유역, 창장長江 유역, 몽골초원, 칭짱靑藏 고원, 톈산天山 남북, 동북아시아, 동남아시아의 7대 구역으로 나눈 것은 특기할 만하다. 이들은 동아시아 지역을 통용되는 개념보다 더 확장시켜 중국 대륙과 해도海島, 동북아시아, 동남아시아를 포함한 15개 국가와 1개 지역으로 설정한 것이다. 구체적으로 열거해보면 중국, 북한, 남한, 일본, 몽골, 인도네시아, 브루나이, 필리핀, 싱가포르, 말레이시아, 베트남, 라오스, 캄보디아, 태국, 미얀마에 아시아의 러시아 지역이 해당된다. 이러한 열린 시각은 동아시아의 형성 과정과 상호관계에 착안하면서 국가별로 서술하던 전통적인 편저체제 형식에서 벗어나 고대부터 현재까지의 동아시아사를 지역별로 서술하고자 하는 데 따른 결실일 것이다.[9] 그런가 하면 최근 '아시아태평양Asia-Pacific' 개념 역시도 각광받는 새로운 지역 개념들 중 하나로 동북아시아와 동남아시아, 오세아니아, 러시아 극동지방, 그리고 미국, 캐나다, 멕시코를 포괄한다.[10]

여하튼 지역주의자들은 유럽연합EU, 북미주자유무역지대NAFTA 등의 예로부터 고무되어 특정한 지역을 바탕으로 초국가적 공동체를 만들거나 또는 국가 간 경쟁과 분쟁을 종식시키기 위해 지역적 협력과 정체성의 형성을 강조했다. 이러한 노력은 1967년에 결성된 동남아시아국가연합 ASEAN : Association of Southeast Asian Nations에 추가하여, 즉 아세안ASEAN(필리핀·말레이시아·싱가포르·인도네시아·태국·브루나이·베트남·라오스·미얀마·캄보디아)과 한국·중국·일본 3국 간의 ASEAN+3(APT), 동아시아정상회의EAS 등과 같은 지역공동체의 출범으로 결실을 맺기도 했다. 그러나 '동아시아공동체' 형성을 위한 이러한 다각적인 노력에도 불구하고 그 내용을 자국의 욕망과 이해利害관계를 투사해서 채우고자 하기 때문에 동아시아공동체 실현은 요원하게만 느껴진다. 탈냉전으로 일시 사라졌던 해양세력과 대륙세력 간의 팽팽한 대결구도가 다시 살아났고 '동아시아공동체 구상'은 관심권에서 멀어지고 있다. 저간의 한중일 3국의 국제관계는 급속히 악화되어 신냉전, 신민족주의 기류를 형성하면서 그 위험 수위를 넘어서고 있다.

그나마 다행한 것은 2018년 2월 평창동계올림픽의 남북대화, 3월 대북, 방미 특별사절단 파견 등을 계기로 화해무드가 조성되었다. 방북을 마친 특사단은 4월 말 제3차 남북정상회담 개최 합의와 북한의 비핵화 의지 표명 등의 성과를 이루어냈다. 그 뒤로 곧바로 이어진 방미 특사단의 활약은 5월 말~6월 초 북미 첫 정상회담, 북한 비핵화에 대한 기대감을 고조시켰다. 급기야 4월 27일 감격스러운 '2018 남북정상회담'이 실현되었다. 두 정상은 평화의 집에서 3개 장 13개 조항으로 이뤄진 '한반도의 평화와 번영, 통일을 위한 판문점선언'에 합의했다. 이 '판문점선언'은 남북관계 개선, 전쟁 위험 해소, 항구적 평화체제 구축을 골자로 한다. 그리고 이러한 노력은 사상 최초로 이루어진 싱가포르에서의 '6·12 북미정상회담(2018)'의 성사로 결실을 맺었다. 양 정상은 완전한 비핵화, 평화체제 보장, 북미 관계 정상화 추진, 6·25전쟁 전사자 유해 송환 등 4개 항에 합의했다. 그러나 이러한 대반전에도 불구하고 CVID(완전하고 검증 가능하며 불가역적인 비핵화)의 논란 속에서 '북의 비핵화'가 아니라 남쪽의 미군을 포함하는 '한반도의 비핵화' 쟁점이 해소되지 않고 있어 한반도 정세는 여전히 불안정한 상태다. 더군다나 현재 동북아시아는 때 아닌 신냉전질서가 재현되면서 혼돈의 각축장이 되고 있다. 예컨대 국제구도의 다극화 특징인 해묵은 영토·역사 문제, 위안부 문제, 사드THAAD(고고도미사일방어 시스템)사태 등으로 불신과 대립이 상존한다.

특기할 사항으로 이러한 냉전질서는 현재 동아시아에 자리 잡고 있는 '근대국가시스템'의 태생적 산물이라는 데 심각성을 더해 준다. 현 동아시아 다극화체제의 핵심인 이 근대국가 범주는 본질적으로 근대적 '국민(민족)국가nation-state시스템'과 겹친다. 엄밀히 말해서 근대 세계시스템의 역사는 서구에서 형성된 근대국가의 조직체가 지구상에 보급되어 가는 과정이었다.[11] 그리고 이 시스템은 유럽의 중세와 비교할 때 '민족국가'의 압도적인 우위성이 확보되었다는 데 특징이 있다. 여기서 "민족국가의 존재 이유는 영토의 독점지배, 다른 나라와의 전쟁을 통한 영토 장악, 국가에 충성할 의무를 가진 사람들을 국경 내에 격리하는 데 기초한다."[12] 또한 대외적 차원에서 근대국가는 어떤 외부의 권위에 대해서도 자유로우며 다른 국가들과 평등한 동격의 관계를 유지한다. 그런 이유로 다른 근대국가들과 끊임없는 경쟁관계에 있다. 이 경쟁의 목표는 영향력, 권력, 그리고 가장 중요하게는 생존이며 그 경쟁 과정에서 피비린내 나는 '전쟁'이 수반된다.[13] 냉전질서는 이러한 근대국가의 생존공식으로서의 전쟁을 내장하고 있는 질서, 곧 무력에 기초한 평화를 의미한다.

이처럼 현 동아시아 지역의 반목과 충돌은 공존의 질서를 보장하고 갈등을 조정하는 '초국가적 공간'과 '국제 공공성'이 부재한 데서 기인한다. 아울러 그로부터 파생된 과거 생존공식으로서의 근대국가체제 내지는 그 국제규범을 지나치게 고집한 데서 원인을 찾을 수 있다. '근대국민(민족)국가시스템'이 조성하는 냉전질서는 가장 중요한 행위자로 '국가'를 불러내고 국가에 배타적 지위를 부여한다. 그럼으로써 "국가 이외의 행위자는 항상 주변부에 배치되고 국가 간의 의사결정 과정에서 완전히 배제되거나 국가의 필요에 의해 참여가 조절되거나 통제된다."[14] 더구나 이 민족국가의 탄생 과정에서 상상된 '민족' 개념은 역사상 그 내부의 억압과 차별을 은폐하는 억압적 기제이자 그 문화적인 근원에 이미 폭력성을 내포한다. 동아시아 지역에 있어 근대적인 민족국가의 성립 과정에서 발생된 일련의 배타적이고 대결적인 민족주의 전쟁사가 이를 반증해 준다. 그러므로 근현대 동아시아 지역의 역사적 상흔을 고스란히 간직하고 있는 이 '민족' 개념은 동아시아공동체 구성에 부정적일 수밖에 없다.

이와 관련해서 에르네스트 르낭Ernest Renan이 민족은 인종, 언어, 종교, 국경선으로 규정지을 수 없다고 하면서 "하나의 민족은 하나의 영혼이며 정신적인 원리이다. 둘이면서도 사실 하나인 것이 바로 이 영혼, 즉 정신적인 원리를 구성한다. 한쪽은 과거에 있는 것이며 다른 한쪽은 현재에 있는 것이다. 한쪽은 풍요로운 추억을 가진 유산을 공동으로 소유하는 것이며 다른 한쪽은 현재의 묵시적인 동의, 함께 살려는 욕구, 각자가 받은 유산을 계속해서 발전시키고자 하는 의지이다"[15]라고 역설한 의미를 곱씹을 필요가 있다. 이 지점에서 문명공동체론의 핵심가치인 '동아시아시민(시민사회)'을 거론해 볼 수 있을 것이다. 국가의 무력에 기초한 냉전질서가 횡행하는 이때에 가장 주목해야 할 공간이 '동아시아 시민사회'가 아닐 수 없다. 이 글에서 논급하는 시민과 시민사회는 동서양 사유의 통섭과 융합이 농축되어 있으며 그 속에는 인간의 체험과 열정, 더 나은 문명세계에 대한 기대와 염원이 담겨 있다. 무엇보다도 동아시아 지역의 공동번영과 평화프로세스의 추진은 시민사회가 주도하는 수평적 연대와 교류가 필수적임은 재론의 여지가 없다.

이른바 '동아시아시민'은 국가와 시장의 실패에 대한 대안으로서 '문명'의 경계가 그렇듯이 국가시민과 세계시민의 중간 지점에 위치한다. 시민과 문명은 근대사상에서 크게 영향을 받아 활성화된 개념이니만큼 그 긍정성을 적극 수용하는 것은 정당하다. 그러나 시민(시민사회)은 본래 국가주의보다는 문명과의 친연성을 갖는 단어다. 이것은 서구적 개념에 있어 영·불어 문명civilization·civilisation의 어원이 라틴어 시민의 의미인 civis — 형용사 civilis, 명사 civilitas(시민권, 공손함), civitas(도시국가) 등 — 에서 유래한다는 사실에서도 확인할 수 있다. 더구나 근대적 문명 개념의 형성 이면에는 시민계층의 성장과 함께 민족의 자아의식을 표현하는 국민적이면서도 국경을 넘어 보편성을 관철하는 초국민적인 의미의 이중성을 갖는다. 시민은 "기본적으로 국가나 민족, 지역의 경계를 뛰어넘어 자발성을 바탕으로 국적에 구애받지 않고 개인의 자격으로 국제사회의 동학에 참여하는"[16] 사람들이다. 그들의 문화적 체험과 집합적 정체성은 동아시아 문명공동체 구상을 위한 출발점과 그 자원이 될 수 있다.

특히나 현대적 시민의 의미가 "자유롭고 권력 앞에 당당하며 만인이 동등하게 존엄함을 믿고 다른 시민들과 기꺼이 연대하며 평등하고 평화로운 대화와 협동으로 공동체를 함께 만들어간다"[17]는 데에 비추어 볼 때 그 문명공동체적 의미를 간과할 수 없다. 이 문명공동체로서의 '시민사회 지역구상'은 국가와 자본으로부터 그 발상이 독립적이며 창의적이고, 국경을 넘어서는 도전들에 대해 책임성과 공공성을 가지고 접근한다는 점에서 중요하다. 따라서 이 접근법은 그 자체가 이미 냉전질서를 부정하는 사고와 원칙을 가지고 출발한다고 하겠다.[18] 21세기는 시간과 공간이 더욱 압축되면서 인간활동이 세계적인 흐름으로 변했다. 그러므로 원래 재산을 보호하고 영토를 방어하기 위해 만들어졌던 배타적 통치체제인 '민족국가'는 세계 전체에 영향을 미치는 위험과 위협에 효과적으로 대처하기 어렵다. 우리는 과거 잘못된 국가주의의 이념으로 겪어야 했던 불행한 역사와 그 전쟁의 참상들을 기억한다. 이제 안전에 대한 개념도 국가적 영토라는 좁은 한계, 그리고 재산권 및 시민권에 따르는 제한된 보호를 초월해 더욱 넓어져야 한다.

이러한 생각은 포용적인 '문명' 기제를 통한 '보편적 인권'의 실현, 즉 그 보호와 안전의 의미장semantic field을 확장하자는 주장을 함축한다. 과거 가변적·대결적·배타적인 국가 단위보다는 그 본질이 "가장 상위 수준에 있는 사람들의 문화적 결집체이며 가장 광범위한 수준의 문화적 동질성"[19]이라는 점에서 비교적 안정적·공생적·포용적 문명 단위가 국제질서와 세계체제 이론으로서 정합성을 갖추어가고 있다. 그리고 그 필요성에서 새로 대두된 정치적·문화적 개념이 다름 아닌 인간의 공통된 취약성과 연약성, 그리고 그 안전의 필요성에 공감하는 '보편적 인권'이다. 이 보편적 인권은 미래학자 제러미 리프킨Jeremy Rifkin의 견해에 따르면 "연결된 자와 단절된 자, 포함된 자와 배제된 자 사이의 격차를 줄이기 위한 행동 기준"[20]이다. '공감empathy'은 새로운 사회적 접착제이며 '보편적 인권'은 세계화 의식을 증진하는 새로운 행동규범인 것이다. 그런데 다른 사람의 곤경과 고통에 공감해야만 보편적 인권을 존중할 수 있다. 공감의 '감感, pathy'은 다른 사람이 겪는 고통의 정서적 상태로 들어가 그들의 고통을 자신의 고통인 것처럼 느끼는 것을 뜻한다. 좀 더 부연해보면 수동적인 입장을 의미하는 동정sympathy과 달리 공감은 적극적인 참여를 의미하며 관찰자가 기꺼이 다른 사람의 경험의 일부가 되어 그들의 경험에 대한 느낌을 공유한다는 의미인 것이다.[21]

중세에 그리스도교적 영구 구원의 꿈을 활성화시킨 사회적 접착제는 '신앙faith'이었다. 근대에 와서는 물질적 진보를 위해 누구나 추구한 것이 '이성reason'이었다. 그러나 지금 도래하고 있는 새로운 시대에는 인간의 공통된 취약성을 보호하고 세계화 의식을 갖기 위한 수단이 바로 '공감'이다.[22] 그렇다고 해서 신앙과 이성을 부정하는 것은 아니다. 리프킨은 과거의 사회적 접착제인 신앙, 이성은 공감과의 상호 의존적 관계임을 역설한다. "온전한 세계화 의식은 이 세 가지 사회적 접착제를 특정한 순서 없이 전부 수용한다. 신앙, 이성, 공감은 전부 성숙한 인간의식에 필수적인 요소다. 각각은 상호 배타적이 아니라 상호 보완적이다. 13세기의 위대한 신학자 성 토마스 아퀴나스Thomas Aquinas는 신앙과 이성 사이의 조화, 미묘한 합을 찾기 위해 노력했다. 그렇다면 글로벌시대의 시급한 과제는 무엇일까? 신앙, 이성, 공감 이 세 가지를 상호 보완적으로 통합하는 '새로운 합'을 만들어내는 것이다."[23] 이와 같은 인간 본성에 대한 새로운 이해가 다름 아닌 동아시아 시민사회 지역구상으로서 '인문·종교·예술 네트워크network'를 문명공동체의 핵심요소로 배정하게 된 이론적 근거가 된다.

인문·종교·예술 네트워크

동아시아 평화공동체 구성을 위한 연대와 공조는 우리는 하나라는 인도주의적이고 보편적인 인간애의 '공감' 속에서만 가능할 것이다. 아울러 소통과 화해에 이르는 '지역정체성'은 타자와 공유하는 생명존중의 호혜적 각성에서 비롯되며, 이러한 공존의식이 공고화되었을 때 화합과 조화, 그리고 공동번영이라는 '평화공동체적 공동선'에 도달할 수 있다. 지난날 패권주의 시대에 이방세계의 타자에 대한 정복과 승리의 논리가 득세했다면 현세기는 이질적이고 적대적 관계의 그들과 대화하고 화합하는 문명공동체 차원의 '공감적 공존의 철학'을 모색해야 한다. 우리는 그 사유모델을 근대성modernity과 끊임없는 교섭 속에 있는 전통시대 동아시아의 사상과 지형에서 찾아볼 수 있다. 이 논제는 동아시아의 전통 깊은 문화유산을 통해 대안적 정치·경제·사회체제를 모색하려는 시도,²⁴ 그리고 세계문학사에 나타난 유럽중심주의에 대한 문제의식을 바탕으로 동아시아의 문학유산의 상징적 의미를 읽어내고 이를 미래에 투시하는 방법을 통해 유럽중심주의에서 탈피하고자 하는 노력[25] 등과 맥을 같이 한다.

그런데 이러한 방향의 연구는 본래 '동아시아성' 영역이었던, 즉 보편적 성인聖人의 문덕文德", '도道'와 연결되는 문명생명주의의 '중화中華'를 근대적 국가주의・민족주의와 대척점에 위치한 '동아시아시민주의'로 격상시키는 작업이 중요하다. 이것은 현재 국민국가 범주로 전락한 '중화'의 의미적 용법을 문명공동체적 의미로 재개념화・복원하는 일과 관련된다. 더 나아가서는 서구와 일본 제국주의의 폭력적인 '근대화modern-ization' 개입으로 인해 파괴된 동아시아 '중화 세계시스템'을 현재화하는 작업과도 무연하지 않다. 여기에는 또한 동아시아 '평화협력의 문명코드 -중화생명주의'를 수반하는 평등과 호혜, 개방과 포용, 관용과 다양성 등의 현대적이고 민주적인 원칙들이 반영되어야 함은 물론이다. 그 궁극적 실현체는 '동아시아시민주의'가 선도하는 예술・공감・영성・생태문명과 그에 기초한 항구적인 '동아시아 평화공동체'라고 할 수 있다.

이 발상은 최근 급부상하고 있는 '탈근대적 신중세화neo-medievalization론'과 접맥된다. 신중세화론은 상호 의존이 심화되고 세계화가 일정한 단계에 도달했을 때의 국제관계를 나타내기 위한 용어로 출현한 것이다. 잘 알다시피 근대화는 'modernization'의 번역어로 등장한 말이다. 근대화는 그 진원지가 서구라는 점에서 유럽문명권에서 먼저 이루어진 논의를 그 용어와 함께 수입한 것이다. 그런데 중세화를 뜻하는 'medievalization'은 영어를 비롯한 서구어에는 없는 말이라고 한다. 그런 까닭에 일각에서는 동아시아의 용어 중세화를 'medievalization'으로 번역해 사용해야 함은 물론, 동아시아학계가 앞서서 '중세화론'을 개척하고 정립해야 한다고 주장하게 된다.[26] 아무튼 이 신중세화 이론은 1960~1970년대에 아놀드 월퍼스Arnold Wolfers, 헤들리 불Hedley Bull 등에 의해 제기된 바 있다. 특히 헤들리 불은 장래에 출현할 가능성이 있는 국제시스템의 하나로서 '새로운 중세'를 제시했다. 이러한 '신중세화체제'는 오늘날 서구가 유러피언 드림 European Dream으로 대변되는 EU의 실체를 '신중세화'로 파악하고 있다는 점에서 특기할 만하다. 최근의 주창자들로서는 제러미 리프킨을 위시해서 일본의 저명한 국제정치학자 타나까 아끼히꼬田中明彦, 국내에서는 동아시아학의 노학자 조동일 등이 눈에 띈다.[27]

이처럼 '신중세화론'과 연계시켜 볼 때 '중화'적 가치는 전통문화의 현재성과 관련됨을 알 수 있다. 근대국가주의의 틀에서 벗어나게 되면 '중화'의 의미구성체로부터 긴밀한 내적 연관관계의 풍부한 '동아시아적 함의'를 추출할 수 있다. 그것은 동아시아의 정체성과 그 연대감을 추동하고 강화하는 역내 공통된 '문명의 생명소'로 작동해 왔다. 그리고 '중화 공공성'은 동아시아 현실역사에서 원심적 '중화보편주의'와 구심적 '중화민족주의'로 표출되었다. 역사상 중화문명은 동아시아 여러 이족夷族지역의 소단위 민족문화와의 교섭 속에서 창출·발전되었고 동아시아의 모든 공동체 구성원들이 함께 공유하고 향유한 것이다. 그러므로 그 중심이 화족華族의 중국에만 국한되지 않는다. 더 정확히 말해서 동아시아의 보편적 규범인 중화는 원천적으로 배타적 근대국가주의로 한정시켜 사유할 수 없다.[28] 현재에도 중화보편주의는 동아시아문명의 역내 생명소로 투영·편재偏在하여 한족중화주의, 티베트중화주의, 신장新疆중화주의, 월남중화주의, 일본중화주의, 한국중화주의 등의 각양각색의 생동하는 중화민족주의적 스펙트럼을 구성한다.

사실상 '동아시아–중화'란 지리상의 개념으로서의 고정된 경계나 구조를 가진 실체가 아니다. 그것은 이 지역을 구성하는 주체의 행위에 따라 유동하는 역사적이고 문화적인 공간이다. 더욱이 동아시아세계는 하나의 사유공간이자 문제설정으로서 새로운 실험을 통해 창조되는 미래지향적인 과제임과 동시에 '동아시아성'의 재활성화를 기약하는 과거로부터 재구성되는 반성적 영역임을 상기할 필요가 있다. 백영서의 표현을 빌리자면 이것은 '지적 실험으로서의 동아시아'로, "동아시아를 어떠한 고정된 실체로도 간주하지 않고 항상 자기 성찰 속에서 유동하는 것으로 파악하는 사고와 그에 입각한 실천의 과정을 뜻한다."[29] 그런 의미에서 여태까지의 동아시아가 어떤 사상事象이나 성질이 유사한 지역범위인 '등질지역'을 찾아나서는 작업이었다면, 그보다 어떤 중심지의 기능이 미치는 범위인 '기능지역'을 찾아내는 작업이 필요하다는 생각은 한 가지 방법일 수 있다. 그 개진된 진술을 옮겨보면 "정치적 기능지역, 경제적 기능지역, 문화적 기능지역 등 구체적 요소 — 예를 들면 책봉, 동전의 유통, 서적의 유통 등 — 에 따라 하이퍼텍스트hypertext와 같이 등질지역으로서의 동아시아는 그 지리적 영역이 고정된 것이 아니라 신축적이며 다양하고, 따라서 동아시아는 하나가 아니라 다수 존재할 수 있고 그러한 다수의 동아시아들이 중첩되며 동아시아가 존재하게 될 것이다."[30]

이러한 인식 속에서 본 로드맵은 '인문·종교·예술 네트워크'에 의한 동아시아 문명공동체 구성을 제안하다. 그리고 이 제안은 크게 보아

'동아시아 시민사회 지역구상'[31] 노선에 합류한다. 이 발상 이면에는 "국가를 넘어서는 시민사회 네트워크는 새로운 가치들을 실험하고 미래에 대한 공동의 기억을 키워가기 위해서도 중요하다. 동시에 그러한 실험이 가능한 시민사회의 자원이 무엇인가에 대해 고민하고 그 에너지가 소진되지 않고 언제든지 충전될 수 있도록 노력하는 것이 필요하다"[32]라는 문제의식이 존재한다. 인권과 평화 보장을 위한 초국가적 연합체 강화는 '동아시아시민', 곧 역내 인권주의자와 평화주의자의 상호 빈번한 교류와 공감 속에서만 가능하다. 그리고 공존과 공동번영을 위한 바람직한 동아시아 문명공동체는 공감적 문화(생명)감수성에 기초한 '보편적 인권'과 '평화이념'을 지향하는 시민세력이 그 정체성 구성의 주체가 되었을 때 견고해질 수 있다. 이것이 바로 역내 인문·종교·예술 네트워크를 통한 '동아시아 평화공동체' 구축을 제안하는 이유다.

　근본적으로 '동아시아 문명공동체' 실현은 역내 제국諸國이 근대적 민족(국민)국가의 사고회로에서 벗어나 동아시아성과 세계성에 접속하는 '열린 민족주의'의 성숙이 요청된다. 이와 연동된 문제로서 이 지역의 평화협력과 공존공영 역시 영토에 기초한 의무와 재산권에서 탈피해 '지역의 공동선'에 입각한 의무와 '보편적인 인권'에 애착을 가져야만 가능한 일이다. 때문에 문명공동체의 구성 주체로서 '동아시아 시민사회'를 요청하는 것이다. 주지하다시피 "시민은 자유를 사랑하고 타인의 존엄과 자유를 존중하며, 평등한 관계 속에서 타인과 연합하고 그들과 함께 '더불어 사는 삶'을 실현하기 위한 공동의 가치와 행동 방안을 만들어가는 사람들이다."[33] 특히나 '생명'을 체현하는 인문·종교·예술 세계는 문화지형의 최고 단계에 위치한다. 그러니만큼 이 장에서 제시하는 동아시아의 평화 네트워크는 상호 중첩적인 다원적 지역문화를 창조적으로 형상화하는 예술인, 경건성과 생명애로 자기희생을 감내하는 종교인, 그리고 국가민족주의의 완충지대인 문해율을 높이고 문명공동체적 가치를 이론화하고 대중화하는 인문학자로 구성된다.

이들 동아시아의 실존자existant 인문인, 종교인, 예술인은 문명(중화) 생명주의의 데모스이자 이 지역문화 소통코드의 계발생산자로서 반목과 분쟁의 요소를 희석시키고 동아시아를 공감(생명)적 화해의 문명세계로 추동할 것이다. 여기서는 인문인, 예술인 못지않게 기성의 사고형식을 넘어서서 무한한 문화창신의 가능성을 담지한 '종교 영역'이 주효하다. 왜냐하면 신앙은 지知, 정情, 의意의 경험 전체뿐만 아니라 그 경험을 초월한 영역에까지 관계하기 때문이다. 각설하고 본 제안 네트워크의 공공성은 공감, 생명, 영성, 명상, 영감, 초월성, 아우라 등의 주제어를 통해서 동아시아인들의 "내면적 삶의 평화 완성과 지구 생태계와의 영적인 소통에 의한 총체적 오염의 사전 극복, 그리고 인간 간의 시장적 관계를 넘어서는 참다운 초월적 사랑을 획득"[34]하는 데 있다. 이제 동아시아인들은 상호 대결적이고 배타적인 국가주의를 초월할 만큼 정신적 지혜의 성숙기에 접어들었다. 동아시아는 분쟁과 갈등으로 점철된 20세기로부터 탈각하여 21세기 공감적인 보편적 인간애에 기초한 평화와 공치共治의 모습으로 일신해야 할 전환점에 당면해 있다. 그런 점에서 초국적 시민사회로서의 인문·종교·예술 네트워크는 문명공동체의 행위자, 소통자로 작동하며 지속 가능한 '동아시아의 정체성'을 간단없이 창조·정립해 나갈 것이다.

문명공동체적 관점에서 볼 때 '동아시아의 정체성'은 전통적 문화자산과 겹치는 공동의 역사 경험을 활용하여 끊임없이 현재적으로 창신해야 할 과제다. 또한 거기에는 '동아시아시민주의'에 입각한 역내 문화적 교류의 확대를 통해 국가, 민족, 소지역의 문화적 특수성을 넘어서 오히려 거기로부터 수렴되는 동아시아의 공동선, 곧 문명보편주의가 창달되어야 한다. 그런 의미에서 동아시아의 공적 영역인 '중화생명주의'는 동아시아 평화협력의 소통과 공감의 문명코드로, 더 나아가서 동아시아 지역(문명)정체성 구성의 현재적 규범으로 끊임없이 재발견되어야 한다. 본 로드맵이 제안하는 역내 시민사회로서의 '인문·종교·예술 네트워크'는 영성, 이성, 감성, 공감의 새로운 합의 영역인 '공감적 인간Homo-Empathicus'을 인식 주체의 또 다른 근거로 활용한다. 더불어 현 시대정신인 예술·공감·영성·생태문명의 동아시아적 의미를 공론화함으로써 동아시아인들의 공감적이고 연대적 '생명(문화)감수성'을 일깨우는 참여자적 생명 인식을 그 방법론으로 제시한다.[35]

이렇게 "재발견된 인간은 서구 근대의 개인 유형인, 고립된 그리고 인생의 목표를 표준화한 근대사회의 목표, 즉 양적·경제적인 소득 증대로 전치한 소유 집착적인 개인이 아니다. 이들은 세계의 구성원들이 서로 연결되어 있음을 인식하고 동시에 자기 내면의 개성을 나름으로 표현하고자 하는 '관계망-내-자기표출'형 개인들이다."[36] 더하여 여기서의 인간형은 정의情誼의 면을 기능적으로 통일하면서 실존적 상황에서 생사를 걸고 초월적인 존재와 전인격적인 관계를 맺는 신앙 영역에까지 확장된다. 실제로 오늘날 우리가 지향해야 할 동아시아상은 '생명 존중의 관계망'을 긍정하고 '문화(생명)의지'로 충만한 예술적·공감적·영성적·생태적 세계로 규정할 수 있다. 아울러 그 실현 주체는 그러한 가치의 동아시아성을 체득한 '실존적 각자覺者', 곧 인간 안의 자비와 공감의 영성을 일깨우는 미학적이고 영성(생명)생태적인 문화인격체가 아니면 안 된다. 이들의 실체는 문명생명주의를 체현하는 '동아시아 데모스'로서 예술가, 인문학자, 종교 신앙인, 문화 이론가 등을 포괄하는 '동아시아 시민사회' 다름 아니다.

로드맵의 효용성 — 공공재 기능

이 절에서는 상기한 제반 문제와 관련해서 본 로드맵이 제공하는 문명(동아시아)적 공공재public goods 기능, 이를테면 적실성과 시의성 그리고 기대효과(효용성)를 구체적으로 적시해 논구해보고자 한다.

첫째, 동아시아 분단국의 통일 해법이다. 오늘날 동아시아의 균열, 중국의 양안兩岸갈등, 소수민족(티베트·신장 등) 문제, 한반도의 남북대치 등의 상황은 과거 동아시아세계가 서구와 일본이 획책한 제국주의적이고 폭력적인 근대 민족국가체제의 수용 과정에서 배태된 것이다. 제2차 세계대전 이후 미소 양강兩强구도 속에서 발발된 중국국공내전, 한국전쟁, 인도차이나 베트남전쟁 등 일련의 '동아시아 30년 전쟁(1945~1975)'은 모두 이 서구식 모델인 근대국가시스템이 빚은 역사 참극이다. 그 결과가 오늘날 역내 분단국의 상흔으로 유전되는 것이다. 근대국가 이데올기의 극점인 미소냉전체제가 해체된 이상 동아시아는 갈등과 분열을 조장하는 이 체제를 더 이상 고집할 이유가 없다. 이제 동아시아는 근대국가주의적 세계시스템에서 탈피하여 미래 지향적인 '문명공동체적 세계시스템'으로의 전환을 모색해야 한다. 그것만이 현재의 동아시아 제반 분쟁 상황과 분단국 문제를 해결하는 최적의 방법이다.

그 실효성은 서로 간에 수시로 살벌한 전쟁을 벌이던 유럽 국가들이 공통된 그리스도교문명을 선용하여 유럽경제공동체EEC의 틀 속에 연합함으로써 각 나라들 간의 복잡다단한 전통적 영토·국경분쟁, 즉 영국과 프랑스의 도버해협제도諸島분쟁, 독일과 프랑스의 알자스-로렌분쟁, 수데텐도이치 영토분쟁, 독일과 폴란드의 국경분쟁 및 단치히 영유권분쟁 등을 일거에 해소했던 유럽의 선례에서 확인할 수 있다.[37] 특히 한반도의 분단 상황에 비추어 볼 때 '문명'에 토대한 이 유럽의 공동체가 독일 통일의 길을 열었다는 사실은 의미심장하다. 즉 "독일이 서유럽 제국의 영구동맹국으로 엮어진 EEC의 틀이 없었다면 영국과 프랑스를 위시한 주변 국가들은 서독이 동독을 병합하여 유럽 최강국으로서의 지위를 굳히는 것을 결코 용납할 수 없었을 것"[38]이라는 분석이 그것이다.

덧붙여 중국의 화약고가 된 티베트, 신장 등의 소수민족 갈등 문제도 과도한 서구식 국가시스템을 집착하는 데서 기인한다. 때문에 그 해법은 근대국가주의적 세계시스템에서 벗어나는 유연한 태도가 관건이 아닐 수 없다. 다행히 현 시진핑習近平정부의 문제 인식도 현재와 같은 강압보다는 보다 효율적으로 조절할 수 있는 통치 기능이 확대되어야 중국 내 통치의 안정성을 높일 수 있다는 정책의 전환이 포착되어 고무적이다.[39] 현재로서는 요원하지만 제러미 리프킨의 다음 말을 권장해본다. "중국과 인도는 민족국가 모델로서는 글로벌 경제와 문화를 수용하기에 역부족인 현실에서 북아메리카의 경우보다 더 큰 장애물에 직면하고 있다. 인도나 중국이 과연 단일국가체제로서 10억 이상의 인구를 유지할 수 있을까? 서로 얽혀 있는 정체성으로 사람들이 더욱 탄력적인 편의의 네트워크를 지향하고 있는 현실을 감안하면 그렇게 많은 인구를 단일국가체제로 끌고 나가기는 불가능한 일로 보인다. 가능성이 있는 시나리오는 중국과 인도 둘 다 적어도 부분적으로 좀 더 준準자치 지역으로 분리되어 그들 지역이 세계 전체 속에서 나름대로의 경제 및 정치 네트워크를 형성하는 것이다. 그것이 좀 더 발전하면 두 나라 모두 단일국가의 틀을 떨쳐버리고 분화된 각 지역이 서로 간의 합의를 통해 EU의 모델처럼 초국가적 정치연합체로 재편성될 수도 있다."[40]

둘째, 동아시아 시민사회의 문화시스템 구축이다. 우리에게 자긍심과 동시에 과제를 던져주고 있는 '아시아태평양시대'란 비단 '세계경제의 동아시아화' 추세만을 한정하는 말은 아닐 것이다. 그것은 세계문명의 중심축 변동을 알리는 상징적인 표현이기도 하다. 그러니만큼 현금 동북아시아 3국이 편협한 '국가주의'에 편승하여 서로 반목하고 쟁투하는 행태는 금세기 시대정신을 역행하는 일이 아닐 수 없다. 이제 동북아시아 3국은 동아시아의 공동번영과 미래의 희망을 위해 상대의 몰이해에서 비롯된 편협한 이기주의와 그로 인해 형성된 분쟁의 역사 퇴보적인 의식의 어두운 잔영들을 거둬내야 한다. 그리고 국가적·민족적 재난을 함께 나누고 분쟁을 해소하는 화합의 이념과 생명 존중의 동아시아 국제공론장을 마련해야 한다. 그러기 위해서는 범 '동아시아시민'이 주체가 되어 "동아시아에 국민국가의 층위를 넘어선 공론공동체, 국가와 독립된 사회 제 세력이 만들어내는 사회공동체, 국경을 넘어선 문화활동을 통한 문화공동체 등 다양한 층위의 공동체 건설을 촉진하고 발전시켜 국가 중심적 동아시아질서를 상대화하고 비판할 수 있는 다양한 안목을 키워나가야 할 것이다."[41]

그런 까닭에 동아시아 국제 소통기구에 준하는 문화적 공간과 시스템의 창출이 중요하다. 이러한 동아시아 시민사회의 '공 영역적 문화시스템'이 구축되어야 역내 국가적 행위의 갈등을 규제하고 건전한 비판정신을 회복할 수 있을 것이다. 2003년 2월에 출범한 참여정부가 평화와 번영의 21세기 동북아시아 건설을 국정 목표로 정해 대외적으로 제시했던 기저는 기본적으로 여기에 바탕을 둔다. 그리고 2013년 한국정부에 의해 제안된 '동북아평화협력구상(서울프로세스)' 역시도 같은 맥락으로 파악된다. 지금 동북아에는 역내 국가 간에 평화와 협력을 증진시키기 위한 다자적 메커니즘이 없다는 인식이 그것이다. 더 나아가 촛불시민혁명으로 2017년 5월 탄생한 문재인정부의 '한반도 운전자론'도 거시적으로는 평화공동체를 지향하는 '동아시아 시민사회 문화시스템' 안에서만 지속 가능한 실효성을 거둘 수 있다. 그런가 하면 중국의 문화자각과 그에 수반된 대외정책의 경우도 동아시아 시민사회의 동의를 이끌어내는 공유적 문화시스템을 마련하고 공생공영의 동아시아적 문화코드를 읽어내는 노력이 병행되어야만 진정한 의미의 '중국의 꿈中國夢'은 실현될 수 있다. 이 제반 수요에 호응하는 동아시아 인문·종교·예술 네트워크 시민주의는 문명공동체를 전제로 하는 교류협력, 평화협력 모색을 위한 다자적 기제로서 역내 공론공동체, 지식공동체, 종교공동체, 사회공동체, 문화공동체, 예술공동체, 생태공동체, 평화공동체 등을 선도할 것이다.

셋째, 소통적·연대적 문명(문화)코드 창출이다. 동아시아인들은 동아시아권의 갈등과 분열을 조장하는 내셔널리즘nationalism을 해소하고 평화와 공동번영을 보장하는 평화협력 구상으로서의 '역내 공공성' 영역 확보에 관심을 기울여야 할 때다. 또한 이 지역의 평화 구현의 실마리는 초국가적 상호 의존성이 심화되고 있는 세계적 조류에 부응하여 총체적이고 포용적인 '문명'에 바탕을 둔 동아시아공동체의 의미를 극대화하는 데서 풀어야 한다. 이러한 문제 인식은 또한 역내 국가들이 공통으로 겪고 있는 인구의 급속한 고령화, 다문화사회의 위기, 인권보호, 생태계 파괴, 부의 불균형, 핵위협, 국제범죄, 사이버테러 등의 초국가적 현안과도 무관하지 않다. 그러나 여기에는 다분히 대립분쟁적인 기존의 정치경제적 시안試案에 앞서, 그 긴장과 불확정성을 해소할 '문명'의 포용성이 개방해 주는 지속 가능한 생활세계 영역의 '문화소통코드'가 필요하다. 달리 말하자면 단순히 정치경제적 이익만을 위한 지역통합은 지속 가능하기 어려우며 동아시아가 지속 가능한 공동체를 원한다면 '문화(생명)'라는 소통인자가 요청된다는 것이다. 이 소통인자는 역내 국가 간 화해와 협력을 이끄는 동아시아 평화의 생명선이 되어줄 것이다. 경제와 문화가 어우러진 '동아시아문화경제공동체CECEA : Cultural and Economic Community of East Asia'가 거론된 까닭도 여기에 있다.

다만 그 관건은 근대 서구와 일본의 제국주의적 국가주의로 인해 파괴되고 소실된 동아시아인의 소통적·연대적 문명(문화)코드를 어떻게 복원·창신할 것인가에 달려 있다. 본 로드맵이 제시하는 '동아시아 문명공동체'는 지적이고 종교적이며 예술적 실험과 생활세계에서의 일상적 실천을 통해 만들어가는 '동아시아 정체성'이라는 새로운 인식의 지평에 근거한다. 최근 동아시아공동체 논의를 살펴보면 크게 보아 정치·경제와 시민생활 두 영역으로 분류할 수 있다. 인문·종교·예술 네트워크는 '동아시아시민주의'라는 새로운 협력모델로서 정치·경제 영역보다는 동아시아를 매일매일 체험하면서 살아가는 동아시아시민의 탈권력적·탈시장적 생활세계에 바탕을 둔다. 때문에 이 네트워크는 동아시아인의 공통된 생활유전자인 '동아시아 생명주의'를 시민사회의 문화 영역에 구현하고자 하는 구상이기도 하다. EAVG 보고서가 지역정체성과 지역의식 함양, 동아시아문화 및 예술의 보존과 증진을 위한 프로젝트 협력을 촉구한 의미도 같은 맥락일 것이다. 이것이 바로 본 제안서가 고차원적 동아시아 시민사회에 기초한 예술·공감·영성·생태문명으로서의 '동아시아 문명공동체'를 제시한 이유다.

넷째, 동아시아 문명생명주의의 발신이다. 현대문명을 조형해낸 계몽주의사상은 인간 이성의 무한한 발전에 대한 믿음과 자연에 대한 지배, 그리고 주체와 객체, 나와 타인을 구별하는 보편적 객관주의로 요약할 수 있다.[42] 이렇게 타자와의 관계성을 배제하는 이원적 근대성(주객이분법)은 인류의 확장적·침략적·지배적 성향의 주체성을 지나치게 자극한 나머지 인간과 자연의 대치뿐만 아니라 인간과 인간, 국가와 국가, 민족과 민족, 문명과 문명 간의 상호 쟁탈과 적대감을 유발하는 사유의 틀로 작용해 왔다. 현재 동아시아의 제반 분열상 역시 이러한 근대성의 폐해와 무관하지 않다. 때문에 동아시아는 분리된 개체로서 타자와의 관계성을 단절시키는 이항 대립적 근대 메커니즘에서 탈피하여 '생태적 관계망'의 회복을 통한 타자와 공감하고 공존하는 '생명공동체적 시스템'으로의 전환이 시급하다.

지역공동체적 견지에서 '문명'은 대규모의 총체적 인간 생존양식으로서 하위 개념인 '문화'를 포괄하는 유개념으로 관찰된다. 이때 문화는 그 상위 개념인 문명에 대한 종개념으로서 국가나 민족을 종차로 하여 한국문화, 일본문화, 한족문화, 티베트문화 등으로 나타난다. 이를 '문명생명(생태)주의'로 치환해보면 '문명'은 정상 단위로서의 생명, 곧 자기충족적이고 자기완결적인 총체로서의 생명시스템이라고 할 수 있다. 그리고 '문화'는 그 안에서 상대적 독자성을 견지하며 생존하는 개개의 조건부 단위의 생명, 곧 '관계망-내-개체생명'으로 규정할 수 있다.[43] 이러한 생명주의 문명관은 우리에게 역내 '민족국가(문화)'들은 더 큰 생명의 질서, 곧 정상적 보생명인 '동아시아문명'을 전제로 해야 성립, 생존할 수 있음을 각성시킨다. 따라서 자족적 정상 단위인 '중화 생명체(문명)'가 파괴될 경우 그 조건부 단위인 민족국가도 저 본원적인 연대적 생명성을 상실하여 혼돈에 빠지게 되고 말 것이다.

본 로드맵은 생명의 내포성과 그 협동호혜성이 지시하는 상호 연결된 동심원으로서의 '문명(생명)공동체' 구현과 그와 결부된 동아시아의 보편적 문명코드인 '중화(생명) 공공성'의 회복을 요점으로 한다. 그런 의미에서 동아시아의 인문인, 종교인, 예술인은 '문명(중화)생명주의'의 발신자가 될 필요가 있다. 이 '동아시아 데모스'는 문명공동체 차원에서 중화생명주의를 온몸으로 내면화함으로써 동아시아문명은 개체인 민족문화와 그 보생명의 결합 속에서 발현된다는 사실을 인지해야 한다.[44] 바꿔 말해 역내 민족문화의 참생명은 보다 근원적인 생명체, 곧 '전체로서의 동아시아 문화생태계(중화 : 온생명적 동아시아성)' 속에서 확보될 수 있음을 체현해내야 한다. 인류의 문명사에 있어 시민은 각 시대별 사회변동 과정에서 인간이 당면한 역사적 과제와 씨름하며 끊임없이 창조적으로 진화해온 존재다. 오늘날 '동아시아시민 — 인문인 · 종교인 · 예술인'

은 이 시민적 역사성의 현재적 소명자로서 유기적 생태의 관계망 안에서 타자와 공생하는 동아시아 문명공동체 구성의 행위 주체가 되어야 한다.

다섯째, 주체적 동아시아의 위상 정립이다. '동아시아'의 의미구성체는 서구 열강과 군국 일본이 각인시킨 근대 세계시스템의 제국주의적 조형물로 이해된다. 동아시아학 구축은 유럽의 전 지구적 확장에 따라 19세기에 형성된 구미의 창안물, 곧 동양시장에 대한 꿈과 지상낙원에 대한 갈망이 묘하게 결합된 '태평양'이란 개념과도 연동된 문제다. 태평양은 아시아 핵심부의 산물이 아니라 유럽으로부터 뻗어나가는 자본주의 세계경제의 연장으로 태평양권이 조직되어 나간 소산인 것이다. 예컨대 태평양역사의 여러 단계를 스페인령 호수에서 영국령 호수로, 다시 미국령 호수로 부르며 태평양전쟁을 통해 미국령 호수에 대한 일본의 도전을 경험했다.[45] 그러므로 이 지역 구성체는 구미 열강의 전 지구화된 이해관계를 원리로 삼아 구미라는 중심에 대한 주변부로 조직되었기 때문에 '아시아태평양권'이란 명칭은 허구이고 '구미태평양권'이라고 부르는 게 옳다는 주장에 동의하지 않을 수 없다.

그렇다면 명실상부한 아시아태평양권은 아시아적·태평양적 내용과 구미태평양권 사이의 모순을 아시아적·태평양적 내용의 입장에서 극복할 때 성립 가능할 것이다. 구미태평양권에서 아시아태평양권으로의 변화의 실제 내용은 바로 그 모순 극복의 과정이라고 할 수 있다.[46] 때문에 이 지역이 구미태평양권에서 아시아태평양권으로 넘어가는 '태평양의 재창안'이 이루어지려면 환태평양의 핵심지인 '동아시아'가 그 개념의 태생적 한계인 제국주의로부터의 탈맥락화가 선행되어야 한다. 그러기 위해서는 동아시아 스스로가, 즉 동아시아시민이 주체가 되어 서구

자본주의 국가의 이해관계가 일방적으로 관철된 침탈의 피해 공간이 아니라, 타율적 근대의 아픔을 넘는 상호 이해의 고리를 형성하고 공통의 문제 인식을 조직하며 그로 인해 새로운 이상적 공간으로 탈바꿈하는 문화적 소통과 연대의 창조적 공간으로 변모해야 한다. 이로 보건대 동아시아시민주의가 구도하는 문명공동체로서의 동아시아적 가치와 그 정체성 확립은 향후 '태평양의 재창안'이라는 이 공동목표에 응답, 그 해답을 안출하는 데 일조할 것이다.

여섯째, 동아시아 전통문화 재창조의 시의성 확보다. 동아시아에서의 '문명'은 어원상 중화 지향의 '전통성'과 서화西華(서구) 지향의 '근대성'이라는 이중의 교차적 층위를 구성하는 개념이다. 금세기 문명대안론으로서의 동아시아 예술·공감·영성·생태문명의 구현은 '민족국가'를 지향하는 문명의 근대적 개념사보다는 주로 '문명공동체' 가치를 중시하는 문명의 전통적 개념사와 연계되어 있다. 그러므로 동아시아 전통문화의 부활은 현재 중국의 국가주의가 표방하는 근대적 중화민족주의 방향과는 다른 탈근대적 중화보편주의 세계시스템, 곧 보편성과 특수성을 잇는 거시적 구도의 결합조직이자 생태학적 관계망을 긍정하는 '동아시아 중세화[和而不同 : 理一分殊·理通氣局]'의 창조적 복원에서 확보될 수 있다고 말해진다. 이 견해에 따르면 '중화' 개념은 원천적으로 국가주의로 환원될 수 없으며 '통일성[理一·理通] 속의 다양성[分殊·氣局]', '다양성[分殊·氣局] 속의 통일성[理一·理通]'을 이룩한 결정체다. 이 문명의 원리는 중화로 대변되는 보편적 동아시아성이 개별적 민족문화의 형태로 성취된다는 사실을 적시해 준다.[47]

결국 이 '신중세화론'은 각종 중심주의에 대한 비판적 의식을 바탕으로 동아시아를 서구 중심의 근대체제를 흔들 역동적 지역으로 사유하며 그 대안을 동아시아에서 찾고자 하는 '동아시아담론-문명대안론'과 겹친다. 이 입장은 동아시아론을 주장하는 논자들 전반이 공유하지만, 특히 동아시아의 '전통'에 주목하는 대목에서 두드러지게 나타난다. 가령 동아시아 지역이 전통적으로 일원론적·생명론적 철학과 직관적·감각적 문화사상을 특징으로 한다든가, 또는 정신문화와 관련하여 "불교와 도가사상을 포함하는 신유학의 전통, 커뮤니케이션의 매체이자 사상의 원천으로서 한자라는 문자, 자연과 인간의 일체화, 세계에 대한 유기체론적 시각, 개인주의에 우선되는 공동체 윤리, 선형적 사고방식 대신 나선형 혹은 순환적 사고방식 등"[48]의 본질적으로 서구와는 다른 문화적 기반을 가지고 있다는 인식을 전제로 한다. 아울러 동아시아문명론의 보수적 입장에서는 유교사상을 새로운 사회를 만들어갈 동력으로 보고 유교자본주의와 유교민주주의 가능성의 타진이 인류보편사의 새로운 방향 모색에 능동적으로 동참하는 길이라고 주장한다.[49] 다른 한편에서 진보적 학자들은 유학을 새로운 사상을 모색하는 하나의 문명적 자산으로 여기는가 하면,[50] 문명론적 대안을 자기 전통 속에서 모색하는 데 있어 풍부한 유산을 가진 동아시아에 특별한 사명이 있다고 보았다.[51]

끝맺는 말

이상으로 동아시아 '인문·종교·예술 네트워크'와 그에 따른 문명 공동체, 평화공동체 활성화의 제반사항들을 논구해보았다. 21세기 초국적 공동체를 통한 동아시아의 '화해와 평화'는 문명사적 과제다. 글로벌 파워의 중심이 아시아로 이동함에 따라 지역화를 바탕으로 한 '동아시아공동체' 구성은 이제 외면할 수 없는 대세가 되었다. 현재 생산되고 있는 다양한 동아시아담론에서도 확인할 수 있듯이 역내 국가들 역시도 대국적으로는 공동번영과 평화를 위한 동아시아 '공동의 집'을 건설하자는 데 인식을 같이하고 있다. 여기서 '공동의 집'이란 동아시아 구성원들의 상호 동의를 전제로 하는 통일된 초국가적 공동체를 의미한다. 그런데 이 동아시아공동체는 동아시아인의 '공동선'을 위한 공동체가 되어야 하며 그것은 동아시아인 스스로가 '공통의 정체성'을 찾거나 만들고자 하는 관심과 노력에서 가능할 것이다. 최근 동아시아 문명공동체와 그 정체성 구성의 주체로서 '시민'과 '시민사회'의 중요성이 부각되고 있다. 이 새로운 구상과 대안은 국가, 민족, 기업과 구분되는 자발적 '동아시아시민'이 주도하는 문화적 교류와 연대로서 '동아시아 시민사회 지역구상'으로 명명된다.

여기에는 19·20세기 수직적이고 중앙집권적인 화석에너지 시대의 '국가 패러다임'에서 탈피하여 21세기 이타적 협력과 네트워크적 신재생에너지시대의 '문명공동체 패러다임(시민사회 패러다임)'으로의 전환이 상정되어 있다. 네트워크에 의한 상호 의존적이고 협력적인 사회 시스템이 전 지구적으로 진전되고 있는 현 시점에서 서구식 근대적 국가, 즉 '국민

(민족)국가 모델'은 이제 더 이상 절대적 가치로 받아들여지지 않는다. 심지어 그 발상지인 유럽에서조차도 현재 회의와 비관주의가 만연한 가운데 국민이나 영토, 국가보다는 공통된 '문명적 가치'를 우선시하여 EU라는 초국가적 다중심 통치체제를 마련한 것이다. 그런 맥락에서 본 로드맵은 시민과 문명의 교차 지점에서 구현되는 세계, 곧 시민사회 지역구상 차원에서 발제된 것이다. 이제 맹목적이고 그릇된 '국가' 관념에서 벗어나 보다 포괄적이고 개방적인 '문명'에 터하여 타자와 호응하는 상호 주체적인 공존공영과 평화번영의 '동아시아공동체 구성'을 구체화해야 할 때다. 요컨대 동아시아시민주의가 구도하는 현실진단과 그 문명론적 설계가 이후 '동아시아 인문・종교・예술 교류', '동아시아 인문・종교・예술 공동체 기구 결성', 그리고 이를 수렴하는 동아시아 평화공동체 실현의 허브로서 '한중일 합작 동아시아대학 설립'으로 가시화되기를 기대해본다.

제4장

동아시아의
세계체제론적
전망

이끄는 말

인류사회는 서구와 일본의 제국주의적 세계지배 야욕의 시대가 끝난 제2차 세계대전(1939~1945) 이후에도 군사, 경제 강대국을 중심으로 하는 동서이념적 대립과 산업·기술을 기준으로 선진국과 후진국으로 구분되어 대립, 갈등을 겪어왔다. 특히 전후戰後 국제관계에서 미소 간의 냉전cold war적인 대립이 극대화되면서 세계질서는 양극체제 냉전(1945~1955), 다극체제 냉전(1956~1970), 냉전 해빙(1971~1979), 제2의 냉전(1980~1989), 탈냉전(1990~2000) 등 주로 냉전 개념을 중심으로 전개되었다. 20세기 말 냉전이 종식된 뒤에는 미국의 유일지배체제가 공고화되어 지구촌을 '시장의 힘'으로 개방적이고 발전된 세계로 추동한다는 신자유주의neo-liberalism 차원의 '세계화globalization'라는 수사학 아래 세계체제와 연관된 다양한 대응과 모색이 이루어졌다. 그러나 세계화란 결국 인류의 유익한 통일된 시장이 아니라 미국과 서방국가에 의해 조정되는 '신형 식민주의' 추동의 수식어에 불과하다는 사실이 드러났다. 더욱이 2008년 미국발 금융위기와 함께 찾아온 유럽발 재정위기(2009)는 세계경제를 패닉상태로 몰아넣었다. 그 과정에서 폭로된 미국과 서방국가 중심의 서구화론, 즉 월가표준을 세계표준으로 관철시키고자 하는 세계화 담론의 파산으로 치닫고 있다. 이 일련의 세계금융위기는 세계경제의 '동아시아East Asia화' 추세를 더욱 가속화시켰다.

이처럼 21세기는 통상 세계헤게모니 국가 미국의 퇴조, 그리고 이와 대비되는 동아시아권의 정치경제적 부상과 공고화로 특징된다. 그러나 동아시아의 세계적 위상 제고에도 불구하고 정작 이 지역에 관한 학문적 주체가 연원을 두고 대중화된 것은 외부에 기반을 둔다. 동아시아의 기원을 고찰할 때 "그것이 이 지역에서 생활하는 사람들 자신에 의해서 라기보다는 이 지역에 영향을 미친 외부의 이해利害관계에 의해 우선적으로 정의되어 왔음"[1]은 주지의 사실이다. 이 용어의 대상이 '우리'이면서도 우리 자체로부터 제기된 것이 아니었다. 그도 그럴 것이 '동아시아학(동방학·동양학)'이란 근현대 서구인들의 지역연구Area Studies(지역학) 범주 차원에서 형성·명명된 것이다. 근대 서구자본주의capitalism가 동방으로 진출하면서 동양의 각 민족·국가의 실태를 파악할 필요가 있었다. 동아시아학은 다름 아닌 구미의 제국주의적인 식민지 지배논리가 개입된 실태조사를 위한 학문이었다. 그것은 오리엔탈리즘orientalism의 형식으로 동방에 대한 서구자본주의 세력의 지배에 봉사하며 쇠퇴해가는 민족·국가와 몰락해가는 문명권을 연구의 착수처로 삼았다.[2] 동아시아 내부의 근현대사적 문맥에서 보더라도 "동아시아는 자본주의의 폭력이나 압력에 굴복했고 유럽의 근대에 저항하면서도 수용했고 거기에 맞추어 자신을 변형시키려고까지 했다. 동아시아는 그 저항·수용·변용의 과정을 자신의 근대 과정으로 간주해 왔다."[3]

이러한 문제 설정 속에서 본 장은 동아시아 지역연구와 연계된 국제관계상 종속체계subordinate system로서의 타자적 인식 공간과 그에 따른 자아적 재생산을 무력화하기 위해 기획된 것이다. 구체적으로는 '세계체제(또는 세계체계, world system) 분석'[4]적 접근을 통해 혁신적인 동아시아의 지역시스템system, 즉 자본주의 세계경제와 그 정치적 상부구조로서의 국가간체제inter-state system를 점검하고 현재적이고 미래적인 모델을 논구하고자 한다. 통상 세계체제론이란 "개별 민족(국민)국가nation-state를 통해서 드러나지 않는 국가간체제에 대한 분석을 주장하면서 그것을 세계적 차원에서 조망해보고자 하는 이론적 시각[5]을 가리킨다. 그 근저에는 근대 자본주의가 자리함은 물론이다. 이 장에서는 세계체제 분석상 국지적 체제로서의 '동아시아'를 호명하고 그것의 외부(서양)적 의미부여, 그리고 지역 내부와의 긴장관계를 근현대 동아시아의 역사지형에서 통찰, 재개념화를 시도한다. 더불어 세계체제론의 대표적 서양학자인 이매뉴얼 월러스틴Immanuel Wallerstein과 조반니 아리기Giovanni Arrighi의 동아시아에 대한 개념화적 맥락, 즉 전자의 '서구적 외인성外因性'과 후자의 '전통적 내인성內因性'이라는 대립적인 두 시각을 고찰할 것이다. 이러한 연구공정과 연계해서 탈근대 '동아시아식 체제모델'의 동학the dynamics을 월러스틴의 '보편적(지구적) 보편주의universal universalism'와 아리기의 '문명연방common wealth of civilization' 구상의 교차 지점에서 포착·전망해보고자 한다.

근대 세계체제와 동아시아

지역연구―오리엔탈리즘

근대적 '문명civilization' 개념의 형성 이면에는 유럽의 '산업혁명'과 '시민혁명'이라는 역사적 배경이 존재한다. 문명은 유럽 중산층 시민계급의 발흥과 자본주의적 산업발전의 사회적 변화를 수용하면서 "사회진보의 척도와 상태, 즉 합리적인 이성에 근거한 이상적인 인간사회를 의미하는 개념으로 점차 보편화되었다."[6] 특히 문명에 내포된 진보이념은 역사상 거대 이데올로기로서의 서구 중심적인 사고에 핵심 개념을 제공해 서구의 패권을 정당화하는 기능을 수행해 왔다. 인류는 보편적인 법칙에 따라 진보하며 서구의 역사는 이 법칙을 대표하는 세계적 보편사이므로 타문명은 서구를 모방하고 추종해야 한다는 것이다. 소위 문명의 중심부와 주변부의 양극화를 조장하는 서구중심주의west-centrism는 근대에 도출된 이데올로기로서 태동 시기가 '서구 근대성modernity'의 형성기인 17~18세기 계몽주의의 문명, 진보의 개념과 겹친다. 문명(진보)은 식민지 제국주의 시대 비서구세계에 대한 서구의 개입이나 수탈을 강제하는 서구보편주의의 사상적 토대로 기능했다. 서구문명은 위계질서의 단선적 진보사관에 입각해 비서구사회가 단계적으로 이행해야 할 역사의 필연적·보편적 진보 과정의 표준모델로 제공되었다.[7]

이렇게 근대는 문명의 진보사상과 교차하면서 "유럽의 시간·공간 위에 만들어진 유럽의 개념이다. 그것은 자본주의적인 시장점유라는 폭력과 함께 동아시아에 진출했으며 동아시아를 굴복시켜왔기 때문에 동아시아에서 그것은 가치적으로 자신을 능가하는 것으로 인식되어 왔다. 근대는 유럽의 우위성을 전제로 한 유럽 기준의 역사가치관·문화가치관이기도 하다."[8] 이러한 유럽인의 진보적 우월의식은 19세기에 절정에 달하여 자신의 세계관을 비서구세계인 타민족, 타문명에게 강요할 수 있는 물리적·문화적 힘을 획득했다. 그야말로 "서구적 가치·제도·문화는 비서구사회들로 급속하게 전이 내지 이식되었고 정복, 식민, 약탈과 착취를 동반한 전방위적 근대화modernization의 물결 속에 전 세계는 유럽의 패권 아래 재편"[9]된 것이다. 여기에는 근대 서구의 시각으로 비서구 지역을 자의적으로 재단·묘사하고, 가르치고, 다루는 모든 사고방식이나 관점을 의미하는 '오리엔탈리즘'이 깊이 개입되었음은 재론의 여지가 없다.[10] 이러한 문명사적 전개는 대내 절대성과 대외 독립성을 행사하는 '민족(주권)국가 세계시스템'과 동행했다. 잘 알려진 대로 1648년 '베스트팔렌(웨스트팔리아)조약'[11]이 체결된 뒤 근대적 의미의 독립적인 주권국가들이 등장했다. 따라서 복수의 민족적 주권국가로 구성된 근대 국제체제를 베스트팔렌체제라고도 불리는 것이다.

근현대 서구의 팽창에는 '근대국가 메커니즘mechanism'과 결부된 단일적 서구문명의 보편화 기획, 이른바 동양에 대한 서구의 지배와 권력 행사라는 부정적인 이데올로기가 자리한다. 서구의 동양침략은 주체인 서구에 의해 객체인 동아시아가 타자로 규정되는 오리엔탈리즘적 식민화 방식으로 진행된 것이다. 이 때 서구의 실체는 부르주아 시민이 주도하는 근대국가시스템을 가리킴은 물론이다. 이매뉴얼 월러스틴에 의거하자면 근대는 자본주의의 장기 지속으로 나타나지만 그것은 자본의 논리로 환원되지 않는 국가간체제를 통해 형성되어 왔다. 그리고 국가간체제는 중심과 주변이라는 공간적 분할과 재생산 속에서 작동하며 그것이 유지되는 데 인종주의와 성차별주의가 주요하게 활용되었다.[12] 오리엔탈리즘이 서구의 식민주의, 인종차별주의, 자민족중심주의와 결부된 동아시아에 대한 지배이념으로 대두해 비서구를 서구라는 모범을 결여하거나 일탈한 문명의 부재 지역이라 규정하는 논리는 이러한 근대 세계시스템의 본질과도 무관하지 않다. 오리엔탈리즘의 논리에 따르면 세계란 근대유럽이고 거기서 배제되거나 그것에 대립된 것이 동양이다. 소위 동양은 서구인이 자기정체성identity을 확립하기 위해 설정한 타자에 불과하다. 양자의 관계는 문명 대 야만, 선진 대 후진, 합리 대 불합리라는 인식 틀로 규정된 것이다.[13] 근대 동아시아의 지역적 정체성 형성 역시 이 유럽적 동양으로서의 식민 담론과 분리될 수 없다.

이처럼 동양학(동아시아학)이 서구로부터 환기되었고 그 개념적 생명력을 획득했다는 점에서 서구적 맥락에 주의를 기울일 필요가 있다. 그 배면에는 근대국가 세계시스템과 이를 배경으로 형성된 지역학이 자리한다. 지역연구는 학제 간 유기적인 연결관계를 통한 종합학문으로서 타인을 대상으로 정하고 그 타자성otherness에 대한 해명과 이해를 목표로 하는 새로운 지적 인식방법으로 시작되었다.[14] 이 지역학은 구미를 중심으로 한 근현대사의 어떤 역사적 요청으로 성립되었으며 오리엔탈리즘의 연속선상에서 '타자'를 설정해 그것과 존재론적이고 인식론적인 관계를 가진다는 면에서 제국주의사상과 일치한다.[15] 또한 "지역구분이 국제관계상 종속체계와 기묘하게 겹치며 그 실제상들은 역사상 서양과 동양, 계몽과 미개, 선진과 후진, 중심과 주변 등의 이항대립적인 인식체계로 표출되었다."[16] 이 때문에 에드워드 사이드Edward W. Said는 약한 공간인 비서구권 국가에 대해 서구라는 강한 공간 쪽의 지성주의적 문화로서 성립한 지역연구를 '추악한 신조어ugly neologism'라고 신랄하게 비난했던 것이다. 이러한 비판은 지역학의 탄생 이면에 감추어진 타지역에 대한 식민지 지배를 목적으로 하는 '서구제국주의적 세계 인식의 구도'를 극명하게 보여준다. 사이드의 저작 『오리엔탈리즘Orientalism』(1978)이 지역연구의 혹독한 비판서로 읽혀진 이유가 여기에 있다.

세계지역 연구는 19세기 이후 '근대 오리엔탈리즘'이 본격화된 서구의 제국주의 시대에 대외적인 식민지정책과 식민통치 수단으로 해당 지역에 대한 관심에서 비롯되었다. 근대국가 세계시스템의 출현과 더불어 식민지 대상 지역의 민족과 문화를 국가적인 차원에서 대응하고자 하는 지역연구가 개창된 것이다. 1884년에 영국 옥스퍼드대학University of Oxford에 개설된 '민족학 강좌'는 좋은 예일 것이다. 20세기 초에 들어서는 지역 이름으로 명명된 학제가 등장하면서 지역연구가 대학에 본격적으로 자리 잡기 시작했다. 대표적인 경우로 1916년에 설립된 영국의 SOASThe School of Oriental and African Studies를 꼽을 수 있다. SOAS는 교육, 연구, 도서 관 등의 복합적인 기능을 갖춘 초대형 지역학 산실의 역할을 해왔다.[17] 그럼에도 사이드는 오늘날의 전문가들이 오리엔탈리즘보다는 '동양지역 연구'라는 용어를 선호하는 것은 "19세기부터 20세기 초엽까지의 유럽 식민주의의 난폭한 통치태도를 암시하기 때문이다"[18]라고 비판한다. 그 는 당시 오리엔탈리스트가 중요시된 데는 "동양과 유럽 사이의 관계가 시장, 자원, 식민지를 추구하는 유럽의 한없는 확장에 의해 결정되었고 오리엔탈리즘이 학술적인 담론으로부터 하나의 제국적 제도로 스스로 완전히 변모되었기 때문"[19]이라고 꼬집는다.

그러나 지역학을 정착시킨 데 결정적인 공헌을 한 것은 미국학계다. 제2차 세계대전과 함께 지역학 판도는 미국 중심으로 바뀌었고 대규모 전쟁과 국제 이해의 필요성으로 인한 해외지역 연구의 발전을 불러온 것이 다. 1943년 12월에 컬럼비아대학Columbia University이 일찍이 '지역연구Area Studies'라는 표현을 사용했다. 또한 같은 해 미국사회과학연구협의회SSRC 가 「사회과학에서의 세계지역World Regions in the Social Sciences」이라는 보고서를 제출했다. 여기서 사용된 '세계지역World Regions'은 진정한 지역학의 지역 개념과 부합하는 모티브였다.[20] 이렇듯 미국에서 지역연구는 전쟁이라는 현실적 요청에 기인한다. 그리고 전후戰後 세계 각 지역들에 대한 관심이 사회과학과 결합함으로써 지역연구의 전형을 제시한 사례로 이해되고 있다.[21] 그러나 사이드의 지적대로 "19세기 초엽부터 제2차 세계대전까지는 프랑스와 영국이 동양과 오리엔탈리즘을 지배했다. 제2차 세계대전 이후에는 미국이 동양을 지배하게 되었고 과거의 프랑스, 영국과 마찬가지 방식으로 동양에 접근했다."[22] 미국의 지역연구는 "20세기 최강의 강한 공간인 미국이 동시대적 상황에서 만들어낸 세계적 대응을 위한 정책과학"[23]으로 파악된다. 보다 정확히 말해서 전후 세계체제에서 미국의 헤게모니, 국가 이익을 수호하기 위한 전략적인 냉전의 역학에 뿌리를 두고 있었다.

이상으로 보건대 지역연구는 근현대 타지역에 대한 서구의 식민지 지배논리가 개입된 제국주의적 산물임을 부인할 수 없다. 더군다나 그것이 최소한 태동·전개 과정에서는 학문적인 활동이라기보다는 "대체로 지배하기를 원하는 국가에 대한 국가정책의 수단으로서 이해되어야만 한다."[24] 전후 시기에도 국제관계상 미소 간의 양극체제 냉전이 극대화됨에 따라 구미의 시각에서 동양이란 러시아뿐만 아니라 전통적인 의미의 동양까지 포함하여 항상 위험하고 위협적인 것을 상징했다. 대학에서는 지역연구에 관한 교과과정이나 연구소의 개설이 이어졌고 학문적인 차원의 동양 연구는 국가정책의 일부가 되었다. 동양은 하나의 신화라기보다도 서양의, 특히 미국의 이해관계가 교차하는 지역이 되었다.[25] 동일한 맥락에서 월러스틴은 "1945년 이후 지역연구의 등장과 함께, 그리고 그에 따른 역사학과 세 법칙정립적 사회과학 학문들(경제학, 정치학, 사회학)의 경험적 영역의 비서구세계로 확장됨과 더불어 이들 비서구 지역들 역시 국가 중심적 분석에 종속되어 버렸다. '발전'이라는 1945년 이후 시기의 핵심 개념은 우선 그리고 무엇보다도 개별적 실체로 간주된 각 국가의 발전을 가리켰다"[26]고 통찰한다.

근대 지역체제의 굴절

근대 세계시스템의 전개 과정은 유럽의 국가와 민족들이 대부분 비유럽세계로 팽창해 나간 역사다. 그러한 팽창은 세계지역에서 군사적 정복, 경제적 수탈, 엄청난 불법행위를 수반했다.[27] 현재에도 그것은 서구헤게모니가 전 지구적으로 관철되는 메커니즘으로 작동하고 있다. 서구헤게모니의 변형체인 문명화civilization, 근대화, 세계화는 계몽주의 기획의 연장인 자본주의적 근대성 안에 포괄된다. 이른바 서구중심주의는 식민지 제국주의 시대에는 영국을 중심으로 하는 '진보 대 야만'이라는 문명화로 치장되었다면 그 종말을 고한 제2차 세계대전 이후로는 서구문명의 수호자로 새롭게 부상한 미국에 의해 주도되었다. 말하자면 탈식민지 시대에는 '선진 대 후진'으로 양단하는 근대화, 그리고 냉전 시대 이후에는 '세계 대 지역'이라는 신자유주의적 세계화로 각각 변환되었다. 이 개념들은 서구 이외의 지역들은 서구를 추종해야 한다는 선진문명에 대한 이분법적인 원류의식을 내포한다. 또한 그것은 비서구사회에 대한 서구적 지배를 정당화한다는 데 공통점을 갖는다. 이들 서구중심주의의 문명화, 근대화, 세계화라는 명제는 계몽사조가 승리한다는 확신을 줄곧 강조해 왔다. 그리고 근대국가 세계시스템은 그 진보적 신념의 조달자로서 봉사했다. 냉전의 종식 이후로도 국가체제에 기초한 "시장경제, 민주정치제도, 시민사회, 개인주의로 정의된 새로운 모델은 지구공동체를 위한 보편적 프로그램으로 여겨졌다."[28]

이렇듯 문명의 근대 서구적 개념사는 '민족(국민)국가'를 전제로 하는 서구중심주의의 문명화, 근대화, 세계화 범주 안에서 구술될 수 있다. 그 배경에는 문명중심주의가 강제됨은 물론이다. 여하튼 근대 민족국가와 그것이 조형해낸 세계체제는 자본주의적 근대사로의 이행적인 표출이었다. 그런 면에서 민족과 민족주의는 '근대국가'의 특별한 속성이며 그것이 등장한 곳에서뿐만 아니라 다른 지역에서도 민족과 민족주의 간의 관계는 우연적 연관성 이상의 의미를 함축한다.[29] 무엇보다도 19세기 말 동아시아에 전해진 근대 민족주의는 지역성을 띠면서 역사적·문화적 상호 작용으로 조정되는 지구적 유통이 민족이라는 개념을 인식적·제도적으로 구성했다. 이 시기 동아시아의 민족주의에 입각한 근대국가 형성은 서양문명의 수용과 배척·변용의 과정이었다. 동아시아 근대 세계시스템의 형성은 기존의 중화中華적 세계상이 붕괴되고 그 자리를 개별 국가 간의 상호관계, 즉 근대적 국제관계로서의 세계 인식이 대신함을 의미한다. 동아시아의 옛 제국과 왕국은 일본이 민족주의와 제국주의를 혼합해 만든 국가모델이 지속적인 효력을 발휘하면서 제국주의적 민족국가로 변모하는 것만이 사회 진화론적 양육강식의 경쟁세계에서 살아남을 수 있는 유일한 수단임을 고착화시켰다.[30]

사실 "민족(국민, nation)은 특정 삶의 경험을 공유하는 사람들의 공동체이고 국가state는 영토를 소유하고 통치하며 강압적인 수단으로 질서를 유지하는 정치체제를 일컫는다."[31] 근대 이전에도 민족과 국가란 말이 존재했지만 근대사회가 민족국가의 특정 체제 속에서 존립한다는 점에서 이 두 개념은 근대 시기에 하나로 합쳐진 것이다. 민족의 의미구성체는 1789년 프랑스혁명을 계기로 역사무대에 등장한 주권재민의 '시민'에 해당한다. 그리고 민족(국민)은 민족국가의 영역에서 시민권 장전과 연관되며 권리의 수여자로서 자결의식을 고취시켜 나갔다. 초기 시민이 재산을 갖고 교육을 받은 남자에게만 정치적 권리가 주어지는 등

제한적이기는 했지만 국민과 국가가 사상 최초로 단일한 통치실체가 된 것이다.[32] 보다시피 민족이란 개념은 근대국가의 성립 이후 인류의 역사에 발을 붙이게 되었고 이론적으로 확고해졌다. 또한 그로부터 시작된 민족 간의 갈등은 인류에게 수많은 갈등과 오해, 아픔을 안겨주었다. 그러나 에르네스트 르낭Ernest Renan에 의거해보면 민족은 인종에서 유래하는 것도, 언어로 구분되는 것도, 종교로 결속되는 것도, 그리고 국경선으로 규정지을 수 있는 것도 아니다. 그가 민족을 "이미 치러진 희생과 여전히 치를 준비가 되어 있는 희생의 욕구"[33]이자 "동의, 함께 공동의 삶을 계속하기를 명백하게 표명하는 욕구"[34]에 의해 구성된 거대한 결속일 뿐이라고 한 말을 되새길 필요가 있다.

그건 그렇고 '동양'은 일반적으로 일본에 의해 자행된 중화체제의 전복적인 모방으로 이해된다. 동양이란 말의 가장 초기 쓰임새는 대체로 중국 상인들이 인도연안 서쪽 해역을 서양이라 부른 데 반해서 자바Java 지역의 주변 해역을 지칭하는 개념이었다.[35] 19세기부터 이 동양이란 한자어는 단순한 지리 개념이 아니라 지리문화적 영토권역 개념으로 널리 통용되었는데 그것은 서양 이외 한자문화권의 문화적인 가치를 가리키는 말로 사용되었다.[36] 그러나 자본주의를 수입해 근대화에 성공한 일본은 '청일전쟁(1894~1895)'의 승리를 계기로 중국 중심의 전통적 체제를 와해시키고 이 지역의 새로운 패권국가로 부상했다. 군국 일본은 동양이란 개념의 재창안을 통해 중국을 이 지역의 일원인 '지나支那, Shina'라는 하나의 국민국가로 상대화시킴으로써 동아시아 지역을 일본제국주의가 주도하는 세력권으로 재편성했다.[37] 일본인들은 "근대적 아시아 국가 일본에 대비시켜 과거의 수렁에 빠져 허우적거리는 용어"[38]로 중국을 지나로 격하해 호칭함으로써 전통적 중화체제를 해체했던 것이다. 또한 동양사는 "근대 일본이 아시아의 최선진국으로서 유럽과 대등한 나라이며 동시에 일본이 중국과 다를 뿐 아니라 문화적 · 지적 · 구조적 으로 더 우월하다는 시각을 확립했다."[39]

잘 알려진 대로 근대 세계시스템에서의 '동양'은 서구문명의 우월성 을 검증하고 실천해가는 의도적 담론 구성물로 인식되었다. 그런데 근 대 세계시스템은 암묵적으로 '민족국가'들과 접맥되었던 까닭에 개념 학상 인지 개념perceptual concept인 지역으로서의 '동아시아'는 그 인지 주체이자 강한 공간인 서구국가의 이해와 관심에 따라 정의되었음은 당 연하다. 일본은 제국주의적 근대화 과정에서 이러한 서구적 오리엔탈리 즘을 수용, 동양에서 문명의 우두머리가 된 일본과 미개의 고루한 인접 국가와의 존재론적 · 인식론적 경계를 획책해 주변의 국가와 민족을 침 략 · 지배하는 데 이용했다. 메이지유신을 계기로 서구적 근대화에 성공 했다고 자부한 일본은 서양의 오리엔탈리즘과 동일한 시선, 심지어 훨 씬 잔혹한 방식으로 동양을 타자화하는 '일본형 오리엔탈리즘'을 만들 어나갔다. 예컨대 일본 문명개화의 정신적 지도자로 추앙받는 후쿠자와 유키치福澤諭吉는 자신의 저서 『탈아론脫亞論』에서 일본은 아시아의 대오 에서 벗어나 서양의 문명국과 진퇴를 함께 해야 하며 "지나, 조선을 대 하는 방식도 이웃나라라 해서 특별히 배려할 게 아니라 서양인이 이들 을 대하는 방식대로 다루어야 한다"[40]고 했다. 또한 그는 여러 시사적 평 론이나 논설에서 지나와 조선에 대한 이미지를 "완고하고 고루함頑冥固 陋, 고루하고 편협함固陋不明, 의심 많음狐疑, 완고 · 고루頑陋, 구태의연舊 套, 겁 많고 게으름怯懦, 잔혹하고 염치없음殘刻不廉恥, 거만傲然, 비굴, 참

혹, 잔인" 등 수많은 비역사적 기술들로 표출시키고 있다.[41]

이러한 오리엔탈리즘적 사고의 변환은 동아시아 침탈을 목적으로 날조한 지나학, 조선학에서 극명하게 드러나며 일본정부가 동아시아의 다른 국가들을 상대할 때의 대외정책이 되었다. 보다시피 동아시아의 오리엔탈리즘은 서양과 동양이라는 이항대립만으로 형성된 것이 아니라 서구-일본-동양이라는 중층구조로 진행된 것이다. 일본은 탈아입구脫亞入歐 노선을 통해 서구(+일본)=선진, 비서구=후진의 이항대립 구도로 바꿈으로써 대동아지역 전체를 선진 일본을 동심원으로 하는 주변부 또는 배후지로 전락시켰다. 이러한 의식이 동남아시아를 포함한 동아시아의 침략에 논리적으로 악용되었음은 더 말할 필요도 없다. 결국 일본의 침략적 아시아주의인 대동아주의는 서구가 자신의 역사를 통해 보여주었던 야만과 폭력의 사고방식과 행위 양식 ― 자민족중심주의, 배타적·침략적 민족주의, 극단적 국수주의, 파시즘 ― 의 무비판적 모방이자 추종에 지나지 않는다.[42] 더군다나 "동아와 대동아는 1937년의 중일전쟁 개시와 중국대륙 내부로의 전쟁 확대, 그리고 1941년 태평양전쟁 발발과 남방지역으로의 전선 확대와 함께 구성된 정치적 지역 개념이다."[43] 그러므로 일본근대사에서 전개된 다양한 아시아주의적인 주장이 정치적 '동아' 개념을 불러왔다는 생각은 옳지 않다. 반대로 "중국, 아시아에서 일본의 전쟁 수행이 기성의 많은 이데올로기를 불러 모으면서 새로운 동아, 대동아 개념을 만들어간 것이다. 새로운 '동아'란 동아 신질서의 이념으로서, 나아가 동아협동체 구상으로서 전개된 개념이다."[44]

정리해보면 동아시아의 근대 세계시스템은 제국 일본을 필두로 이 지역이 서구의 문명화 질서에 편승하는 과정에서 도입된 것이다. 그것은 시민화^{civiliser}라는 문명의 어원에서도 보듯이 시민계급이 주체인 '민족적 주권국가'가 그 첨병역할을 수행했다. 유럽에서 주권(민족)국가는 국가 없이는 자본 축적이 불가능하다는 함의를 지닌다. 그런데 근대적 민족국가는 '문명화'라는 이름으로 서구 열강의 해외 팽창력이 강화되던 시대에 발전했다. 때문에 유럽의 국가체제가 동아시아에 도달했을 때 사회진화론에 깊이 연관된 제국주의와 불가분의 관계로 인식되는 것이다. 18~19세기 유럽 국가들은 유럽에서는 물론이고 해외에서까지도 자본주의적 경쟁과 축재를 위한 조건 창출에 간여했다. 그들은 '진보 대 야만'이라는 문명 이분법의 연장선상에서 식민화된 사회들은 문명화된 민족국가의 법률과 제도를 구비하지 못해서 그 체제에 편입될 권한을 부여받지 못한다는 논리로 서구제국주의 지배를 정당화시켰다.[45] 그리고 19세기 동아시아 지역에서 근대국가의 주권제를 하나의 기둥으로 하는 서구문명과 그러한 관념이 부재한 동아시아세계의 논리가 '문명의 충돌'을 일으킨 사실은 곱씹을 만하다. 이것은 결국 서구의 논리를 동아시아가 수용함으로써 종결되었다. 크게 보아 역내 국제영토분쟁, 중국의 타이완 분열, 한반도의 분단 등도 이 시기에 발생한 근대 세계시스템과 동아시아세계의 문명의 충돌에서 비롯된 문제라고 할 수 있다.[46]

동아시아체제─대립적 두 시각

외인적 동학─월러스틴

세계가 하나의 경제적 체제에 묶여 있다는 발상은 19세기부터 시작되었다. 그러나 그것이 보다 정교한 이론 형태로 등장한 것은 1970년대 이후다. 이매뉴얼 월러스틴이 16세기 이후 세계경제의 발전을 '세계체제'라는 개념으로 설명한 것이 계기가 되었다. 이 세계체제 분석의 출현기점은 월러스틴의 저작 『근대세계─체제*Modern World-System*』의 출판 시기와 직접적으로 접맥되어 있다. 1권이 1974년, 2권이 1980년, 3권이 1988년에 각각 출간된 사실에 유념할 필요가 있다. 그런데 월러스틴이 사용하는 '세계─체제'라는 용어는 전 세계를 모두 포괄하는 것은 아니다. 그것은 한 국가의 경계선을 넘어서는 광역경제로서 일정한 지역에서 독립적인 여러 국가들이 무역으로 긴밀하게 연결되는 경제체제를 의미한다. 이 경우 그는 중간에 하이픈을 넣어 '세계─체제'라고 명기한다. 그렇지 않고 전 세계를 포괄하는 체제일 경우는 하이픈 없는 '세계체제'로 구분해서 쓴다. 16~18세기는 전 지구가 하나의 경제체제로 연결되기 이전이므로 '세계─체제'라 표현한 것이다. 소위 월러스틴의 세계시스템은 '근대 자본주의 세계경제'임은 두 말할 필요도 없다. 이 자본주의 세계경제는 중심과 주변 사이의 기축적 노동분업axial division of labor 원리로 구성된다. 또한 그와 결부된 독점 또는 준독점은 국가에 의해서 지탱된다. 이것은 자본 축적이 처음부터 국가와 결합되어 있음을 명시해 준다.

좀 더 진척시켜보면 월러스틴이 개진하는 근대 세계시스템은 장기 16세기, 즉 15세기부터 17세기에 걸쳐서 이루어졌고 지금까지 500년간 지속되었다. 이 시스템은 자본주의 세계경제를 기본 특징으로 한다. 세계경제는 단일한 분업구조를 가지며 국가간체제 하에 다수의 정치적 구조로 분할된 틀을 갖추고 자본 축적의 논리가 계속적으로 작동한다. 월러스틴에 따르면 "자본주의 세계체제의 근본 원리는 자본의 끝없는 축적이다. 이는 이 체제의 존재 이유이고 이 체제의 모든 제도는 이러한 목표를 추구해야 하며 이를 따르는 사람에게는 보상이 주어지고 그렇지 않는 사람들에게는 응징이 따른다. (…중략…) 그중 가장 중요한 것은 핵심부 생산 과정과 주변부 생산 과정 사이의 기축적 노동분업이고 그러한 생산 과정들은 국가간체제 내부에서 작동하는 주권국가들의 네트워크에 의해 관리된다."[47] 그러나 이 시스템은 강대국들이 헤게모니를 점유하기 위해 경쟁하는 중심부 내부의 갈등과 하층계급subaltern class이 양극화에 저항하면서 생겨난 반체제운동으로 인해 주기적으로 난관에 봉착한다. 그는 이 때문에 문화적·지적 발판을 필요로 한다고 통찰하면서 "이 발판에는 세 가지 주요한 요소가 있다. 보편주의적 규범과 인종주의·성차별주의적 관행의 역설적인 결합, 중도자유주의에 의해 지배되는 지구문화geoculture, 그리고 거의 주목받은 바 없으나 상당히 중대한, 이른바 두 문화 간의 인식론적 구분에 기반을 둔 지식구조가 그것이다"[48]라고 진술한다.

월러스틴은 자본주의를 하나의 역사적 사회체제로 인식했다. 이 역사적 자본주의historical capitalism는 "구체적이며 시·공간적으로 한정된, 그리고 통합되어 있는 생산활동들의 장場인 바, 그 안에서는 끝없는 자본 축적이 기본적인 경제활동을 지배 또는 통제해온 경제적 목적 혹은 법칙이다."[49] 이러한 역사적 체제는 "15세기 말엽 유럽에서 탄생했는데 시간이 지남에 따라 공간적으로 팽창하여 19세기 말엽까지는 지구 전체를 뒤덮게 되고, 그리고 지금도 여전히 지구 전체를 뒤덮고 있다."[50] 그리고 세계경제에서 다른 국가에게 자국자본이 이득을 얻는 구도를 강요할 수 있는 국가는 서양의 네덜란드, 영국, 미국 등 세계헤게모니 국가다. 월러스틴은 이 세계헤게모니 국가를 중심으로 근대 세계체제의 전개 과정을 네 시기로 구분한다. 첫 번째 시기(1450~1640, 장기 16세기)는 네덜란드의 주도로 서구세계가 자본주의의 기초를 처음 확립한 때다. 두 번째 시기(1650~1730)는 영국, 프랑스가 주도했으며 중상주의라는 형태로 민족국가의 토대가 성립되었다. 세 번째 시기(1730~1914, 장기 19세기)는 영국의 세기이고 자본주의가 세계로 팽창하면서 다른 독립적 세계제국(세계체제)들을 소멸시켜 단일 세계경제를 형성한 산업자본의 시대다. 마지막으로 네 번째 시기(1914년 이후)는 혁명적 소요와 산업자본주의 세계경제의 공고화가 이루어진 때다. 이 시기에는 미국과 소련이 출현했고 자본주의적 생산이 주변으로 확산되고 현실 사회주의체제들이 등장했다.[51]

월러스틴에게 자본주의체제는 국가 간의 수직적인 노동분업에 의해 구성되며 중심부, 주변부, 반주변부로 나뉜다. 그리고 이 세 지역은 각각 고부가가치 생산과 저부가가치 생산, 이 둘의 혼합으로 특화되어 있다. 이 노동분업은 국가간체제로 이루어진다. 이 국가간체제는 헤게모니 국가에 의해 지배되는데 이 헤게모니 국가는 다른 중심부 국가들에 대해 압도적인 경제적 경쟁력을 갖는다.[52] 이렇게 월러스틴은 종속이론의 중심-주변 양극구도에 반주변부 개념을 첨가해 구조화한 중심부와 반주변부·주변부 간의 착취·예속관계라는 자본주의 세계경제의 위계적 질서를 설정했다. 여기서 서구는 중심부를 점유하며 500년 전부터

전 지구상에서 경제적으로 우월한 상태에 있었다. 더욱이 장기 19세기 (산업자본의 시대)에 유럽자본주의가 지리적으로 팽창하면서 중국, 이슬람, 인도 등의 다른 세계체제들을 해체하고 전 세계를 단일한 세계경제 안에 포섭시켰다. 그의 동아시아론이 서구적 외인성에 초점을 맞추는 데는 이러한 인식과 무관하지 않다. 월러스틴은 세계체제의 보편적 이론에 준해서 동아시아의 형성, 나아가 그 특성과 의미를 설명하는 고전적인 전략을 채택한다. 즉 1789~1989년의 2세기에 걸친 근대 세계체제에서 동아시아는 자본주의 세계경제의 지리적 팽창 과정에서 마지막으로 편입된 지역이자, 동시에 유럽의 팽창주의에 처음으로 도전한 지역이라고 판단했다.

이러한 시각은 '자유주의liberalism' 의제와 결부되어 있다. 진보, 국가 등을 핵심으로 하는 자유주의는 세계경제와 국가간체제를 지탱해온 지배이데올로기라고 할 수 있다. 월러스틴은 불평등구조의 근대 세계시스템이 지속될 수 있었던 요인을 지구문화라는 자유주의가 '반체제운동-위험계급'의 도전을 포섭해 위험하지 않은 요소로 변형시켜온 점에서 찾았다. 이른바 보통선거, 복지국가, 민족정체성 등은 그 대표적인 정치 프로그램이다. 그는 이를 동아시아에 적용시켜 그 부상을 이해하고자 했다. 그것은 자유주의자들이 비유럽사회의 위험계급들을 길들이기 위해 유럽의 노동계급을 길들였던 것과 유사한 전략을 채택한 결과라고 보았다. 예컨대 보통선거에 상응하는 민족자결과 복지국가에 상응하는 저발전 국가의 경제 발전 등의 세계적 프로그램을 제공함으로써 가능했다는 것이다. 또한 월러스틴은 1968~1989년 동아시아의 급속한 자본 축적을 전통적인 민족국가의 개념으로 설명한다. 동아시아의 성장은 경기 순환의 하강국면과 겹치며 미국헤게모니의 쇠퇴, 냉전의 지리학이 주요한 원인이었다. 특히 이 시기는 세계적 경제침체(1970~1995)로 인해 반국가주의anti-statism의 정치가 범지구적으로 확산되던 때다. 동아시아는 경제상 비교적 안정적이어서 그 영향권에서 벗어나 있었다. 따라서 동아시아 경제 발전의 원인은 점진주의incrementalism적 개혁과 국가의 역할에 대한 환멸이 발생하지 않은 유일한 지역이라는 사실과 관련된다는 것이다.[53]

그러나 이러한 월러스틴의 동아시아 읽기와는 별개로 20세기 후반 탈냉전과 함께 찾아온 지구촌 시대는 문명 간의 상호 대화와 타문명을 이해하려는 다양한 논의들을 촉발시켰다. 그것은 '문명(문화)다원주의'를 전제로 하며 근대세계를 석권해 온 문명의 서구 중심적 사고로부터의 이탈을 함축한다. 따라서 자본 축적의 새로운 중심지로 부상한 동아시아의 출현을 고전적인 세계체제의 분석 틀로 정식화한다거나 단순히 냉전에 지반을 둔 미국헤게모니의 모순과 결부시키는 월러스틴의 접근 방식은 재고되어야 한다. 사실 자본주의 세계경제에 대한 그의 사회학적 상상력은 그 전사前史인 칼 마르크스Karl Marx, 막스 베버Max Weber, 칼 폴라니Karl Polanyi, 페르낭 브로델Fernand Braudel 등의 학문적 유산을 종합해 발휘된 것이다. 그러니만큼 월러스틴은 이들 학자들에게 공통적으로 유전하는 자본주의가 근대유럽에서만 발전했고 그것이 다른 지역들로 확산되었다는 서구 중심의 담론사적 표준명제를 공유한다. 그러나 '역사적 자본주의'의 관점을 통해 유럽우위론을 넘어서려는 기획이 그의 세계체제 분석의 기저를 이룬다는 사실 또한 기억해야 한다. 그는 근대세계체제 권력의 실체들이 지난 500년에 걸쳐 그 정당화 이념들을 어떻게 만들어 왔는지 보여주려는 노력을 경주했다. 그것은 '유럽적 보편주의european universalism'가 취한 모든 형태, 즉 야만인들에게 개입할 권리, 오리엔탈리즘의 본질주의적 특수주의, 과학적 보편주의라는 중요한 개념들을 통해 시도되었다.[54]

월러스틴이 보기에 서구 열강의 자본주의 세계경제 형성에는 문명의 진보나 경제 발전의 확산이라는 명분 아래 추진한 침략적 팽창주의가 핵심요소로 작용했다. 그리고 이성, 자유, 인권 등의 보편주의 담론이 그 서구의 팽창을 위한 기본적인 레토릭rhetoric을 구성한다. 20세기 후반 탈식민화의 결과로 국가간체제가 변동하면서 복음전파, 문명화 사명은 해소되었지만 '인권'이라는 새로운 수사적 언어를 동원해 비서구세계에 대한 개입을 여전히 정당화한다. 그는 이 '유럽적 보편주의'에 대해 "범유럽 지도자들과 지식인들이 근대 세계체제 지배계층의 이익을 도모할 목적으로 내놓았던 것"[55]이므로 편파적이고 왜곡된 보편주의라고 폭로한다. 이르기를, "인권과 민주주의라는 개념, 보편적 가치와 진리에 기초했음을 근거로 내세우는 서구문명의 우월성, 시장에 대한 복종의 불가피성 이 모두는 우리에게 자명한 관념들로 제시된다. 그러나 그것들은 결코 자명하지 않다. 그것들은 주의 깊은 분석이 필요한 복합적인 관념이며 소수가 아닌 만인에게 소용이 되고 온당하게 평가되기 위해서는 그 유해하고 비본질적인 요소가 제거될 필요가 있다."[56] 월러스틴은 진정한 보편주의를 '보편적 보편주의'라고 명명하면서 "기존 세계체제에 대한 진정한 대안을 내세우려면 우리는 보편적 보편주의, 즉 성취할 가능성은 있으나 자동적으로 혹은 필연적으로 실현될 거라는 보장은 없는 보편주의를 선언하고 제도화할 길을 찾아야만 한다"[57]고 제안한다. 덧붙여 유럽적 보편주의와 보편적 보편주의의 싸움은 현세계의 핵심적인 이데올로기 투쟁이며 그 결과가 미래의 세계체제를 결정하는 주요 변수임을 역설한다.

　이와 같은 월러스틴의 세계체제 분석이 갖는 비판적인 순기능에도 불구하고 그것이 역사상 서구의 우월적 구조를 고착화한다거나 민족·국가의 패권의식에 치우쳐 제국주의적 성격을 띤다는 점 등은 한계를 노정한다. 월러스틴에 따르면 자본주의는 광범한 상품생산, 기업의 이윤 추구, 임금노동, 고도의 기술력 등을 특징으로 한다. 그러나 이것은 과거에도 존재했고 비서구사회에서도 찾아볼 수 있는 현상이었다. 그는 자본주의의 특징은 끊임없는 자본 축적을 통한 구조적 우위 유지에 있었다고 믿었다. 그리고 자본주의는 이를 앞세워 16세기 신대륙 발견 이후 유럽권을 넘어 전 세계를 제패했다는 것이다. 이러한 유럽중심주의적 한계는 조반니 아리기의 담론적 레짐regime을 호명하게 된다. 아리기는 자본주의 세계체제가 유럽에서만 유일하게 형성되었고 동아시아의 지역경제는 그 근대 세계시스템에 편입된 결과라는 월러스틴, 로즈 머피Rhoads Murphey, 프랜시스 몰더Frances Moulder 등의 주류 이론과는 일정한 거리를 유지한다.[58] 그는 자본주의 세계체제가 근대 유럽문명의 독특한 산물임을 부정한다. 또한 동아시아의 '내인적인 전통성'을 부각시켜 이 지역에 대한 근현대 서구의 헤게모니가 비본질적이었음을 강조한다. 그리고 '동아시아식 제체모델'이 유럽체제 이전에 존재했거나 그와 병존하면서 상호 의존에서 점차 상호 침투로 발전해 왔다고 주장한다. 이에 대해서는 지면을 바꾸어서 살펴보고자 한다.

내인적 동학—아리기

조반니 아리기는 탈근대 서구 지성사적 '동아시아식 체제모델'을 개척한 학자 중의 하나다. 그의 동아시아론에는 두 가지의 이론적 자원이 협력한다. 하나는 동아시아로부터 세계사를 재기술하는 로이 빈 웡R. Bin Wong, 안드레 군더 프랑크Andre Gunder Frank, 케네스 포메란츠Kenneth Pomeranz 등의 캘리포니아학파의 이론이다. 이 그룹은 동양과 서양의 역전이 19세기 초반에야 뚜렷해졌으며 그 이전까지 세계경제의 중심은 동양이었음을 강조한다. 또 하나는 동아시아 해역海域 경제권을 주장하는 하마시타 다케시濱下武志, 스기하라 가오루杉原薰, 가와가츠 헤이타勝川平太 등이다. 이 일본인 역사학자들은 동아시아가 서구의 근대 세계시스템으로 편입되기 이전부터 이 지역에는 전통적으로 중국을 중심으로 한 '조공무역체제'가 유지되어 왔다고 인식했다.[59] 김경일은 아리기가 이들 학자들에 주목한 이유를, "그들이 공통적으로 유럽 중심적 자본주의 세계체제의 형성과 팽창에 의한 서구헤게모니와 근대성의 개념에 도전한다는 점 때문이다. 동아시아의 지역경제가 유럽 중심의 세계체제에 편입된 결과로서가 아니라 전통적으로 지역 내에 존재해 왔던 전근대적 기원에서 비롯되었으며 이러한 점에서 동아시아에 대한 서구의 헤게모니가 피상적이었다는 점을 부각시킴으로써 주류 세계체제론에 내포된 유럽 중심의 편견을 극복할 수 있는 단초를 보았기 때문이다"[60]라고 분석한다.

다만 아리기는 자신의 이론을 전개하면서 프랑크, 하마시다 등이 '전근대적 기원'의 규명에 지나치게 경도되어 근대세계의 형성에서 자본주의의 역할을 간과하고 있다는 비판적 시각을 유지한다. 그 연구들은 대안적인 설명의 틀로서는 일정한 한계가 있다는 것이다. 그런데 아리기의 동아시아 독법은 거시적으로는 세계체제 분석상 이매뉴얼 월러스틴과의 쟁점에서 예비되었다. 그는 중기적 시간대에 대한 개념화에서 월러스틴의 콘드라티예프 순환Kondratiev cycles이나 장기추세 등은 과학적인 근거가 없다고 판단하고 "축적이 체제 전체의 차원에서 일정한 순환을 그리며 나타나는 '체제적 축적 순환'"[61]이라는 개념을 대안으로 제시한다. 이를테면 네덜란드, 영국, 미국과 같은 하나의 세계헤게모니가 우위에 서게 된 것은 헤게모니 국가가 지배적인 지위를 점하는 어떤 독특한 축적구조를 가지기 때문이며 그런 축적구조가 순환하면서 세계헤게모니가 교체되어 왔다는 것이다.[62] 그리고 '역사적 자본주의'는 이 체제적 축적 순환과 그에 부응하는 국가간체제가 하나의 틀로 엮이면서 전개된다고 생각했다. 예컨대 냉전으로 표상되는 정치적 상부구조의 국가간체제가 형성되지 않았다면 미국이 세계헤게모니가 될 수 없다는 논리다. 여기서 아리기는 '조직혁명-내부화internal-ization'를 세계적 축적구조의 틀을 바꾸는 요인으로 거론한다. 그로 인한 변화가 특정한 국가를 세계헤게모니로 부상시키는 결정적인 역할을 수행한다는 것이다. 미국의 경우는 거래비용의 내부화로서 법인기업을 그 실례로 든다.

아리기는 "중심과 주변 지역들의 세계경제 양극화는 거의 완전히 구도에서 배제했다"[63]고 진술한 바, 세계경제에 대한 중심-주변 분할이라는 월러스틴식의 해석 틀에서 탈피하고자 했다. 이것은 세계헤게모니 순환을 재구축하는 새로운 접근방식이라고 할 수 있다. 또한 '세계헤게모니'에 대해서도 월러스틴과 견해를 달리한다. 월러스틴은 헤게모니를 어떤 특정 국가가 다른 국가에 비해 생산, 무역, 금융, 군사력에서 상대적으로 더 효율적인 상태라고 말한다. 반면에 아리기는 헤게모니를 모든 갈등적 쟁점을 보편적 수준으로 제고하는 도덕적·지적 능력이라고 규정한다. 그리고 세계적 차원에서 이런 헤게모니를 형성하는 물적인 토대를 새로운 축적체제로 여겼다.[64] 아리기는 체제적 축적 순환의 사례로 네 번의 시기를 든다. 그의 진술을 옮겨보면 그것은 "15세기에서 17세기 초의 제노바 순환, 16세기 말에서 18세기 대부분 시기에 걸친 네덜란드 순환, 18세기 후반에서 20세기 초에 걸친 영국 순환, 그리고 19세기 말에서 시작해 현행 금융적 팽창국면으로 지속되고 있는 미국 순환이다."[65] 월러스틴은 본래 역사적 자본주의의 '헤게모니 국가' 이동을 3단계로 설정해 네덜란드(정점은 1625~1672년), 영국(정점은 1815~1873년), 미국(정점은 1945~1967년)으로 이어졌다고 보았다.[66] 아리기는 이 세 번의 헤게모니 순환에 추가해 네덜란드에 앞서는 지역(유럽)적 하위체제subsystem로서 북부 이탈리아 도시국가 '제노바·베네치아(베니스)의 체제적 축적 순환'을 덧붙인 것이다.

이렇게 전개되는 아리기의 세계체제론은 '동아시아'를 해독하는 데 상당부분 반영된다. 그의 동아시아론은 현재 진행 중인 세계 정치경제의 중심지가 동아시아로 이동하는 현상이 새로운 체제적 축적 순환의 시작인가라는 질문에서 출발한다. 아리기는 자신의 역작 『베이징의 애덤 스미스Adam Smith in Beijing』에서 20세기 후반기 역사를 장기적인 시각에서 관찰한다면 동아시아의 경제적 부흥보다 더 중요한 주제는 없을 것이라고 피력한다. 즉 "부흥은 동아시아 국가들에서 연속적으로 경제적 '기적'이 상호 연관성을 가지며 일어난 눈덩이처럼 커져가는 과정을 통해 발생했다. 기적의 눈덩이는 1950년대와 1960년대 일본에서 시작해 1970년대와 1980년대에는 한국·타이완·홍콩·싱가포르·말레이시아와 태국까지 계속 굴러와, 1990년대와 2000년대 초 세계에서 가장 역동적인 경제적·상업적 팽창의 중심으로 중국이 등장하면서 최고조에 달했다."[67] 이 세계적 변환의 핵심 행위자로 미국과 중국 두 국가에 맞춘다면 "중국이 동아시아뿐 아니라 세계의 상업적·경제적 팽창의 주요한 추진력으로서 미국을 점차 대체하고 있다"[68]고 진단한다. 결국 동아시아 부흥의 역사적·현재적 의미의 물음에 대한 아리기의 대답은 길버트 로즈먼 Gilbert Rozman의 "동아시아는 과거로 보면 위대한 지역이다. 16·17세기까지, 혹은 18세기까지 최소한 2천 년 동안 세계 발전의 최선두에 있었고 그 후 상대적으로 단기간이지만 뼈아픈 쇠퇴를 겪었다"[69]라는 말로 갈음할 수 있다.

아리기는 국민국가와 그에 기초한 국가간체제의 조직이나 국가시장이 유럽의 발명품이라는 생각은 서구 사회과학의 가장 큰 신화 중의 하나라고 비판한다. 중국, 조선, 일본, 베트남, 라오스, 타이, 캄보디아 등 동아시아의 중요한 국가들은 유럽의 어느 국가보다도 훨씬 오래전부터 국민국가였다. 이 국가들은 중심인 중국에 직접 연결되거나 중국을 통해 무역·외교 관계로 서로 연결되어 있었다. 또한 자신들의 상호 작용을 규제하는 원칙, 규범, 규칙을 이해·공유함으로써 다른 세계와 구별되는 하나의 세계를 형성했다. 또한 아리기는 애덤 스미스Adam Smith를 원용해 18세기 내내 단연 최대의 국가시장은 유럽이 아니라 중국임을 밝히고 있다.[70] 더불어 그는 역사사회학상 두 종류의 상이한 시장기반 경제 발전을 분류해 동아시아(중국) 부상의 기원과 동력을 스미스의 '자연스러운 발전경로'로 설명한다. 구체적으로 보면 첫째는 내재적으로 사회적 틀을 근본적으로 바꾸는 요소가 없는 '시장기반 경제 발전=스미스형 성장=근면혁명=시장기반 비자본주의적 발전'이다. 자연스러운 동아시아(중국)식 경제발전경로가 여기에 해당한다. 둘째는 경향적으로 발전이 일어나는 사회적 틀을 파괴하고 새로운 사회적 틀을 출현시키는 시장기반 경제 발전=슘페터Joseph Schumpeter·마르크스적 발전=시장기반 자본주의적 발전이다. 이것은 부자연스럽고 퇴보적인 유럽식 경제발전경로다.[71]

아리기는 상기上記한 두 모델을 준거 틀로 삼아 동서양의 국가간체제를 다음과 같이 비교, 분석해 정식화한다. 유럽과 동아시아의 국가간체제는 모두 다수의 정치적 권역political jurisdictions으로 구성되었고 공통의 문화유산과 정서를 공유하고 지역 내에서 광범위하게 교역이 이루어진 것은 동일하다. 그러나 두 체제의 동력을 비교해보면 근본적인 차이가 드러난다. 유럽체제의 동력이 가진 특징은 끝없는 군사적 경쟁, 지리적 팽창의 경향이다. 심지어 나폴레옹전쟁 이후 100년간의 평화 시기(1815~1914)에도 유럽 각국은 비유럽세계에서 끝없는 정복전쟁과 전쟁의 공업화에 몰두했다. 이 몰두가 유럽체제 밖으로 지리적 팽창을 불러와 권역 내의 충돌을 약화시켰지만 그 최종결과는 전례 없는 파괴력을 갖춘 유럽 강국 사이의 양차 대전(1914~1945)으로 이어졌다. 그에 반해서 동아시아의 국민국가간체제는 권역 내의 군사경쟁과 체제 밖으로의 지리적 팽창이 거의 없었으며 300년간이나 중단 없는 평화상태를 유지했다. 아리기는 그 원인을 '세력균형구조-유럽체제'와 강건한 중국 중심의 '세력불균형구조-동아시아체제'라는 양자의 차이에서 찾았다. 결론적으로 말해서 유럽체제의 동력은 세력투쟁의 외향성이 자본주의·

군사주의·영토주의의 특정 결합을 가져왔고 이 결합이 유럽체제를 세계화한 추진력이었다. 이와는 정반대로 동아시체제의 동력은 세력투쟁의 내향성이 영토팽창을 향한 경향이 전혀 없는 정치적 힘과 경제적 힘의 결합을 낳았다.[72]

여기서 특기할 사항으로 외향적인 유럽 경로의 출현은 이탈리아 도시국가들이 개척한 세력전략의 확산이라는 견지에서만 이해할 수 있다. 마찬가지로 내향적인 동아시아경로의 출현은 명明과 청淸이 평화 속에서 세계 최대의 시장경제를 발전시킨 정책에서 거둔 성공이라는 견지에서만 정확하게 파악할 수 있다.[73] 아무튼 아리기의 논지를 정리해보면 동아시아는 시장경제와 풍요로 가는 자연스러운 경로를 밟았으며 부를 추구하되 힘을 추구하지는 않았다. 그와 달리 유럽은 부자연스러운 자본주의적 경로를 걸었고 세계를 자신의 이미지대로 창조적으로 파괴하고 힘을 추구해 부도 함께 획득했다. 또한 아리기는 이 두 경로의 이종교배는 역사상 두 가지 방향의 과정이었다고 통찰한다. 먼저 19세기 말과 20세기 초의 수렴은 주로 동아시아에서 서구경로 쪽으로 발생했다. 이 시기 유럽이 우위를 보인 것은 그 이전의 500년 동안 국가간체제의 동학에서 드러난 유럽과 동아시아의 근본적인 비대칭 관계로부터 기인됨은 물론이다. 결과적으로 중국과 동아시아체제 전체는 군비경쟁, 해외팽창 등의 공동 상승작용으로 추동되는 외향적인 유럽체제의 지구적 확장 경향과의 피할 수 없는 문명의 충돌에 취약할 수밖에 없었다. 결국 충돌이 벌어졌고 아편전쟁에서 중국이 패하자 동아시아체제는 유럽식 유형으로 수렴되기 시작했다.[74] 그리고 근대를 거치면서 일본의 근대화, 영토팽창, 중국과의 전쟁 등은 유럽체제의 군비경쟁이 동아시아체제에 내재화한 결과라고 할 수 있다.

한편 아리기는 20세기 후반에는 방향을 바꾸어 서구경로가 동아시아 쪽으로 수렴되었다고 주장한다. 그 방향 전환은 미국의 냉전체제의 확립이 기점이 되었고 동서양 두 체제의 혼성화hybridization로 가능했다. 그는 "1945년 미국이 일본을 점령하고 한국전쟁의 여파로 동아시아 지역이 적대적인 두 진영으로 나뉘자, 브루스 커밍스Bruce Cumings의 말대로 '쌍무적 방위조약(일본, 한국, 타이완, 필리핀)을 통해 뭉쳐지고 이들 네 나라 외무장관 위에 군림하는 미 국무부가 지휘하는' 미국의 수직적 체제가 탄생했다"[75]라고 논증한다. 아리기는 동아시아에서 정부와 기업 조직을 주도하는 전략과 구조는 16세기 유럽의 그것과 닮았으며 냉전기 미국 중심의 동아시아체제와 전근대 중국 중심의 공납무역체제 간에는 상당한 유사성이 있다고 판단했다. 이 유사성에 비추어보면 미국패권은 제2차 세계대전 이후 전통적인 중국 중심Pax Sinica 조공무역체제의 주변부를 미국 중심Pax Americana 조공무역체제의 주변부로 변형시킴으로써 실현된 것이다.[76] 이 미국중심체제는 선행한 중국중심체제보다 훨씬 더 구조와 지향에서 군사적이라는 차이를 보이지만 양자의 조공무역체제는 세 가지 측면에서 중요한 유사성을 띤다. 첫째, 중심국가의 국내시장이 예속국들의 시장보다 비교할 수 없을 정도로 컸다. 둘째, 정권의 정당성을 인정받고 중심 국가의 국내시장에 접근하기 위해서 예속국들은 중심 국가에 대한 정치적 종속관계를 받아들여야만 했다. 셋째, 예속국들은 정치적 종속에 대한 대가로 중심 국가로부터 선물을 받았으며 매우 유리한 무역관계를 인정받았다.[77]

그런데 아리기는 20세기 후반 동아시아에서 북부 이탈리아 자본주의 도시국가의 금융적 팽창국면 때 제노바가 금융적 중심을, 그리고 이베리아가 제국적 팽창의 군사력의 중심을 형성하는 양자의 결합적 궤적이 재현되고 있다고 생각했다. 그에 의하면 "16세기 유럽의 정치적 교환에 입각한 이베리아인들과 제노바인들의 관계에서 나타나는 것처럼, 미국은 지역적으로도 세계적으로도 보호의 제공과 정치적 권력 추구로 특화한 반면에 미국의 동아시아 예속국들은 무역과 이윤의 추구로 특화했다"[78]라고 말한다. 즉 군사적 무력에 대한 통제guns는 미국이 담당하고 일본과 해외 중국인들은 자본money을 통제하며 노동력labor은 중국이 관할하는 구조적 분할이 현행 동아시아체제의 독특한 정치경제적 성격을 규정한다는 것이다. 이 제노바-이베리아체제의 주요 특징은 정치·군사적 측면에서 보호를 제공하는 스페인과 무역에 종사하는 베니스의 자본주의조직 간의 정치적 교환관계의 결합인데 오늘날 동아시아체제와 유사했다. 더욱이 민족국가는 예외적 형태였다는 것도 이 양체제의 공통점이다. 동아시아에서 자본주의 세계체제의 형성과 팽창을 주도한 것은 베니스나 스페인의 사례와 비슷하게 민족국가보다 작은 단위의 도시국가(싱가포르·홍콩), 반주권국가(일본), 의사국가(한국·대만), 민족국가이상의 의사제국(중국), 그리고 이와는 성격이 다른 기타 중국(화교)과 인도(인교)의 해외 이주자의 연결망이나 초국적 기업공동체 등이었다는 것이 아리기의 논지다.[79]

이로 볼 때 동아시아에서 근대와 전근대, 동양과 서구의 형태로 구분하는 것은 무의미하다. 아리기는 민족국가의 쇠퇴가 탈근대성의 중요한 특징이라고 한다면 자본주의 세계체제의 가장 역동적인 지역에서 '전근대적 탈근대성'이 어떠한 방식으로 출현했는지를 눈여겨볼 것을 권고한다.[80] 그는 동아시아(중국) 부상의 동학을 다루면서 그 현상을 더 이상 서구식 모델로서는 설명할 수 없다고 단언한다. 서구적 국가체제의 과거 경험을 토대로 중국과 동아시아의 미래 향방을 예측하는 것은 근본적으로 결함이 있다는 것이다. 이르기를, "서구적 체제는 세계적으로 확대되면서 그 작동방식이 바뀌어 과거의 경험 중 많은 것이 현재의 여러 변환을 이해하는 데 적합하지 않게 되었다. 더 중요하게는 서구적 국가체제라는 역사적 유산의 타당성이 줄어들면서 예전의 중국중심체제의 타당성이 늘어났다"[81]고 하였다. 아리기는 "중국(동아시아)이 스미스가 '사물의 자연적 과정' 혹은 '풍요로 가는 자연적 진보'라고 부른 경로를 따라 경제적 성숙에 이른 국가의 사례로 여러 차례 언급된 사실"[82]에 주목했다. 더욱이 스미스는 유럽의 부자연스러운 발전경로가 자연스러운 경로 쪽으로 접근하는 것을 지지한다고 기술한다. 그렇다고 해서 그것이 단순히 유럽식에 대한 동아시아식의 우월성을 의미하는 것은 아니다. 아리기의 의도는 만약 신新아시아시대the new Asian age가 출현한다면 "이 두 유산이 근원에서부터 교배해 맺은 열매",[83] 곧 스미스가 예견한 우호적인 '문명연방'임을 논증하는 데 있었다.

끝맺는 말

본 장의 논제 설정은 근대 동아시아의 '지역적 정체성' 형성이 유럽적·일본적 동양으로서의 식민 담론과 무연하지 않다는 인식에서 발제되었다. '동아시아'란 서구 열강과 군국 일본이 왜곡, 이식한 근대 세계시스템의 제국주의적 조형물로 파악된다. 이 단어는 근대 제국주의 시기 유럽인의 지배이념이 투사된 아시아상을 일본인이 지역 침탈을 목적으로 수용해서 전유appropriation한 개념이다. 그리고 지난 19·20세기 동아시아인들은 이를 내면화해 공통된 지역정체성에 관심을 기울이기보다는 서구의 근대를 누가 더 빨리 선점하는가에 사활을 걸었다. 더구나 '근대국가' 모델을 수입한 이래 그 가치와 원칙을 다른 어떤 비서구권 국가들보다 열렬하게 옹호해 왔다. 현 동아시아 '다극화체제-신냉전질서'의 핵심인 이 서구식 근대국가는 다국체제 내에 존재하며 본질적으로 '민족국가'와 겹친다. 그러나 민족이란 자본주의 세계경제, 근대국가체제의 성립과 함께 개념화된 것이다. 또한 그것은 에르네스트 르낭의 견해대로 언제든지 새로 생겨날 수 있으며 언젠가는 종말을 고하게 되는 개념일 뿐이다.[84] 동아시아인들은 이제 민족국가의 사고회로에서 탈피해 인류공동체에 접속하는 '열린 민족주의'를 궁구할 때다. 아울러 세계체제 변혁과 민족국가 내부개혁 사이의 매개항인 지역체제에 대한 적실한 논의를 재개해야 한다. 여기에는 포스트-모던post-modern 맥락에서 서구적 보편주의와 그에 저항하는 지역연구의 새로운 시각, 지역지식의 재구조화가 포함되어야 함은 물론이다.

　세계체제 분석의 대표적인 논자인 이매뉴얼 월러스틴과 조반니 아리기의 동아시아론은 '타자(서양)적 담론지형'이라는 맥락에서 본 논제에 많은 시사점을 제공해 준다. 특히 아리기는 동아시아의 부상을 전통적인 민족국가의 개념으로 설명하는 월러스틴과는 달리 동아시아 지역이 하나의 실체로 파악되어야 할 근거를 마련했다. 그럼으로써 국가 단위의 발전을 상정했던 근대화 이론은 물론이고 중심부, 주변부, 반주변부라는 세계경제에 대한 삼분법에 의존하는 주류 세계체제론을 비판했다. 월러스틴은 동아시아에서의 경제성장과 지역통합을 냉전체제와 미국의 세계체제 헤게모니가 지닌 모순에서 찾았다. 이와는 대조적으로 아리기는 그러한 요인에 못지않은 동아시아의 역사·지리적 전통의 산물로 간주했다. 그런가 하면 주권을 가진 민족국가들이 자본주의를 형성했다는 관념을 논파할 수 있는 가장 현저한 사례가 동아시아의 국가들임을 역설한다. 아리기는 동아시아에서의 국가 실체와 관련해서 전통적 민족국가의 개념을 직접으로 세계체제와 연결시키는 월러스틴의 고전적인 접근에 반대했다. 그는 국가가 아닌 국가와 세계체제 사이의 중간에 위치하는 해양도시나 화교조직망 등의 대규모 틈새interstitial 사업공동체에 주목했다. 더불어 지역 내 국가의 다양한 대안 형태들인 기업이나 상업조직(가령 대규모 교역공동체로 성장한 화교 조직들)에 의한 강력한 연계를 통한 비공식의 비정부적 연결망을 상정해 공식적인 정부 간 조직에 바탕을 둔 구미적 지역 통합의 이론과는 다른 대안을 모색했다.[85]

이처럼 월러스틴과 아리기의 선명한 인식 차이에도 불구하고 미래 지향적인 '동아시아식 체제모델의 동학'과 관련해 두 가지 점에서 의미심장한 접합점을 발견할 수 있다. 첫째는 현 동아시아세계에 뿌리 깊게 착근된 서구식 세계체제 모델의 종식과 향후 '신아시아시대'의 도래를 전망한다는 점이다. 월러스틴은 세계체제상 유럽적 보편주의 시대가 막바지로 치닫고 있으며 "21세기는 세계적인 힘이 유럽 저 뒤쪽에서 아시아로 옮아올지도 모른다"[86]고 예단한다. 아리기 역시도 "유럽경로의 동아시아경로에 대한 우월성은 금융적·군사적 능력의 시너지에 결정적으로 의존하며 그것은 점점 더 통합되고 경쟁적인 세계경제에서는 지속하기 어려운 것"[87]임을 논구한다. 더 나아가 중국과 동아시아가 헤게모니 국가 미국을 대체하는 신아시아시대를 열고 있다고 보았다. 둘째는 신아시아시대의 성격 규명상 동서양 융·통합의 혁신적인 '신문명시스템 new civilization system'을 상정한다는 사실이다. 월러스틴은 기존 세계체제인 유럽적 보편주의의 극복대안을 '보편적(지구적) 보편주의'라 규정하고 그것은 주는 것이 더 이상 서구가 아니고 받는 것이 나머지 세계가 아닌 우리 모두가 주고받는 '만남의 세계'라고 천명한다.[88] 아리기도 자본주의·서구적 국가체제의 역사적 유산과 동아시아적 유산의 이종교배형에서 기성 자본주의와는 다른, 더욱 평등하고 분배적인 '신문명의 탄생'을 기대했다. 아울러 그 현실화는 "자국과 세계를 위해 서양이 부를 일구었던 경로보다 사회적으로 더 공정하고 생태적으로 더 지속 가능한 발전경로를 개척할 수 있는가에 크게 달려 있다"[89]고 말한다. 요컨대 이 두 학자의 이론은 새로운 동아시아 다이멘션Dimension으로서의 '지역시스템'을 구상하는 데 유의미한 지식자원으로 활용될 수 있을 것이다.

제5장

신문명시스템

신중세화론적 모색

이끄는 말

21세기 서구중심주의west-centrism의 세계사적 철수 단계인 세계화glob-alization의 패퇴와 그와 대비되는 동아시아권의 부상은 새로운 '아시아태 평양시대the Asia-Pacific era'를 촉진시키고 있다. 금세기는 "미국 월가 중심 의 서구화로서의 세계화시대이기는커녕, 한 마디로 동아시아 중심의 '아 태화亞太化' 시대다"[1] 라는 말은 이를 단적으로 적시해 준다. 그러나 최근 동아시아권의 경제적 성장과 물질적 번영에도 불구하고 '동아시아East Asia'의 의미구성체는 구미 열강과 군국 일본이 각인시킨 '근대 세계시스 템'의 제국주의적 조형물로 이해된다. 동아시아학의 성립은 서양의 전 지구적 확장에 따라 19세기에 형성된 구미의 창안물, 다시 말해 동양시장 에 대한 꿈과 지상낙원에 대한 갈망이 묘하게 결합된 '태평양'이란 개념 과도 연동된 문제다. 태평양은 아시아 핵심부의 산물이 아니라 유럽으로 부터 뻗어나가는 자본주의 세계경제의 연장으로 태평양권이 조직되어간 소산인 것이다. 예컨대 태평양 역사의 여러 단계를 스페인령 호수에서 영국령 호수로, 다시 미국령 호수로 부르며 태평양전쟁을 통해 미국령 호수에 대한 일본의 도전을 경험했다.[2] 이후 1970년대 중반에는 미국이 아시아대륙 연안의 성장하는 지역에서 헤게모니를 관철시키기 위해 구미 태평양권을 기획하면서 '아시아태평양'이란 용어가 부상했다.

이로 비추어 볼 때 이 지역 구성체는 구미 열강의 전 지구화된 이해利 害관계를 관철시켜 구미 중심에 대한 주변부로 조직되었기 때문에 '아시 아태평양권'은 허구이고 '구미태평양권'이란 명칭이 옳다는 주장에 동 의하지 않을 수 없다. 그렇다면 명실상부한 아시아태평양권은 아시아적·태평양적 내용과 구미태평양권 사이의 모순을 아시아적·태평양적 내용의 입장에서 극복할 때 성립 가능할 것이다. 구미태평양권에서 아시아태평양권으로의 변화의 실제 내용은 바로 그 모순 극복의 과정이라고 할 수 있다.[3] 최근 아시아태평양이란 용어는 새로운 지역 개념들 중의 하나로 부상하면서 동아시아(동북아와 동남아)를 위시해서 오세아니아, 러시아 극동지방, 미국, 캐나다, 맥시코를 포괄한다.[4] 따라서 이 지역이 구미태평양권에서 아시아태평양권으로 넘어가는 '태평양의 재창안'이 실행되려면 환태평양의 핵심지인 '동아시아'가 제국주의로부터의 탈맥락화가 선행되어야 할 것이다. 즉 동아시아 스스로가 서구자본주의 국가의 이해관계가 일방적으로 관철된 침탈의 피해 공간이 아닌, 타율적 근대의 아픔을 넘는 상호 이해의 고리를 형성하고 공통의 문제 인식을 조직하며 그로 인해 새로운 이상적 공간으로 탈바꿈하는 문화적 소통과 연대의 창조적 공간으로 변모해야 한다.[5]

그런 의미에서 본 장에서는 최근 급부상하고 있는 탈근대적·탈제국주의적 맥락의 '신중세화neo-medievalization론'에 지반을 둔 새로운 동아시아 다이멘션Dimension으로서의 지역시스템 모델을 제안한다.[6] 이 발상은 현 동아시아체제를 지배하고 있는 근대국가 세계시스템을 극복하기 위한 문명civilization적 차원의 혁신이 필요하다는 문제 인식에 토대한다. 아울러 현재 동아시아는 "국민국가의 강제성을 획기적으로 제약하면서 해방적 기능을 활성화할 새로운 국가 구상이 절실한 시기"[7]라는 진단과도 무관하지 않다. 이 연구기획은 기본적으로 가변적·대결적·배타적인 민족국가 영역보다는 비교적 안정적·공생적·포용적인 '신문명시스템new civilization system'을 수용하는 담론적 노선에 합류한다. 그 논점은 "아시아태평양의 새로운 중세로의 성공적인 이행여부는 앞으로의 세계시스템의 향방의 관건"[8]이라는 견해와 맥을 같이 한다. 여기서는 동아시아 지역의 평화협력과 공동번영을 위한 지적 토대구축 차원에서 기왕의 문명과 동아시아의 양대 담론이 교직交織하는 '신중세화-신문명시스템' 구상을 통해 아시아태평양권과 연계된 동아시아 '근대화mod-ernization-민족(주권)국가체제'의 변혁이라는 역내 공동목표에 응답, 그 방향과 이론을 제시해보고자 한다.

신중세주의 — 담론의 동향

본래 '신중세화론'은 상호 의존이 심화되고 세계화가 일정한 단계에 도달했을 때의 국제관계를 나타내기 위한 학술적 용어로 출현한 것이다.[9] 이 이론은 1960~1970년대에 아놀드 월퍼스Arnold Wolfers, 헤들리 불Hedley Bull 등에 의해 제기된 바 있다. 특히 국제관계학 분야에서 영국학파English School를 대표하는 헤들리 불은 국가체제의 본질적 속성을 "① 복수의 주권국가, ② 주권국가 간의 상호 작용이 하나의 체제를 형성할 것, ③ 공통의 규칙과 제도에 대한 수용이 하나의 사회를 이루고 있을 것"[10]이라는 3가지로 정리한다. 여기서의 국가체제는 국제체제이면서 동시에 국제사회임은 물론이다. 불은 근대국가 중심적 국제시스템을 대체할 보편적 정치조직(질서)이 생겨난다면 이 3가지의 본질적 속성 중 어느 하나가 사라진 형태라고 말한다. 그리고 이를 기준으로 장래에 출현할 가능성이 있는 국제시스템의 하나로서 '신중세질서neo-mediaeval order'를 제시한다. 이를테면 "주권국가가 사라지고 그 대신 세계정부는 아니라 하더라도 중세 서방 기독교세계에 존재했던 보편적인 정치조직의 근대적·세속적 형태가 등장할 수도 있다"[11]는 것이다. 불은 '권위의 중첩'과 '충성심의 다원화'를 이 중세적 모델의 중요한 특징으로 꼽았다.

지역화regionalization적 시각에서 볼 때 '신문명시스템–신중세주의'는 국가 단위와 세계 단위의 중간항으로서 주권국가체제의 고질적인 위험성과 세계정부가 초래할 권력의 집중 현상을 막을 수 있는 대안체제라고 할 수 있다. 불의 논변을 빌리자면 "오늘날의 주권국가는 '다른 행위주체들'과 세계정치의 무대를 공유하고 있다. 이것은 중세에 국가가 (중세학자들의 표현을 따르자면) '다른 단체들other associations'과 무대를 공유했던 것과 같다. 만약 근대국가들이 자국의 시민들에 대한 권위와 충성심을 완전히 독점하지 못하고, 한편으로는 지역적·세계적 권위에 종속되고, 다른 한편으로는 국가 또는 민족의 하위에 있는 권위에 간섭받는다면, 그리하여 주권의 개념이 더 이상 사용하기 어려운 개념이 되고 만다면 이때에는 신중세적 형태의 보편적 정치질서가 등장했다고 말할 수 있을 것이다."[12] 더불어 그는 이와 관련해서 다음 5가지의 기준이 충족될 수 있는지의 여부를 중심으로 그 현실성을 고찰한다. 첫째는 주권국가들의 지역적 통합, 둘째는 주권국가의 분열, 셋째는 사적인 국제적 폭력의 부활, 넷째는 초국적 기구, 다섯째는 테크놀로지의 세계적 통일이다.[13] 이러한 경향들이 더욱 진전된다면 '신중세적 모델'이 현실성을 띠게 된다는 것이다.

일본의 저명한 국제정치학자 타나까 아끼히꼬田中明彦는 불의 '신중세주의'를 계승해 21세기 국제사회를 상징하는 표제어로 상호 의존의 세계로 대변되는 '새로운 중세'를 제시함으로써 신중세화론에 합류한다. 그는 탈냉전기인 20세기 후반의 세계시스템의 역사를 "상호 의존이 심화되는 가운데 미국의 패권이 쇠퇴했고 또 냉전이 종식되었다"[14]고 진단한다. 그리고 현재의 세계시스템은 1648년 베스트팔렌(웨스트팔리아 : 30년전쟁이 끝나고 체결된 조약으로 국가주권에 기반을 둔 중부 유럽에 새로운 질서를 창출하게 된 계기가 됨)조약 이후 등장한 근대국가의 기능이 쇠퇴하는 반면에 초국적 자본이동이 늘고 국제기구, 다국적기업, NGO 등의 상호협조가 긴밀해지는 '새로운 중세'로의 이행기에 접어들었다고 피력한다. 타나까는 근대 세계시스템을 유럽 중세의 세계시스템과 대비시켜 근대 주권국가의 압도적 우월성, 이데올로기 대립, 경제적 상호 의존의 진전 등을 꼽는다. 그런데 "20세기 후반 상호 의존의 진척에 따라서 근대 세계시스템의 특징이 변질을 거듭했고 따라서 오늘날 세계시스템은 이미 근대라고 부르기에 적합하지 않은 단계에 도달했다. (…중략…) 현재의 세계시스템은 냉전과 패권의 다음 시대로 들어섰을 뿐만 아니라 '새로운 중세'로 향하고 있으며 상호 의존의 진척에 따라 이미 '새로운 중세'의 특징이 서서히 나타나기 시작했다"[15]고 보았다.

잘 알다시피 유럽의 중세 세계시스템은 주체의 다양성, 이데올로기의 보편성, 권위와 권력의 분리, 지방분권과 중앙집권의 병존 등을 특징으로 한다. 타나까는 유럽의 중세 세계시스템을 다음과 같이 설명한다. 먼저 주체의 다양성 면에서 접근해보면 첫째는 다양한 주체들과 이 주체들로 구성되는 네트워크network가 존재했다. 둘째로 이 주체들 사이의 관계는 복잡하게 얽혀 있어서 귀속의식 또한 매우 복잡했다. 셋째로 영토와 주체의 관계가 고정적이라기보다는 유동적이었다. 넷째는 주체 간

복잡성의 결과로 국내정치와 국제정치의 구별이 곤란했다. 그러나 이데올로기(지도적 사상)의 면에서는 매우 보편적이어서 로마교회의 지도 아래 기독교의 보편주의가 지배적이었다. 기독교 보편주의는 주체들 사이의 계층적 질서를 상정했고 그로부터는 근대 세계시스템에서의 국가 간 주권평등sovereign equality 관념은 나올 수가 없었다. 이러한 이데올로기 체계의 한 측면으로서 주체들 사이의 관계에 큰 영향을 미친 것이 다름 아닌 '정전론正戰論, 또는 성전론聖戰論'이다. 18세기 이후 근대에는 전쟁의 옳고 그름을 판단할 수 없다는 '무차별전쟁관'이 보급되었지만 중세에는 이와 같은 견해가 존재하지 않았다. 그리고 주체들 사이의 다원주의적 현실과 이데올로기상의 보편주의가 정합적이지 않아 '권위(로마교회)'와 '권력(신성로마 황제)'의 분리라는 패턴이 생겨났다.[16]

상기上記한 유럽의 중세 세계시스템에 기초하여 타나까 아끼히꼬는 향후 세계시스템이 주체의 특징, 이데올로기 상황, 경제적 상호 의존이라는 관점에서 '새로운 중세'임을 논구한다. 첫 번째는 현재의 세계시스템이 다국적의 거대기업, 그린피스Greenpeace와 같은 NGO, 국제적 종교단체 등 비국가 주체의 중요도가 증가하고 있다. 두 번째로 냉전의 종식은 근대 세계시스템의 한 존재양식의 변화인 이데올로기 대립(항쟁)의 종언을 촉진시키고 있다. 가령 자유주의적 민주제가 보편적 이데올로기로 부각되었고 걸프전쟁을 경험하면서 5대국의 협조가 존속하는 한은 현대적 '정전론'이 작동할 수 있다는 사실을 깨닫게 했다. 유럽의 중세에 전쟁의 정사正邪를 판정하는 기관이 로마교회였다면 현대는 국제연합UN의 안전보장이사회라고 할 수 있다. 더욱이 유럽 중세의 보편주의가 주체들 간의 평등을 상정하지 않았던 것처럼 국제연합이 안전보장이

사회의 상임이사국에 거부권을 부여한다거나 IMF와 세계은행이 분담금에 따른 가중加重투표제를 채택하는 등의 현상은 국가 간의 주권평등을 무너뜨리는 단적인 실례들이다. 이렇게 다양한 주체들, 주체들 간의 다원성과 이데올로기적 보편주의 등이 새로운 중세의 특징이라면 권위와 권력의 분리(대립)라는 정치적 맥락에서도 국제연합이 권위를 상징하고 미국이 권력을 대표한다고 할 수 있다.[17]

이어서 타나까는 유럽의 중세와 근대 세계시스템을 구별하는 세 번째, 즉 '경제적 상호 의존의 심화'라는 측면에서 관찰해보면 현재의 세계는 유럽의 중세와는 전혀 다른 세계라고 설명한다. 유럽의 중세라고 하면 생산이 정체되고 인구도 증가하지 않으며 도처에서 전쟁이 일어나는 그러한 시대였지 않은가 하는 일각의 우려감을 겨냥해서 기술 수준, 경제시스템, 세계시스템을 둘러싸고 있는 환경, 보편주의의 내용 등 여러 면에서 유럽의 중세와 '새로운 중세'는 상이하다고 해명한다. 더불어 새로운 중세의 특징을 유럽의 중세와의 비교, 현대의 상호 의존의 경향, 패권쇠퇴의 영향, 냉전종식의 의미 등 여러 다양한 요소들을 참고해 파악해야 한다고 덧붙인다. 결국 타나까는 "유럽의 중세와는 전혀 다른 기술 수준하에서 세계정부(세계제국)도 아니고 또 주권국가 시스템도 아닌 그렇지만 적어도 유럽의 중세와 비교 가능한 것으로 보이는 상호 작용의 형태가 현재 생겨나고 있다. 근대 세계시스템의 세 번째 특징인 자본주의경제의 확대·심화에 따라 오늘날 근대 세계시스템을 규정하는 다른 2가지 특징이 붕괴되고, 바로 그 2가지 측면에서 근대 이전의 유럽의 중세와 흡사한 세계시스템이 등장하고 있다고 충분히 생각할 수 있는 것이다"[18]라고 진술한다.

이와 함께 타나까는 냉전 이후의 세계는 신중세권, 근대권, 혼돈권이라는 '3개의 권역'으로 분화하고 있으며 동아시아는 일본, 한국, 타이완 등 새로운 중세로 향하는 움직임과 중국, 북한, 베트남 등 근대를 대표하는 움직임이 전면적으로 대결하는 무대라고 주장한다. 여기서 그가 말하는 제1권역은 민주주의와 시장경제가 성숙하고 장수와 고소득을 실현한 선진제국의 신중세권(미국, 독일, 일본, 프랑스, 영국 등)이다. 그리고 제2권역은 현재 산업화와 근대국가를 육성하고 있는 아시아를 중심으로 하는 근대권(중국, 러시아, 인도, 인도네시아, 파키스탄 등), 그 밖에 민주화와 근대화에 실패하여 국내질서가 혼돈하거나 내전상태에 있는 국가들이 제3권역의 혼돈권(소말리아, 아프가니스탄, 르완다, 부탄, 에티오피아 등)을 형성한다. 이 분류의 틀을 아시아태평양 지역으로 한정해보면 북아메리카, 일본, 오스트레일리아, 뉴질랜드 등은 제1권역에 속하고 한국과 타이완은 현재 제1권역으로 들어서는 경계선 부근에 존재한다. 이에 대해 중국, 북한, 베트남, 그리고 ASEAN의 일부는 전형적인 제2권역의 국가들이다.[19]

타나까는 아시아태평양 지역을 '새로운 중세'와 '근대'의 대결로 상정하고 새로운 중세로의 움직임을 촉진하는 3가지의 구조적 경향을 제시한다. 첫 번째는 경제 발전의 전망, 경제적 상호 의존의 심화, 그리고 그 배경에 있는 정보화의 폭발이다. 두 번째는 지역조직인 경제면에서의 APEC, 안전보장면에서의 ASEAN 지역포럼 등 다각적인 제도화의 움직임이다. 세 번째는 이 지역에서 근대의 흔적이 매우 엷다는 사실을 거론한다.[20] 결국 21세기의 세계시스템이 안정적인 새로운 중세를 맞이할 것인지, 아니면 비참한 새로운 중세를 맞이하게 될 것인지, 또는 근대의 불안정 상태로 되돌아갈 것인지는 이 아시아태평양 지역의 국제관계의 동향, 특히 동아시아의 동향에 달려 있다고 전망한다. 이를테면 "세계시스템 전체가 새로운 중세로 이행할 수 있을지 어떨지 또 이행했다고 하더라도 그 결과 형성된 새로운 중세가 보다 바람직한 형태의 그것이 될지 어떨지 하는 점들은 향후 20~30년 동안의 동아시아의 동향에 달려 있다"[21]고 했다. 타나까는 이 지역에서 "'근대'가 끈질기게 분투하게 되면 세계 전체의 '새로운 중세'로의 움직임은 둔화될 것"[22]이며 이런 견지에서 '21세기는 아시아태평양의 시대'라는 말은 옳다고 풀이한다.

또한 이 신중세화론은 미래학자 제러미 리프킨Jeremy Rifkin에게서도 목도된다. 그는 개인의 자율성과 부의 축적이 핵심인 '아메리칸 드림'이 막을 내리고 있다고 예견한다. 이 아메리칸 드림의 몰락은 기본적으로 16세기경부터 유럽을 중심으로 점차 형성되기 시작한 근대 세계시스템의 해체와 연관된다. 다음 말에서 확인할 수 있다. "종교개혁의 신학과 계몽주의철학에 기초한 아메리칸 드림은 재산권, 시장, 민족국가 통치 시스템을 효과적으로 융합함으로써 성공했다. 재산권은 예측 가능한 시장관계를 가능케 했고, 국가시스템은 법 제정 및 집행, 징세, 경찰력을 바탕으로 한 규제 장치로서 국민들에게 사유재산제도와 물질적 진보에 따르도록 강요할 수 있었다."[23] 그에 반해서 리프킨은 이제 모두가 긴밀히 연결된 글로벌 세계에서 타인과의 관계와 삶의 질을 추구하는 '유러피언 드림European Dream'의 시대가 도래할 것이라고 전망한다. 이러한 비전은 거시적으로는 '신중세화론'에 기초한다. 그는 역사적으로 유럽연합EU과 유사한 체제를 10~19세기 초 '신성로마제국'을 꼽는다. 즉 "그 시기에 바티칸(교황청)은 형식적으로는 서유럽과 북유럽 대부분의 공국, 도시 국가, 왕국들에 대한 최종 주권을 갖고 있었다. 그러나 영토와 관련해 교황청이 행사하는 주권은 상징적일 뿐 실질적인 구속력이 거의 없었다"[24]고 말한다.

이와 함께 리프킨은 EU로 대변되는 유럽의 정치적 변화를 '새로운 중세'라고 언명한 포스트모던 정치이론가들의 견해에 동조하면서 주권국가가 사라질 가능성이 있으며 그 대신 중세 서유럽 기독교권에 존재했던 보편적인 정치조직의 세속적인 현대판이 들어서게 될 것이라고 했던 헤들리 불의 말로 갈음한다.[25] 또한 EU의 특성을 중세의 다중적 공간 인식(미로의 유럽Maze Europe)과 연관시켜 "유럽 전체를 고정된 경계선 대신 다단계의 규제시스템으로 연결되는 유동적인 경계선과 상호작용의 지대로 파악해야 한다"[26]는 주장에 동의한다. 여기에 더하여 EU로 대변되는 유러피언 드림이 "포스트모더니즘과 세계화시대의 교차지점에 위치하며 두 시대 사이의 간극을 이어주는 가교를 제공한다"[27]는 리프킨의 시각은 신중세화적 사고에 기초한다. 이 시대는 세계화의 원심력과 국민국가의 구심력에 대한 균형성이 어느 때보다도 요구된다. 따라서 리프킨의 견해를 '문명권의 내부 담론-지역적 시각'에 국한시켜보면 '보편적 세계성'과 '특수적 지역성'이 함께 어우러져 있는 중세화 과정의 재발견으로 정리할 수 있다. 좀 더 진척시키자면 신중세화의 관점은 '지역적 보편성'과 '지역적 특수성'을 동시에 긍정·구현하는 문명생태주의에 근접한다. 아울러 그것은 거시적 단위의 지역공동체와 국지적 단위의 국민국가를 회통시키는 연결고리가 될 수 있다.

이렇게 지역체제론적 맥락에서의 신중세화론이 탈냉전 이후 지나치게 갈등적이고 대립적인 요소만을 부추겨온 근대, 국가, 민족, 이데올로기 등의 굴레에서 탈피해 공분모적 복합체인 '문명'에서 소기의 대안과 해법을 강구하고자 하는 연구 노력과 겹친다는 사실은 특기할 만하다. 심지어 민족국가의 발상지인 유럽에서조차도 현재 회의와 비관주의가 만연한 가운데 유럽연합이라는 초국가적 다중심·다단계 통치체제를 통해 국민이나 영토, 국가보다는 공통된 문명적 가치에 토대하여 인류 보편주의를 지향하고 있다. 특히 EU가 "전쟁터의 영웅적 승리 신화에서 기원을 찾는 예전의 국가 및 제국과는 달리 패배의 잿더미 속에서 탄생한 최초의 대규모 통치체제라는 점에서 신선하다."[28] 그들은 과거 세계 대전 등 끝없는 분규와 전쟁의 역사를 반성하고 다시는 서로에게 총을 겨누어서는 안 된다는 생각에서 일치단결해 지난날의 적대감정을 뛰어 넘는 정치적이고 문화적인 시스템을 만들어낸 것이다.

실제로 "지역통합, 문명권, 지정학적 연맹, 경제블록화 등의 문제는 2 가지 서로 다른 역량에 대한 응답을 담고 있다. 하나는 민족주의와 민족 국가를 초월하는 것이고, 다른 하나는 신자유주의적 글로벌리즘global-ism에 제한을 가하는 것이다."[29] 이 담론지형에서 특히 근대 '민족(국민) 국가nation-state 시스템'은 특정한 영토를 지배하면서 지리적으로 규정되는 통치체제다. 그러나 현대세계는 "새로운 통신기술로 세계 곳곳이 서로 연결되어 모두의 상호 의존성이 크게 높아졌다. 그에 따라 생성되는 인적 교류와 상호 작용의 양과 흐름을 기존의 민족국가 통치체제로서는 혼자서 도저히 감당할 여력이 없다."[30] 존 밀뱅크John Milbank가 관념적인 척도, 위치, 경계를 강조하는 '계몽주의적 단순 공간'이 서로 상충되는 동시에 중복되는 현실의 복잡한 세계에 적합하지 않은 편협한 개념이라고 한 것도 같은 맥락이다. 그는 계몽주의 이전의 중세적인 복잡한 공간이 계몽주의적 공간 영역의 개념을 수정하는 데 더 적합한 비유가 될지 모른다고 주장한다.[31] 그 단적인 예로 "중세세계에서 공간은 영토보다는 서로 간의 관계에 기초했으며 경계선이 분명하다기보다는 투과성이 더 강했다"[32]고 할 수 있다.

이런 점에서 신중세주의적 시각은 분리된 개체로서 타자와의 관계를 단절시키는 문명 이분법에서 벗어나 타자와 공감하고 공존하는 생태문명의 세기적 전환이 상정되어 있다. 또한 그것은 부분보다는 전체에 초점을 맞추는 체계이론systems theory적 접근법에 가깝다. 즉 개체적 효용성을 최대화하는 기존의 계몽적 사고를 무력화하고 모든 것은 다른 것과의 관계 속에서만 존재한다는 생물권 의식을 지지한다. 21세기 통치제도는 생태계의 작용을 닮아갈 것이라는 견해는 신중세체제와 무관하지 않다. 이를테면 서식지가 생태계 안에서, 그리고 생태계가 서로 연관된 그물망에 있는 생물권 안에서 기능하듯, 통치제도는 다른 통치제도나 전체 통치제도를 통합된 관계의 협력적 네트워크 안에서 기능한다. 이 새로운 복합 정치기구는 그것이 몸담고 있는 생물권과 마찬가지로 상호 의존적이고 호혜적으로 작동한다. 이것이 지구가 상호 의존적 관계로 맺어진 살아 있는 유기체이며, 우리를 포함하는 보다 큰 공동체를 보살핌으로써 생존할 수 있다는 생물권 정치다.[33]

신문명시스템—동아시아체제

동아시아—문명과 제국

16세기경부터 유럽을 중심으로 태동한 '근대 세계시스템'은 국민(민족)주권국가가 확립되고 국가가 폭력기구를 독점하는 보편적인 국제정치조직으로 이해된다. 이 이데올로기는 동아시아 국가들 간의 영토·역사분쟁, 위안부 문제, 사드^{THAAD}사태 등에 투영되어 21세기 새로운 '신냉전(신민족주의) 기류'를 조성하고 있다. 중국을 위시한 한국, 일본은 대외적으로 근대국가의 수호자로 자처하면서 상호 첨예한 대립각을 세우며 이 지역의 안정마저 위협하고 있다. 동아시아는 여전히 근대국가 세계시스템과 그로부터 연원한 냉전질서가 지배하는 사회라고 할 수 있다. 그런 까닭에 동아시아의 지역지평을 패권적 국가주의^{nationalism}가 조형해낸 분열과 균열 현상이 극대화된 지역으로 더욱 선명화할 필요가 있다. 환기컨대 지역 담론사에서 동아시아란 "지리상 고정된 경계나 구조를 가진 실체가 아니라 지역을 구성하는 주체의 행위에 따라 유동하는 역사적이고 문화적인 공간이다. 동아시아세계는 하나의 사유 공간이자 문제설정으로서 새로운 실험을 통해 창조되는 미래 지향적인 과제임과 동시에 동아시아성의 재활성화를 기약하는 과거로부터 재구성되는 반성적인 영역"[34]이라고 할 수 있다.

이로 비추어보건대 신중세주의는 동아시아의 탈근대적·탈제국주의적 '지역공동체-신문명시스템' 모색과 창출을 위한 지침과 모델로서의 영감을 제공해 준다. 이 논단은 현 동아시아 지역의 반목과 충돌 현상이 본질적으로 공존의 질서를 보장하고 갈등을 조정하는 초국가적 공공성

公共性, publicness의 부재로부터 기인한다는 문제 인식과 무관하지 않다. 이것이 동아시아라는 지역을 하나의 단위로 사고하고 공통의 문화유산 등에 기초한 지역공동체를 실현하고자 하는 동아시아담론의 생성지반임은 물론이다. 이와 관련해서 제러미 리프킨이 '동아시아공동체'가 새로운 중세 형태의 보편적 정치질서의 모델EU을 실현할 수 있는 가장 유력한 지역이라고 적시한 점은 고무적이다. 그는 동아시아인들의 극단적인 집단주의 성향에 대해서는 비판적인 입장을 취하면서도 한편으로 동아시아 지역은 "예로부터 도교, 유교, 불교의 영향을 많이 받아왔기 때문에 아시아인들을 한데 묶어주는 철학적·신학적·문화적 유대감이 충분하며, 아시아인들은 그런 공통된 세계관 때문에 포괄성, 다양성, 지속 가능성, 삶의 질, 심오한 놀이, 평화를 기반으로 하는 유러피언 드림을 유럽인들보다 더 잘 추구할 수 있는 조건에 있다"[35]는 데 특별한 관심을 표명한다.

이른바 '신중세체제'는 기존 동아시아와 문명의 양대 담론이 축적해온 대안체제의 회통점에 위치한다. 따라서 이 연구 영역은 지역시스템적 평화생명공동체의 조형과 직결된 선구적 개척 분야로 적극 자리매김해야 할 때다. 더욱이 신중세주의는 세계화와 탈근대를 아우르면서도 현 동아시아담론의 결점을 희석시키고 그 긍정성을 적극 발양시키는 지적 실험이다. 사실 동아시아담론은 서양 대 동양, 근대 대 전통, 세계 대 지역이라는 첨예한 이분화적 갈등 구도, 즉 단수적 보편문명의 세계적 일체화와 복수적 개별문명의 자기정체성identity 강화라는 상호 대극적인 해묵은 문명론적 논쟁과 밀접한 연관을 맺고 있다. 그런 점에서 '동아시아공동체'의 모색은 현대 문명학적 검토가 요망된다. 엄밀히 말해서 근대화가 개별적 민족국가 단위로 진행되었다면 신중세화는 총체적 문명권 단위로 포착된다. 그러므로 신중세화론이 현대 문명학의 총체적 개념 범주에 속한다고 할 것이다. 문명의 총체적이고 포괄적인 관점은 문명권 내의 다원주의를 옹호하여 독점주의를 지양하고 중심부와 주변부의 교류와 포용을 가능케 하며 각 문화 단위체의 평등과 상호 의존관계를 긍정하는 토대가 된다.[36]

이렇듯 신중세화론은 총체적 의미의 문명 개념을 활성화하는 연구 노력과 맥을 같이 한다. '문명'이란 복수적 의미에서 보면 특정 공동체의 고유한 속성으로서의 소단위의 '문화'를 포괄하는 총화물, 즉 시공간상 양적 대단위의 공동체, 질적 상위 수준의 문화현상 등을 총칭하는 상위 개념으로 파악된다. 그에 반해서 문화는 문명의 작은 단위를 구성하는 구성인자로 인식되는데 한 문명권의 진보는 문화의 발전에 의지하고 문화의 발전은 필연적으로 문명의 진보를 촉진시킨다는 이해방식이 그것이다.[37] 사람이 살아가면서 이룩한 가치관 및 그 실현방식 가운데 포괄적인 성격의 상위 개념이 문명이고 개별적 특성을 지닌 하위 개념이 문화다. 문명은 여러 민족이나 국가가 공유하지만 문화는 민족, 국가 또는 집단이나 지역에 따라 특수화되어 있다. 문명과 문화는 공존하고 서로 영향을 준다.[38] 이 점에서 중국문명식으로 국가 이름에 문명을 병기하는 것은 문명론이나 중세문명의 본질에 배치된다. 상위의 동아시아문명은 개별적인 특성의 중국문화, 한국문화, 일본문화 등의 소단위 문화체로 구성된다고 해야 타당하다.

본래 '문명'은 어원상 지역단위체제 지향의 전통성과 국가단위체제 지향의 근대성이라는 이중의 교차적 층위를 구성하는 개념이다. 동아시아의 '신중세체제' 전환 모색은 대단위의 공동체적 가치를 중시하는 문명의 전통적 개념사와 접맥되어 있다. 이 같은 사유방식은 국내 동아시아학의 노학자 조동일이 두드러진다. 그는 중세를 세계사의 전 영역에서 공통된 용어로 사용하고 '중세화'에 대한 비교론을 전개해 일반론을 정립할 때가 되었다고 천명한다. 현존하는 인류의 모든 문명권은 중세의 산물이라고 할 수 있다. 자기중심주의를 특징으로 하는 고대문명이 아무리 위대하다고 할지라도 중세인이 수용하지 않으면 생존할 수 없게 된다. 고대문명은 좁은 지역 특정 집단의 독점물이지만 중세문명은 그 고대문명을 원천으로 삼아 보다 넓은 지역 포괄적인 영역에서 다수의 집단이나 민족이 동참해서 이룩한 합작물이기 때문이다. 그러므로 "중국에서 마련한 유산이 중국의 범위를 벗어나고 다른 여러 민족의 동참으로 보편적인 의의를 가질 수 있게 발전해 동아시아문명이 이루어졌다. 중국문명이라는 말은 고대문명을 일컬을 때 쓸 수 있지만 중세문명은 동아시아문명이라고 해야 한다"[39]는 것이다.

구체적으로 조동일은 "문명이 하나라고 하고 불변의 원리만 소중하다고 한 중세의 학풍을 계승해 근대의 관점에서 재론해야 한다. 문명은 하나이면서 여럿임을 밝히고 불변의 원리를 둘러싼 논란에서 변화가 이루어져온 경과를 찾자. 근대학문과 중세학문을 합쳐 근대 다음 시대의 학풍을 만드는 작업을 선도하자"[40]고 역설한다. 이 견해에 따르면 고대문명에서 이룩한 유산을 내용이나 지역에서 대폭 확대하여 참여자는 누구나 대등하게 향유할 수 있는 보편주의 가치관을 이룩한 것이 중세문명의 특징이다. 이 보편주의 가치관이 조공朝貢−책봉冊封체제와 함께 '공동문어'로 표현되고 '보편종교'로 구현된 세계가 중세사회인 것이다. 또한 중세 책봉체제와 관련, 책봉하는 쪽과 책봉받는 쪽은 종교적 서열에서 우열관계에 있고 정치적 실권의 우열관계에 있지 않다. 책봉받는 쪽은 문명권의 동질성을 그 국가 나름대로 독자적으로 구체화한 중세적인 개념의 주권국가이다. 중세인은 책봉하는 쪽의 상징적 지배와 책봉받는 쪽의 실질적 지배에 이중으로 소속되는 이중국적 소유자였다. 이중국적이 단일국적으로 바뀌면서 근대가 시작된 것이다.[41]

조동일은 중세문명이란 가시적인 외형보다 내면의 의식이나 가치관에서 더욱 생동하는 기능을 수행하고 중세가 끝난 뒤에도 지속적인 영향을 미친다고 보았다. 따라서 근대가 역사의 종착점이라고 하는 근대주의자들의 착각을 시정하고 근대를 극복하는 다음 시대로 나아가기 위해서 지난 시기의 '중세화'에 대해서 깊이 연구해야 한다는 것이다.[42] 실제로 근대성으로 상징되는 전 지구 규모의 세계가 출현하기 이전, 세계는 각 대륙(지역)으로 나뉘어 그 나름의 공통성과 완결성을 지닌 독자적인 문명권 단위로 존재했다.[43] 중국, 한국, 베트남, 일본 등의 동아시아 지역에도 문명권이 형성됨은 물론이다. 이를 가능케 한 접착제가 바로 '중세화'인 것이다. 조동일의 입론을 정리하자면 책봉과 공동문어는 일반적으로 보편종교의 권역인 문명권 단위로 진행되었다. 동아시아의 중세문명권 역시 중국적 정치시스템인 '책봉(조공)체제'와 함께 '한문'을 공동문어로, '유교'를 보편종교로 그 중화中華적 세계의 공동 영역을 구축했다. 이 지역이 문화권과 정치권이 일체가 된 자기완결적인 세계라는 점에서 '동아시아문명권'이라 일컫는다.

이렇게 개진된 조동일의 동아시아문명론은 탈냉전 시대의 초입에서 제기된 한국발 '비판적 지역주의-동아시아담론'에서도 공유된다. 최원식은 동아시아론을 '동아시아판 탈냉전의 기획'이라 규정하고 더 구체적으로는 "서구의 도착 이후, 특히 냉전을 실어온 미국과 소련이라는 손님들에 휘둘려 갈등과 반목을 거듭해온 20세기 동아시아로부터 탈주하려는 평화의 기획"[44]이라고 말한다. 결국 이와 같이 '다른 동아시아'를 꿈꾸는 것은 남북의 화해적 공생이라는 한반도의 평화구축을 축으로 동아시아에 평화체제를 건설하자는 데 목표를 둔다. 그 일환으로 최원식은 동아시아인들의 상호 불통을 치유하는 동아시아 공동의 집을 담지할 '공동어' 창출을 주창하면서 동아시아 중세화의 본질적 요소를 거론한다. 그에 따르면 "근대 이전 동아시아 문인·지식인들은 이중언어 사용자였다. 각 모국어로 생활을 영위하지만 공동문어인 한문을 매개로 한 상호 소통 속에서 문화사적 기억을 공유했던 것이다. 중국에서 기원한 유교와 인도에서 전파된 불교라는 동아시아 보편종교의 존재는 공동문어의 생명을 이 지역 전체에 더욱 깊이 착근하게 했으니, 근대 초에 아시아연대론이 제기될 수 있었던 것도 바로 공동문어의 전통이 쇠락한 형태로나마 살아 있었기 때문일 터이다. 중화체제 붕괴 이후 공동문어의 전통이 쇠약해지면서 동아시아는 서구의 상상을 자기화하는 치열한 경쟁에 빠져들었다."[45]

그건 그렇고 조동일의 '중세화론-동아시아문명론'은 현대의 지성사적 계보로 볼 때 중화사상과 연계된 '제국담론'과 무연하지 않다. 이 제국담론은 탈냉전 이후 재편되는 세계질서를 예측하기 위해 출현한 역사의 종언, 문명의 충돌 등의 사조와 함께 부상했다. 그 가운데서도 대국굴기大國崛起하는 중국의 동아시아적·세계적 위상을 제국화로 인식하고 그것을 '제국전통'과 연관해서 논의하려는 연구 동향이 주목된다. 이러한 풍조는 2008년 미국발 금융위기, 2009년 유럽발 재정위기로 쇠퇴해가는 서구권에 비해 이미 '주요 2개국^{G2}'의 반열에 오른 중국을 중심으로 하는 중화권의 위상 제고에 직면해 그 역사적 독자성(연속성)을 밝혀내고 그 과정에서 제국 개념이 중요한 설명도구로 각광받게 된 것이다.[46] 그런데 이 담론에서 지칭하는 제국^{empire}은 '관용(포용)'과 '팽창'을 특징으로 한다. 소위 제국이란 그 지배 영역이 광대한 광역국가로 간주되며 그 영역 내 주민들의 다양성과 이질성을 포용하는 원리(전략적 관용)가 있다는 점에서 정치적 단위와 민족적 단위의 일치를 지향하는, 따라서 이질적인 민족집단을 내부에 통합하는 원리가 없는 국민국가와는 상이하다. 또한 제국은 공간적으로 팽창하여 복종과 수탈을 강요하는 국민국가식의 제국주의와도 다르다. 그러나 제국의 중심이 그 주변에 대해 지배적인 입장에 서는 중심(지배)-주변(피지배) 관계가 제국의 기본구조를 이룬다. 제국의 중심은 주변의 외정에 주로 간여하고 내정에는 직접 간여하지 않는 경향이 있다.[47]

이처럼 제국담론에서 통관하는 제국성은 전통시대 중화 세계시스템과 겹친다. 논급했다시피 제국성은 관용과 팽창의 중첩을 특징으로 한다. 동아시아 제국담론의 핵심인 중화적 신념체계는 중국이 문화세계상 가장 우수하다는 문화적 우월성에서 미개한 주변의 이적세계를 예禮적 질서 속에 편입해 문화의 은혜를 입힌다는 '포용적 세계주의'의 지향을 내포한다. 따라서 거기에는 이념상 국가, 민족에 의한 영역이나 국경을 초월한 천하天下만이 존재하게 되므로 화이내외華夷內外의 구별 또는 존내비외尊內卑外에 표상된 영역성은 고정적이지 않고 천자의 덕화나 교화를 통해 항상 확대되는 '제국적 팽창'의 성격을 지닌다.[48] 이 같은 중화제국의 원형은 진秦・한漢 통일왕조가 출현해 주변의 여러 국가・민족과 정치적 관계를 맺은 데서 찾을 수 있다. 그 후 세계제국을 지향한 수隋・당唐 왕조에 이르러 그 성격이 보다 명확해졌지만 고대제국이 해체된 이후 국제질서가 체계화된 것은 15세기 초 명조明朝가 성립해 조공제도가 갖춰지면서부터다.[49]

전통시대 동아시아 국가 간 관계의 특징적 유형은 중국이 주도한 화이華夷질서에 기초한다. 더 자세히 말하자면 동아시아에서는 중국의 중화사상과 이를 제도화한 조공–책봉 관계가 국제질서로 작용했다. 그리고 중화보편주의 가치관이 중세시대 이 지역의 정치구조였던 책봉(조공)체제와 더불어 공동문어인 한문, 보편종교인 유교사상으로 구현된 세계가 '동아시아문명'인 것이다. 백영서의 연구에 의거해보면 "명청淸대에 체계화된 조공관계는 중국이 직접적으로 정치적 지배를 의도하지 않고 주변국 군주를 책봉하여 내정과 외교에 영향력을 행사하는 간접적 지배방식을 취했다. 특히 만주족의 청조는 그 넓은 판도 내에서 다양한 민족의 이질성을 포용하는 다원적 양상을 보였다. 또한 이를 보완하는 것이 중국적 천하관天下觀 내지 화이관華夷觀을 공유한 문명공동체의 성격이었다. 이러한 특징 때문에 중화제국질서는 중국에 의해 일방적으로 강요된 지배종속의 위계관계가 아니었다. 그것은 근대세계에 출현한 제국주의적 지배관계와는 거리가 먼 다원적・관용적 질서였으며, 따라서 제국질서의 대안논리를 모색하는 사상적 자원이 될 수 있을 것으로 오늘날 해석되기도 한다."[50]

그럼에도 불구하고 중국 내 소수민족정책상 소수민족들의 일방적인 동화방식인 고압적인 한족漢族 중심의 중화민족주의적 행보는 경계하지 않을 수 없다. 중화사상은 관용과 포용이라는 중화보편주의를 대전제로 하며 이로부터 이반될 수 없기 때문이다. 따라서 중세화라는 관점에서 현 중국의 '중화민족(한족, 몽골, 회족, 티베트족, 장족壯族, 위구르 등 55개 소수민족의 집합체)정책'의 모순성을 꼬집는 조동일의 다음과 같은 비판을 새겨들을 필요가 있다. "중국은 국가와 민족을 동일시해 중국인을 중화민족이라고 한다. 한족과 다른 여러 민족의 집합체가 한 민족일 수 없다는 사실을 무시하고 여러 민족이 각기 지닌 문학의 상이한 유산을 단일한 민족문화라고 한다."[51] 더 나아가 그는 "중국에 와서 보니 공자를 크게 받들면서 도처에 화해和諧라는 글자를 써 붙여 놓았다. 화和와 해諧 두 자는 같은 개념이다. '화和'만 있고 '부동不同'은 없다. '화이부동和而不同'에서 '화'만 택하고 '부동'을 버리면 공자사상이 훼손된다. (…중략…) 중국은 화를 일방적으로 선호하지 말고 화이부동의 가치를 발현해야 한다. 중국만 그런 것은 아니다. 동아시아도, 세계 전체도 마땅히 화이부동해야 한다. 중국은 '화'를 이루어 외부의 '부동'과 맞서는 힘을 삼자고 생각한다면 더 큰 잘못이므로 공자에게 물어 바로잡아야 한다"[52]고 권고한다.

대안체제-신중세화론

지역공동체론 차원에서 문명과 접속된 중화제국질서의 모델은 세계적 보편자원이 될 수 있을지에 대한 많은 논란에도 불구하고 근대 세계시스템을 초극하는 동아시아 '신중세화–신문명시스템'을 전망하는 참조체계임에는 분명하다.[53] 특히 중화제국(제국으로서의 중국)론은 "제국성 국민국가", "국민국가의 옷을 걸친 제국" 등의 말들이 표상하듯 현대 중국을 이해하는 데 중요한 척도로 수용되고 있다.[54] 그 주된 논의들을 간추려보면 중화제국의 운영원리인 관용성과 포용성에 초점을 맞추는 문명국가civilization-state론, 조공-책봉체제론, 천하론 등으로 개진되고 있다. 이제반 지적 동향들을 자세히 들여다보면 그 실상은 전통시대 '중화 세계시스템'을 현재화하는 신중세주의와 괴리되지 않는다. 따라서 이들 담론들을 동아시아식 신중세화를 읽어내는 사조로 재해석할 필요가 있다. 이 발상은 "동아시아에서 근대라는 주술과 속박은 의외로 빨리 풀릴 수도 있다"[55]고 통찰한 타나까 아끼히꼬의 기대감과 궤를 같이 한다. 타나까는 "동아시아가 근대와 조우한 것은 멀지도 않은 바로 19세기의 일이다. 그리고 이제 이 지역들이 근대를 확립하기 위해 열중하는 가운데 '새로운 중세'의 조류가 동아시아에도 밀려들어오기 시작한 것이다"[56]라고 지적한 바 있다. 여기서는 동아시아의 신중세체제 전환이라는 견지에서 선행적으로 제국담론의 각론들을 살펴보고 그 부합 여부를 점검할 것이다. 더불어 이를 '이중적 주변의 시각'에서 주권의 다층성·중첩성에 접속하는 한국발 '복합국가compound state론'을 고찰해 보고자 한다.

먼저 문명국가론을 검토해보면 그 대표적인 주창자로 거론되는 마틴 자크Martin Jacques는 중국의 경우 "국민국가는 문명국가라는 지층구조의 표층에 해당할 뿐"[57]이라고 주장한다. 즉 "중국인들은 5천년의 역사를 항상 언급하면서 자신들의 현재 모습을 규정하는 것은 국민의 신분이 아니라 중국의 문명이라고 인식하고 있다. 이러한 맥락에서 중국은 국민국가가 아니라 문명국가라고 봐야 한다"[58]는 것이다. 여기서의 '문명'이란 민족국가 단위의 근대화를 함축하는 서구적 개념이 아닌 지역공동체 단위의 '신중세화'를 표방하는 전통적 개념에 근접한다. 그런가 하면 신중세주의자들은 흔히 동아시아식 신중세화의 논거로 홍콩, 마카오, 타이완에 대한 중국의 통치원칙이자 통일원칙인 일국양제—國兩制, One Country Two Systems를 내세운다. 이것은 마틴 자크의 문명국가론 논증에서도 발견된다. "국가보다는 문명을 최우선으로 생각하는 문명국가에서는 체제의 단일성을 중시하는 국민국가와는 매우 다른 정치구조가 발생된다. 중국은 문명국가로서 체제의 다원화를 구현하고 인정한다. 이는 홍콩의 경우에서 확인할 수 있다. 중국 내에 홍콩이 있다는 사실은 체제의 단일성을 요구하는 국민국가에서는 볼 수 없는 일이다."[59]

마틴 자크는 중국이 지금의 국경선을 대체로 유지한 채 2천년 동안 존속했으며 국민국가의 모습을 한 것은 지난 100년에 지나지 않는다고 피력한다. 현대 중국은 18세기 청의 강역을 계승한 것이며 왕조시대 때부터 신성시되던 국가가 현재 사회의 중심을 이룬다. 그리고 중국문명의 근간인 유교사상이 부활하면서 공자의 가르침이 중국인의 사고와 행동을 지배한다. 그는 이러한 자신의 논지를 진관타오金觀濤가 통찰한 바 있는 "중국의 존재양식은 과거의 부활에 있다. 중국문화는 전통이 주는 영감과 힘에 의지하지 않은 채 현재에 맞서는 메커니즘을 인정하지 않는다"라는 인용문을 통해 강화한다.[60] 신중세주의는 지방분권과 중앙집권의 병존을 특징으로 한다. 마틴 자크는 이와 관련해서 중국정치의 단층지대는 중앙 집권화와 분권화를 둘러싼 문제에 있다고 분석한다. 그의 진술에 의거해보면, 중국은 국민국가가 아니라 개별적인 정치적·경제적·사회적 체계를 가진 준자치적 성省들로 구성된 하나의 대륙체계로 보아야 한다. 실제로 각 성들은 다양한 자치권을 누리고 있으며 베이징의 중앙정부는 중앙과 지방 간의 균형을 유지하는 역할을 한다. 중국은 단일한 정부체제이지만 움직이는 방식은 사실상 연방제에 가깝다.[61]

결국 마틴 자크의 요점은 "1648년의 베스트팔렌조약 이후 유럽의 국민국가들은 서서히 국제무대에서 지배적인 위치를 차지했다. 중국의 부상은 이에 대해 암묵적인 도전장을 던진 셈이다. 서구국가들은 국민국가 개념으로 운영되지만 중국은 문명국가 개념으로 운영된다"[62]라는 말로 압축할 수 있다. 이 문명국가론은 중국의 비판적 지식인 왕후이王暉에게 비교문화사의 관점에서 점검된다. 그는 기독교와 유교사상이 유럽과 중국을 문화적 범주에서 정의할 때는 대체로 그 역할이 비슷하다고 판단했다. 그리고 서로 다른 지점에 대해서는 "기독교는 유럽 민족국가의 정치적 경계를 뛰어넘었고 유교사상은 문화적 경계와 정치적 경계를 (복잡할지라도) 하나의 단일한 종합체 속에 융합시켰다"라는 로이 빈 웡R. Bin Wong, 王國斌의 견해를 인용해 파악한다.[63] 그리고 기술하기를, 정치와 문화의 융합을 근대적 민족주의의 고유한 특징이라고 한다면 기독교는 문화적 범주에서 유럽을 결정짓지만 문화와 정치의 통일은 이룰 수 없었다. 그러다가 민족주의 시대에 와서 문화적 경계와 정치적 경계가 민족-국가의 틀에서 종합되었다. 반대로 중국은 복잡하지만 단일한 종합체로서 유교문명을 전제로 하며 이런 모습은 민족국가와 다른 '문명국가'의 형태를 보여준다.[64]

그런데 마틴 자크는 21세기 중국이 세계, 동아시아를 지배할 경우 중화사상에 기초한 조공제도와 그 요소들이 부활할 것이라 전망한다. 조공 패러다임은 그가 보기에 서구의 제국주의질서와 다른 미래 중국이 주도할 새로운 세계질서의 운영방식이었다. 이러한 이해는 조공체제가 단순한 개념적 구성물이 아니라 실제 정책의 종합이자 이념과 실제를 아우른 세계모델이었다고 적극 평가하는 국제정치학계의 학술적 경향과 일맥상통한다.[65] 아무튼 마틴 자크는 "조공제도가 기본적으로 정치적·경제적 제도라기보다는 문화적·도덕적 제도였다"[66]고 파악한다. 그리고 "중국이 동아시아 경제의 중심으로 새롭게 부상한다면 과거 조공제도의 요소들도 새로운 모습을 드러낼 것"[67]이라고 예측한다. 서구의 주권 개념이 '하나의 국민국가, 하나의 체제'에 기반하고 베스트팔렌체제가 '하나의 체제, 다수의 국민국가'에 근거를 둔 것과는 달리, "하나의 문명, 다수의 체제"에 근거한 중국 중심의 국제질서, 곧 조공질서가 새로운 대안이 될 가능성이 있다고 판단한 것이다. 여기서 마틴 자크가 조공질서의 핵심으로 제시하는 문명은 유교, 곧 '차이를 인정하는 조화'를 골자로 함은 재론의 여지가 없다.[68]

왕후이 역시도 유럽 민족국가 시스템과 구별되는 아시아의 지역모델로서의 조공시스템에 주목한다. 그는 중국 중심의 유교문명은 서로 다른 왕조를 하나의 트랜스시스템trans-system으로 연결했고 가장 두드러진 상징이 조공네트워크라고 여겼다. 이렇게 유학을 중심으로 한 조공시스템의 구도는 대부분 동아시아를 하나의 지역 단위로 삼고 해양조공과 이민노선을 따라서 동북아 지역에서 동남아 지역으로 확장된다. 그러나 조공시스템은 유학·한자문화나 동일한 종교적 신앙과 반드시 중첩된다고는 볼 수 없다.[69] 이러한 사유의 단초는 경제사 영역에서 조공시스템과 지역적 연대관계를 규명한 하마시타 다케시濱下武志로부터 연원한다. 왕후이는 그의 연구를 원용해 아시아 지역의 특징 세 가지를 제시하면서 조공네트워크가 지역적 전체성의 역사적 근거임을 발견하고

자 했다. 첫째, 문화뿐 아니라 경제와 정치 관계에서도 하나의 전체를 이루었다. 둘째, 이 전체는 중화문명을 중심으로 초국가적 조공네트워크로 연결되어 있다. 셋째, 이 조공네트워크는 '중심-주변'과 그에 상응하는 조공-책봉 관계와 결합된다. 왕후이가 보기에 근대 아시아 지역의 조공네트워크에는 서양 자본주의의 확장에 의해 훼손되지도 않았고 '하나의 세계체제로서의 아시아'가 여전히 존재하고 있었다. 더불어 지역적 전체성을 구성하는 기본근거는 조공관계들이 형성한 상대적으로 안정된 중심-주변의 틀이다. 이 틀은 원리적으로 주권 단위의 민족국가 관계와 완전히 다른 지역관계다.[70]

이렇게 동아시아 전통시대의 지역시스템과 사상자원을 활용해 미래상을 제시하려는 지성사적 흐름에는 또한 '천하론'이 존재한다. 중국 근현대사상사의 대표적 사학자 쉬지린許紀霖은 유교 가치의 핵심인 '천하주의'를 재구성해 보편적 가치로 정립하고자 했다. 그는 최근 신유가, 유교헌정憲政주의, 부강富强국가주의 등 문화 자각을 고취하는 중국의 어떤 유파든 간에 부강 모더니티에 사로잡힌 민족국가 중심으로 경도되고 있다고 지적한다.[71] 그러나 문화 자각은 중국인에게만 좋은 것이 아니라 타자에게도 가치가 있는 '보편적 문명'에 대한 자각이 필요하다고 역설한다. 이러한 주장은 전 인류의 공통된 가치나 본질(보편적인 것)을 문명zivilisation으로, 특정한 집단이나 민족, 국가에 적용되는 특수적인 것을 문화Kultur로 보는 독일식 개념에서 발상된 것이다. 쉬지린에게 '자각(재건)'이란 일국일족一國一族에만 적합한 특수문화가 아니라 인류에게 보편적 가치를 지닌 '문명'인 것이다.[72] 이 관점에서 그는 역사상 중화제국이 주변 국가나 주변 민족을 주도한 것은 무력이 아닌 천하주의적 화화華夏문명에 의한 것이며,[73] 때문에 보편적 문명을 건설하는 데 천하주의라는 전통자산이 요구된다고 판단했다. 그리고 "세계화시대에 천하주의를 보편적 문명과 서로 결합된 세계주의로 어떻게 전환할 것인가가 '문명대국'의 목표 지점이 되어야 한다"[74]고 강조한다.

중국에서 가장 창조적인 철학자로 평가되는 자오팅양趙汀陽 역시도 동아시아 전통적 천하이념을 21세기 세계평화질서의 원리로 재창조하여 근대 민족국가의 패권의식이 조성한 서구 제국주의적 세계체제를 대체하고자 했다. 그가 문제시하는 제국주의는 민족·국가 제도의 초대형 군사·경제적 힘에 근거해 세워진 규제정치와 착취경제의 세계체제로서 19세기 후반에 창조된 반성적 개념이다. 말하기를, "전통적인 유럽제국과 제국주의의 공동이념은 모두 한 나라가 세계를 지배하는 것 — 부분이 전체를 지배한다는 이러한 욕망을 철학적 배경으로 삼은 정신 — 이다."[75] 더군다나 어떤 지역적인 문제도 세계 문제의 체계 속에서 사유되고 해결해야 하는 세계화시대에 직면해 있다. 그러나 현대의 세계체제는 본질적으로 세계가 아닌 '무질서 상태chaos'에 지나지 않는다. 그는 분석하기를, "현대제도는 단지 국내 사회의 제도일 뿐이지 세계제도가 아니거나, 현대제도의 유효한 범위나 제약의 조건은 민족·국가의 내부 사회이지 세계나 국제사회가 아니다. 따라서 각 국가가 모두 민족·국가가 되고 아울러 표준적인 현대제도(민주정치와 자유시장)를 수립해 각각의 국가 내부의 사회질서를 보증한다고 하더라도 국가 사이에는 여전히 제도가 존재하지 않을 것이다. 왜냐하면 제약도 없고 질서도 없고 법칙도 없는 혼란의 공간이기 때문이다."[76]

그에 반해서 자오팅양이 천하체계를 통해 개진한 전통적 제국의 모델은 민족·국가가 아니라 문화·정치제도, 세계사회를 가리킨다. 그는 카오스를 코스모스kosmo(질서 있는 상태)로 바꾸려면 먼저 '세계(자연)의 이념'을 발견해야 한다는 그리스철학에 착안해 인문세계로서의 '천하'를 제안한다. 소위 '천하'란 지리 개념이자 세계사회, 세계제도, 그리고 세계제도에 관한 문화 개념을 의미한다. 때문에 그것은 모든 방향에 걸쳐 있는 완전한 세계 개념이다.[77] 천하가 동아시아공동체의 성립 지반이라는 점에서 이 일련의 개념체계는 곱씹을 만하다. 자오팅양은 천하이론의 핵심을 천하에는 밖이 없다는 '천하무외天下無外원칙'을 내세운다. 즉 "천하에서는 모든 지방이 다 내부이고 모든 지방 사이의 관계도 모두 원근遠近과 친소親疎로 경계가 확정된다. 이 경계확정의 관계모델이 선험적으로 완전한 세계를 보증한 동시에 역사적 다양성을 보증한다"[78]는 것이다. 이는 자신을 타인과 대립시키고 신자를 이교도와 대립시키며 서양을 동양과 대립시키는 서양의 정치의식과는 다르다. 무외원칙은 세계를 분열적으로 이해하는 이단의 모델과 민족주의의 모델을 배제한다. 중국의 전통정신은 타자를 거부하지 않으며 민족주의 형태야말로 서양적 사유다. 중국의 민족주의는 서양의 관념을 도입한 것으로 현대 민족국가를 수립한 이후에 형성된 새로운 전통일 뿐이다.[79]

이상 살펴본 중국의 전통 읽기 역정은 한중관계가 세계는 물론이고 동아시아 평화의 핵심고리임을 감안할 때 그 시사해주는 바가 크다. 특히 중화제국(제국으로서의 중국)론은 동아시아 신중세주의적 신문명시스템을 예비하는 메시지를 담고 있다는 점에서 눈여겨봐야 한다. 그 공통된 특징으로 거론되는, 이른바 "중국의 과거·현재·미래를 국민국가와 같은 서구의 경험에서 나온 개념으로는 파악할 수 없다"[80]라는 지적은 이를 잘 대변해 준다. 그도 그럴 것이 금세기 지역공동체 구성을 위한 원형적인 동아시아는 문명의 전통적 범주인 '중화' 관념 속에 지속되어 왔다. 이 중화사상은 제국담론에서 부정적인 '팽창'이라는 요소는 탈각되고 그 보편적 작동원리이자 지역공공성으로서의 '관용(포용)'이 부각됨은 물론이다. 이를 미래 신문명시스템 구상으로 치환해보면 "중국 안의 발신자에게는 미래 중국의 세계사적 역할에 대한 높은 기대의 표현이고, 중국 밖의 발신자에게는 서구 근대의 대안에 대한 조심스러운 전망의 발현"[81]이라는 과제로 간추릴 수 있다. 이런 이유로 백영서는 중화제국론이 세계 보편적인 자산이 되기를 바라는 기대감을 반영해 '프로젝트로서의 제국'이라 명명한다. 또 그러한 역할을 감당하려면 핵심현장 중 하나인 한반도에서 시민참여형으로 창안된 '복합국가론'과 서로 참조하는 관계를 맺어야 한다고 주장한다. 그는 이를 통한 한중 양국의 상호 작용은 주권의 분할·분유를 실현할 대안적 국가구상 작업에 효과를 일으킬 것이 분명하다고 단언한다.[82]

이와 같이 한국발 복합국가론은 동아시아 신중세체제 발흥의 또 다른 이름이라고 할 수 있다. 복합국가는 백낙청에 의거하자면 "단일국가unitary state가 아닌 온갖 종류의 국가 형태, 즉 각종 국가연합confederation과 연방국가federation를 포용하는 가장 외연이 넓은 개념으로서 주권 문제를 단일 국민국가의 모델에 집착함이 없이 창의적으로 해결하자는 극히 포괄적이고 원론적인 제안이다."[83] 이 복합국가론은 본래 한반도 분단체제 극복을 위한 과제로 제시되었다. 그러던 것이 백영서가 이를 원용해 동아시아에 확대 적용하면서 "국가 간의 결합 양상이자 국민국가의 자기전환의 양상을 겸한 의미"[84]로 수용되고 있다. 그런데 이 복합국가론은 동아시아 '핵심현장'이라는 개념적 토대 위에서 축성된 것이다. 진먼金門(타이완), 오끼나와沖繩(일본), 개성(한반도) 등의 핵심현장은 "이중적 주변의 시각, 곧 서구 중심의 세계사 전개에서 비주체화의 길을 강요당한 동아시아라는 주변의 눈과 동아시아 내부의 위계질서에서 억눌린 주변의 눈이 동시에 필요한 전형적인 곳이다."[85] 이 지역은 국경을 가로지르는 국가 간의 결합 또는 국민국가의 자기전환의 시도라는 성찰적 역할을 수행할 수 있다. 뿐더러 시공간의 모순과 갈등이 서로 연동되어 악순환하는 까닭에 그것을 해결해 갈수록 평화의 동아시아를 위한 선순환의 촉매로서의 파급력이 그만큼 더 커진다는 논리를 담고 있다. 그 이유는 중화제국-일본제국-미제국으로 이어지는 중심축의 이동에 의해 위계 지어진 동아시아 질서의 역사적 모순이 응축되었고 식민과 냉전이 포개진 영향 아래 공간으로 크게 분열되어 갈등이 응축된 장소라는 점 때문이다.[86]

끝맺는 말

중국정부는 정치적·경제적·외교적 부상과 함께 동반되는 '중국위협론'을 해소하고 '평화로운 발전和平發展'과 '조화로운 세계和諧世界'를 강조하면서 '책임 있는 대국責任大國'으로서의 면모를 보여주는 데 정책의 역점을 두고 있다. 이러한 방향은 "냉전시대 '사회주의 중국'으로부터 오늘날의 '유교 중국'에 이르기까지 중국은 국제사회에서의 신분이 이미 철저히 바뀌어졌다. 이제 유교는 중국의 새로운 상표가 되었다"[87]라는 인식선상에 위치한다. 그러나 한편으로 중국은 그들의 문화발신이 전 지구적 차원의 신자유주의에 복무한다거나 공자아카데미 등이 문화 상품화되었다는 비판적 시각에도 귀 기울여야 한다.[88] 더욱이 현재의 고도성장이 대외적으로는 천민자본주의로 폄하된다거나, 또한 일각에서 관찰하는 추락하는 중국의 품격 등의 오명을 벗기 위해서는 격조 높은 문화대국으로서의 중국의 위상을 창신創新할 때다. 그 발전적 반성의 형태가 중화적 제국담론의 위치이며 "중국을 다시 생각해 다시 세운다重思中國, 重構中國"[89] 라는 의미일 것이다. 그 관건은 협애한 국가주의를 초극하여 포괄적인 문명의 포용성과 생명(공감)정신을 일깨우는 '지역적 소통코드'를 읽어내고 그 기반 위에서 역내 민족, 국가들과의 평화공조체제를 이끌어내는 데 달려 있다.

이런 맥락에서 본 장은 21세기 중국을 위시한 동아시아의 체제혁신이라는 거시구도 속에서 근대국가주의적 지역메커니즘을 초극하는 동아시아의 '신문명시스템' 창출을 목표로 기획되었다. 이 논제는 최근 동아시아 제국諸國이 서구식 모델인 근대국가로 자처하면서 역사, 영토 등의 문제로 반목과 충돌을 거듭하고 있는 현실 상황을 감안해 새로운 중세 형태의 동아시아체제를 고려해보자는 문제의식에 기초한다. 그것은 동아시아담론과 맞물려 새로운 지역공공성 모델을 근대화의 반대편에 존재하는 상호 의존의 세계로서의 '신중세화론'으로 요약할 수 있다. 사실 국제체제system에는 앤드류 허렐Andrew Hurrell의 지적대로 "공통의 이해, 규범, 규범, 상호 기대 등이 포함되어 있고, 이것들은 역사적으로 형성되고 계속해서 진화한다."[90] 그 한복판에 위치한 모델이 바로 동서양의 문명일반론에 입각한 탈근대적·탈제국주의적 맥락의 '신중세체제'인 것이다. 이 '신중세화-신문명시스템'의 구축은 "근대가 중세를 부정하기 위해서 고대를 계승한 시대였듯이 다음 시대는 근대를 부정하기 위해서 중세를 계승하는 시대가 되어야 한다"[91]는 주장을 반영한다. 여기에는 전통시대 동아시아의 지역체제, 즉 정치적·문화적 상부구조인 '중화(제국) 세계시스템'이 위치함은 물론이다.

'동아시아'란 전통적 문화자산과 교차하는 공동의 역사 경험을 활용해 끊임없이 현재적으로 창조하고 구성해야 할 과제임은 주지의 사실이다. 이와 동일한 문맥에서 신중세화론은 특별히 지역시스템과 연계된 문명학 범주의 보편성과 특수성을 잇는 거시적 구도의 결합조직이자 생태학적 관계망을 긍정하는 '다양성 속의 조화'를 지향한다. 이 담론은 중심문화의 패권이 강제하는 일방적 독단주의가 아닌, 탈근대적 범주의 다양한 주체들, 주체들 간의 다원성 등을 특징으로 하는 '문화다원주의를 전제로 한 문명보편주의에의 지향'이라는 상호 동시적 균형을 충족시키는 문명학적 정합성을 갖추고 있다. 더욱이 공동체의 가치, 문화적 다양성, 삶의 질, 지속 가능한 개발, 심오한 놀이, 보편적 인권, 자연의 권리, 다원적 협력을 강조하는 유러피언 드림은 문명의 중세화적 공감대 속에서 결정화된 것이다. 이런 의미에서 조동일은 "오늘날 유럽에서 유럽통합으로 나아가면서 자기네 중세를 재인식하고 계승하기 위해서 근대 연구에서 중세 연구로 방향을 돌리는 것은 반가운 일이다. 중세 동안에 여러 문명권이 서로 대등한 관계를 가지고 인류의 이상을 함께 추구하던 경험을 되살릴 수 있는 시기가 도래했다"[92]고 피력한다.

현재 동아시아인들은 '신중세화 담론'이 표방하는 문명적 가치와 그 의미들에 귀 기울이는 전향적인 자세가 요구된다. 우리는 근현대 구미태평양권으로 대변되는 극단적인 국가주의와 패권주의로 인해 겪어야 했던 불행한 역사와 참상들을 기억한다. 이러한 제국주의적 이데올로기를 차단하기 위해서는 아시아태평양권과 연계된 동아시아체제의 변혁, 즉 근대국가 세계시스템을 넘어서는 담론적 전환이 선행되어야 한다. 더불어 초국가적 상호 의존성이 심화되고 있는 현 세계적 조류에 부응해 국가 중심적 국제시스템을 탈피해 문명적 지평에 바탕을 둔 지역공동체의 의미를 극대화하는 데서 동아시아권의 평화 구현과 그 분쟁해소의 실마리를 풀어야 할 것이다. 따라서 여러 면에서 여타 지역화 블록들의 모범이 되고 있는 EU의 실체가 '새로운 중세화' 모델에 터한다는 사실에 착안할 필요가 있다. 동아시아인들은 EU에게 길을 물어 지역시스템의 혁신적인 다이멘션 창출을 위한 '신문명시스템-신중세적 모델'을 적극 평가하고 무게 있게 검토해야 한다. 그리고 여기에 토대하여 '보편적 인권'에 접속하는 동아시아 공동번영의 평화연대체 구상을 현실화해야 할 것이다.

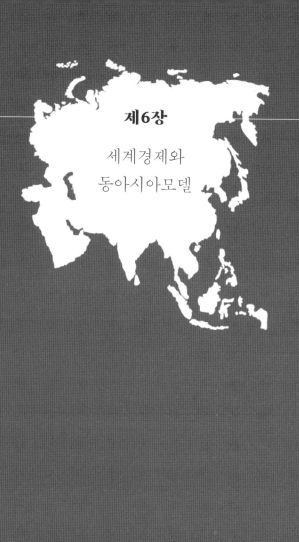

제6장

세계경제와
동아시아모델

이끄는 말

20세기 후반 이래 중국과 동아시아는 정치경제적 팽창을 거듭하면서 세계헤게모니 국가인 미국을 대체하는 세력권으로 급부상했다. 이러한 무한한 성장활력은 서구학계에서 세계체제(또는 세계체계, world system) 분석상 '근대화modernization—서구모델'을 이탈해 '탈근대화postmodernization—동아시아모델'을 설정하고 그에 대한 다양한 담론들을 생산하는 계기가 되었다. 1997~1998년 동아시아 외환위기 당시 미국과 주류 경제학자들은 동아시아와 비서구 국가들이 세계화globalization의 주요 이념인 신자유주의neoliberalism 처방을 따라야 경제가 회복될 수 있다고 선전했다. 그러나 이후 중국의 눈부신 성공은 2001년 노벨 경제학상 수상자인 조지프 스티글리츠Joseph E. Stiglitz의 논평대로 '워싱턴 컨센서스Washington Consensus'가 옹호하는 신자유주의의 충격요법을 지지해 점진적 개혁을 포기하지 않은 덕분이었다. 스티글리츠는 중국이 사유화, 무역의 자유화 등의 수단과 자국민의 복지라는 목적을 결코 혼동하지 않았다고 주장한다.[1]

이와 같은 사실들은 중국의 경제 발전이 '서구식 모델'을 준용한 것이 아님을 보여준다. 더욱이 2001년 미국 신경제의 거품이 꺼지고 중국의 경제성장이 동아시아 지역과 다른 지역에까지 경제회복의 주요한 추진력으로 작용하면서 '신아시아시대the new Asian age—베이징 컨센서스the Beijing Consensus'의 등장을 예견하는 주장이 더욱 설득력을 얻게 되었다.[2] 이러한 중국과 동아시아의 정치경제적 부상은 세계체제론 차원에서 그 원인 규명과 함께 성장의 궁극적 목적, 사회적 결과 등을 묻는 '동아시아 발전경로'에 대한 관심을 증폭시켰다. 주지하다시피 세계체제 분석의 이론적 전사前史

로서 중요한 영향을 미친 학자로는 칼 마르크스Karl Marx, 막스 베버Max Weber를 비롯해서 경제인류학자 칼 폴라니Karl Polanyi, 아날학파Annales School 의 거두인 페르낭 브로델Fernand Braudel 등을 거론할 수 있다. 그러나 세계체제의 대표적인 논자는 이매뉴얼 월러스틴Immanuel Wallerstein과 조반니 아리기Giovanni Arrighi이다.

세계체제론의 창시자인 월러스틴은『근대세계 – 체제Modern World-System』(1974)라는 저서를 통해 자본주의capitalism의 출현을 세계사적 구도에서 파악함으로써 사회과학계를 일신했다. 다만 그는 서구가 근대 세계체제를 1450년 이후에 독립적으로 발명한 것이라고 주장한다. 더욱이 서유럽의 우월구조를 고착화해 자본주의는 근대 유럽만의 특이한 역사현상이며 16세기 이후 세계사는 서구가 '나머지 세계the rest'를 이 자본주의체제 안으로 포섭하는 과정이라고 믿었다. 따라서 그 논점을 달리하는 아리기의 담론적 레짐regime 에 주목할 필요가 있다. 이 두 대가의 분석이론을 동아시아의 지역경제시스템에 국한시켜보면 주류 세계체제론자인 월러스틴은 그 기원을 서구성이라는 '외인外因적 요소'에 무게를 두었던 데 반해서, 아리기는 동아시아성이라는 '내인內因적 요소'에 초점을 맞춘다. 이러한 인식 차이에도 불구하고 두 학자 모두 서구식 모델의 종식과 신아시아시대의 도래, 아울러 이 시대의 성격 규명상 동서양 혼성화hybridization의 혁신적인 '신문명시스템new civilization system'을 전망한다는 점에서 유의미한 접합점을 발견할 수 있다.[3]

특히 아리기는 '동아시아식 체제모델'을 개척한 선구자 중의 한 사람이다. 그는 동아시아의 경제적 부상을 해명하는 기제로 '역사 · 지리적 전통'을 중시했다. 말하자면 "유럽기원의 세계체제에 비견되는 동아시아체제를 상정함으로써 월러스틴 등의 주류 세계체제 이론에 내재한 서구중심주의west-centrism를 극복할 수 있는 학문적 단초를 제공했다. 이러한 다문화주의·다지역주의의 개념은 최근의 포스트주의postism의 시대적 추이와도 부합된다."[4] 그리고 아리기의 동아시아 독법에는 동아시아로부터 세계사를 재기술하는 미국 '캘리포니아학파California School'의 수정주의가 자리한다. 본 장에서는 근대 세계경제(세계체제) 맥락에서 산업혁명Industrial Revolution을 의제로 전개된 서구모델, 대분기Great Divergence론 등을 선행적으로 검토할 것이다. 그런 다음 로이 빈 웡R. Bin Wong, 王國斌, 케네스 포메란츠Kenneth Pomeranz, 안드레 군더 프랑크Andre Gunder Frank, 아리기 등 캘리포니아학파의 담론지형을 중심으로[5] 동서양의 두 발전경로를 비교·분석하고 이를 기초로 탈근대적 '동아시아모델의 동학the dynamics'을 추적해 현재화하고자 한다.

비교경제사 — 산업혁명

경제사는 사회과학의 여왕이라 불린다. 경제사의 주제는 국부國富의 본질과 요인을 규명하는 것인데 경제사가들은 이를 '역사적 변화의 동적인 과정'에서 찾는다.[6] 세계체제상 근대국가 메커니즘mechanism'과 결부된 '서구적 보편모델(유럽중심주의체제)'은 자본주의 세계질서가 가동되기 시작한 18세기 후반에 기본적인 틀을 갖추었고 자본주의의 현실이 이 담론의 질서를 요청했고 또 생산했다. 그리고 19세기에 절정에 달했으며 현재까지도 비서구권에 대한 가공할만한 파괴력을 행사하고 있다. 통상 자본주의 세계체제는 1500년 전후로 출현했다고 논의되지만 그와 병렬되는 산업주의는 근대성^{modernity} 발발 시기를 더 늦추어 '산업혁명'이 이루어진 18세기에서 19세기로 본다. 특히나 최근 경제사에서는 근대자본주의의 역사적 연원을 무기에너지^{mineral-based energy}(석탄), 기계제 대량생산 등을 핵심으로 하는 산업혁명과 연계시켜 논의하려는 경향이 두드러진다. 그것은 현대의 국가들이 근대공업의 발흥인 산업혁명을 거치면서 '근대화 과정'에 진입할 수 있었기 때문일 것이다.

이른바 산업혁명은 생산력과 경제성장이 정체된 전통적 경제에서 생산량이 증가하고 생활수준이 향상되며 지속적인 경제성장이 이루어지는 근대 공업경제로 변화하는 경제변혁의 과정을 지칭한다. 그런데 주류 서구학계에서는 동서양의 정당한 비교경제사 지반을 결여한 채 유럽의 근대 헤게모니, 곧 '근대문명'이 영국에서 시작된 산업혁명을 기점으로 확립되어 나머지 세계에 일방적으로 이식되었다고 간주한다. 이러한 사유방식은 "영국 중부지방과 스코틀랜드 몇몇 저지대 지역에서 시작한 산업혁명은 금방 유럽대륙과 미국으로 퍼져 나갔다. 19세기가 끝날 무렵 산업혁명은 유럽 대부분 지역과 식민지의 경제를 바꾸었다. 그 이후에는 일본을 비롯한 비서양으로 퍼졌다"[7]고 강제한다. 이와 동일문맥에서 제임스 블로트^{James M. Blaut}가 경제적 근대화는 "잉글랜드 농촌에서 잉글랜드 전체로, 다시 서유럽 전체로, 다시 또 유럽 전체로, 또 세계 전체로 그 규모를 넓혀 갔다"[8]고 한 유로-마르크스주의자^{Euro-Marxist} 로버트 브레너^{Robert Brenner}의 주장을 '유럽 중심적 확산주의^{diffusionism}'로 명명하면서 반박한 이유가 여기에 있다.

일반적으로 서구학계의 주류이론에서는 16세기 이래 서양 전반이 정치・경제・문화・제도 면에서 동양보다 우위에 있었다고 인식한다. 경제적 발전 수준에 한정해보면 16세기 초에 격차가 나타났고 1820년경에 크게 심화된 것으로 적시한다. 비근한 예로 영국의 경제학자 앵거스 매디슨Angus Maddison은 세계경제권을 서구(서유럽, 북미, 오세아니아)와 비서구(아시아, 라틴아메리카, 동유럽, 아프리카)로 나누어 두 경제권의 1인당 국민소득을 1990년 달러가치 기준으로 비교한다. 그 결과 1500년 서구 753달러, 비서구 538달러, 1820년 서구 1,202달러, 비서구 580달러로 나타났다고 명시한다.[9] 그러나 안드레 군더 프랑크가 애덤 스미스Adam Smith를 거론하면서 "(서양의) 비중 있는 사회이론가 중에서 유럽이 국부의 발전 과정에 뒤늦게 동참한 신참이라는 사실을 제대로 통찰한 마지막 사람"[10]이라고 적시한 의미를 상기할 필요가 있다.

그건 그렇고 산업혁명은 유럽이 주축이 되는 자본주의·산업사회로의 이행, 더욱이 동서양의 '대분기'를 발생시킨 세계적 대사건으로 기록된다. 이 대분기론은 근대 시기에 서유럽이 산업혁명을 거치면서 '자본집약적capital-intensive 생산경로'로 나아갔던 데 반해서 동양은 '노동집약적labour-intensive 생산경로'에 머물러 양자 간 경제성장의 격차가 심화되었다는 내용을 주요 골자로 한다. 경제사학자 존 힉스John Hicks는 서구모델, 곧 서구 발전경로와 관련해서 고정자본이 생산에서 중심적 지위를 차지하게 된 것을 산업혁명의 혁명적 의미로 간주했다. 그가 생각하는 서유럽의 '자본집약적 생산경로' 역사를 따라가 보면, 산업혁명 이전의 유동자본이 생산에서 대부분을 차지하고 수공업과 상업이 명확하게 구분되지 않는 경제는 '상업적 경제'다. 이 상업적 경제가 절정에 달하면 고정자본으로의 투자라는 변화가 생겨난다. 이 상업적 경제는 유럽은 물론 인도, 중국에서도 발전했다. 그러나 기계와 공장을 대상으로 고정

자본의 대량 투자가 이루어진 곳은 영국뿐이었다. 오직 영국만이 생산 형태로서의 '근대적 공장제'가 출현하고 산업혁명이 일어난 것이다.[11]

그런데 대분기론에는 '산업혁명'을 의제로 그 발생의 '원인(동력)'과 '시점'을 규명하는 것이 핵심적인 쟁점을 이룬다. 이 문제는 19~20세기 동서양의 전례 없는 불평등과 불균등발전이 산업혁명의 산물이라는 점에서 눈여겨볼 필요가 있다. 사실상 서구모델은 근대 초기 영국의 경험에 기초한 근대화 과정을 가리키는데 "영국 유형은 전통경제가 근대경제로 성공적으로 전환한 형태이며 이 전환을 '산업혁명'이라고 한다."[12] 그리고 이 산업혁명은 서구가 동아시아를 경제적·군사적으로 압도하는 결정적인 계기가 되었다. 중국을 포함한 동아시아의 나라들은 서구 열강의 식민지로 전락했고 서구적 세계질서는 현재에도 유효하다. 이렇듯 '서구 발전경로'의 부상을 상징하는 산업혁명은 유럽사회 내부의 '내생적endogenous 잠재력'에 의해 성취된 유럽적 현상이라는 것이 서구의 지배적인 견해다. 가령 경제사학자 조엘 모키르Joel Mokyr는 "인류역사에서 폭발적으로 축적된 지식이 스스로 추동력을 만들어내며 전보다 더 완전하고 빠르게 인류사회의 물질적 기반을 변화시킨 경우는 지금까지 단 한 번밖에 없었다. 이러한 사례는 산업혁명 기간과 그 직후 서유럽에서 일어났다"[13]라고 말한다.

사실 대분기는 캘리포니아학파의 케네스 포메란츠Kenneth Pomeranz가 자신의 저작 『대분기The Great Divergence』(2000)에서 유럽 중심의 역사상像을 비판하기 위해 제시한 것이다. 이 용어는 근대경제사에서 동서양의 경제 발전이나 생활 수준의 격차가 크게 벌어지는 결정적인 시기(분기점)를 지칭한다. 그 진의가 어떻든 간에 '유럽(서구)적 보편주의european universalism'를 내면화하는 학자들은 18세기 중후반 영국에서 시작된 산업혁명은 전적으로 '내재적 요인'에 의한 유럽이 이루어낸 일이라고 파악한다. 그리고 유럽과 세계 다른 지역의 번영과 관련해 대분기는 18세기의 어느 시점에 일어났다고 간주한다. 거기에 덧붙여 근대적 경제성장과 산업화의 유럽적·영국적 필연성을 규명하는 데 다양한 해석들이 그 발생사적 원인이나 동력으로 제시된다. 대략 간추려보면 정치안정, 신대륙과 아시아를 연결하는 국제무역 주도권, 원공업화proto-industrialization, 금융혁명, 회사조직의 출현, 과학기술, 근면혁명Industrious Revolution, 소생산자 분해, 중간계급과 부농의 성장, 농업혁명, 인클로저운동Enclosure Movement, 귀족층의 경제활동 참여, 석탄 등 다양한 정치적·경제적·사회적·문화적 요인들을 언급해 왔다.[14]

그러나 산업혁명이 발생하게 된 가장 중요하고 본질적인 요인이 무엇인지에 대한 규명 문제는 여전히 사회과학계의 악명 높은 수수께끼로 남아 있다. 그중에서도 가장 유력하고 현재까지도 강력한 영향력을 행사하고 있는 학설은 근대 초기 영국사회에 경제활동의 자유가 신장되고 소유권제도가 정착되었다고 논구하는 제도주의다. 이 '제도적 해석(제도주의)'은 더글러스 노스Douglass C. North, 대런 애쓰모글루Daron Acemoglu 등이 대표적 이론가들이다. 이들은 1688년 명예혁명을 계기로 의회·법원이 국왕의 재산몰수 같은 자의적 침해행위를 제약했고 일찍부터 개인의 '소유권(아이디어에 대한 특허권 포함)'을 보장하는 제도기반이 구축됨으로써 시장에서의 거래비용이 축소되고 투자, 무역, 혁신 등 경제활동의 '인센티브incentive'가 형성되면서 산업혁명의 선행조건이 마련되었다고 주장한다.[15]

그런가 하면 최근 모키르의 『성장의 문화A Culture of Growth』(2017)가 출간

되면서 '문화적 해석'이 활기를 띠고 있다. 이 문화주의 관점은 데이비드 랜디스David S. Landes, 모키르 등이 주요 논객이다. 경제사학자 랜디스는 지난 1,000년간 진보의 핵심은 '서구문명과 그 확산'이라는 생각을 견지하면서 산업혁명을 발생시킨 영국인들의 성공의 자질을 "연구와 개발, 창의력과 상상력, 진취적 정신"[16] 등의 문화적 요인에서 찾았다. 아울러 제도도 그러한 문화적 우위의 산물로 간주했다.[17] 모키르 또한 문화, 즉 사람들의 행동을 변화시키는 신념, 가치, 선호가 사회전환의 결정요소라고 주장한다. 근대적 경제성장(산업혁명)은 이 문화적 구성요소의 급격한 변화로 초래되었고 무엇보다 '실증주의'에 기초한 전방위적인 인식혁명으로서 "계몽주의 시대에 '유용한 지식useful knowledge'이 팽창하면서 시작되었다"[18]고 생각했다. 아울러 이 인식혁명(계몽주의)은 프랜시스 베이컨Francis Bacon과 아이작 뉴턴Isaac Newton의 과학혁명에서 준비되었다고 논증한다.

모키르가 보기에 산업혁명이 서유럽에서 발생한 원인은 '실용적(유용한) 지식'에 대한 지식인들의 극적인 태도 변화에 있었다. 아울러 당시 편지공화국, 곧 엘리트(문화적 사업가)집단의 초국가적 커뮤니티에서 달성된 지식의 교류, 축적, 혁신이 주효했으므로 그것은 영국만의 현상이 아닌 서유럽 전역이 경험한 현상이었다. 또한 모키르는 노스의 제도주의를 겨냥해서 제도로서의 "더 나은 시장, 더 협조적인 행동, 더 효율적인 분배는 스스로 근대적 경제성장을 일으키지 못한다. 특히 18세기 이후 유럽에서 발생한 창의적인 기술 발전과 혁신을 설명하지 못한다. 가속화한 기술진보로서 산업혁명은 처음에는 제도적 자극에 의한 반응이 아닌 것으로 보였다"[19]라고 비판적인 입장을 취한다. 이러한 문화적 해석은 제도를 문화의 원인으로 보는 노스·애쓰모글루의 제도주의와 그 인과관계가 역전된 것임을 알 수 있다.

이와 함께 1970년대에 등장한 '원공업화'를 거론해 볼 수 있다. 이 이론은 본격적 공업화인 산업혁명 이전을 '원공업화시대'라고 부른다. 그 것은 산업혁명의 탄생동력을 "도시수공업생산(15세기 말~16세기 초), 농촌직방산업(16세기 중엽~18세기 중엽), 그리고 오늘날 산업혁명이라 불리는 도시공장제 기계화(18세기 말~19세기 말)의 전개 과정"[20]에서 그 직전 시기인 농촌직방산업, 곧 '농촌수공업'에서 찾으려는 시도다. 그러나 현재 농촌수공업은 근대로 이행하는 경제적 동력을 찾지 못했고 유사한 양상이 유럽대륙과 아시아에서도 발견되면서 그 타당성이 현저히 저하된 상태이다. 여하튼 그 주창자인 프랭클린 멘델스Franklin F. Mendels는 프랑스 플랑드르 린넨 방직업을 배경으로 17~18세기 서구의 원공업화모델을 구상했다. 그는 유럽의 다수 지역에서 도시 부근의 농촌 가구에 의한 수공업품(직물)의 생산이 증가하는 현상에 주목했다.

멘델스의 연구에 의하면 농촌산업이 확대된 지역에서는 인구의 부양능력이 커지면서 여성의 혼인 연령이 낮아져 인구가 급속하게 증가했으며 농민은 원거리시장을 겨냥해 생산의 특화가 발생했다. 또한 인구증가는 노동공급을 증대시켜 저임금 상태를 유지시켰고 이 점이 다시 가내수공업의 확대라는 선순환으로 이어져 농촌공업에 유리한 조건을 조성했다. 멘델스는 19세기에 도시공업화를 이룬 대부분의 지역이 이 '원공업화단계'를 거쳤다고 판단했다.[21] 그리고 '선대제先貸制, putting-out system수익체감설'을 제시해 농촌가내공업에서 근대적 공장제공업화로의 이행을 설명한다. 그 요지는 도매점과 생산공정 간의 공간적 거리, 직접생산자의 속임수나 납품지연, 넓은 생산권이 초래한 제품집하비용 급등 등이 변곡점이 되어 노동력을 한 장소에 모아서 생산하는 편이 유리하다는 공장 성립의 시점에 도달한다는 것이다.

이상 검토한 학설들은 저마다의 설득 지반을 확보하면서 일정 기간 학계를 풍미했지만 다양한 반론·반례反例들에 직면하면서 부침을 거듭하고 있다. 그런 와중에 2000년대 중후반 로버트 앨런Robert C. Allen이 고안한 '경제적 해석', 즉 자본주의적 기술진보의 메커니즘에 착안한 새로운 산업혁명론이 인정·통용되고 있다. 캘리포니아학파의 주요 구성원들 역시 세계사적 비교 연구 차원에서 앨런의 분석을 대부분 높이 평가한다. 앨런은 제도적·문화적 해석을 일정부분 수용하면서도 "자본주의적 기술진보의 경제적 조건이 충족되지 않는다면 일국의 산업혁명은 결코 발생할 수 없다"[22]고 간주했다. 또한 제도적·문화적 이론은 경제주체들이 일정한 인센티브에 대해 보이는 민감성에 주목하는데 인센티브는 시공을 넘어 모든 나라에 동일하게 적용될 수 없다고 비판한다.[23] 더욱이 기술혁신의 제도적·문화적 공급에서 당대 영국과 유럽대륙·아시아는 차별성이 없었다.

결국 타지역과 구별되는 영국만의 독특성은 기술혁신의 수요나 수익성에 있었다. 앨런은 "산업혁명에 대한 설명은 영국의 독특한 임금과 가격구조에서 찾아야 한다. 고임금과 값싼 에너지에 기초한 영국경제에서는 기업들이 산업혁명을 일으킨 혁신적인 기술을 발명하고 사용하는 것이 이익이 되었다"[24]고 분석한다. 다시 말해서 당시 도시화, 도시경제가 진척되면서 "영국경제 특유의 고임금·저가에너지가 노동절약적인 동시에 자본·에너지 소비적인 편향적 기술진보로의 인센티브를 제공했다"[25]는 것이다. 또한 원공업화와 관련해서도 영국의 양모공업, 곧 농촌수공업의 중요성을 인정하면서도 산업혁명의 간접적 원인으로 배치한다. 앨런의 경제적 해석이 영국의 '고임금의 노동'을 '자본·에너지'로 대체하는 대응논제라는 점에서 임금 수준의 인상이 수반되지 않은 원공업화론은 근대공업화와의 계기繼起가 부재했다.

사실 산업혁명의 영국적 발생 동력(원인)을 적확하게 읽어내려면 '유럽사적 소분기Little Divergence'와 '세계사적 대분기'를 정합적으로 해명하는 이론적 토대가 요망된다. 이로 볼 때 앨런이 제기한 경제적 해석, 즉 자본주의의 '편향적 기술진보biased technological improvement론'은 그 적격성 면에서 유의미하다. 그가 설계한 기술진보 메커니즘은 중상주의→도시화→고임금→노동절약적 기술진보의 단계로 이행된다. 이 산업혁명의 발생사에는 기계화라는 기술진보의 편향성biasedness으로 유인하는 영국의 고임금·저가에너지가 주효했다.[26] 최근 이러한 앨런의 분석 틀에 의거해 18~19세기의 역사적 분기를 재고찰하는 연구로 진척되고 있다. 가령 '소분기'로 말하자면 프랑스는 양자 조건을 모두 결여했으며 네덜란드는 고임금 조건을 갖추었지만 저가에너지 조건을 결여하면서 산업혁명이 지체되었다. 그리고 벨기에는 양자 조건을 모두 겸비해 영국에 이어 두 번째로 산업혁명에 성공했다.[27]

또 한편 앨런의 분석 틀로 '대분기'에 접근해보면 영국의 고임금·저가에너지가 편향적 기술진보에 대한 강력한 인센티브를 제공한 반면에, 중국은 근대 공업국가의 진입 관문인 산업혁명에 대한 경제적 인센티브를 결여했다. 정확하게는 저렴하고 풍부한 노동력과 고가의 에너지를 보유했고 편향적 기술진보에 대한 인센티브를 전혀 갖지 못했다.[28]

더 나아가 앨런은 편향적 기술진보론의 논리를 대분기 차원에서 19～20세기 자본주의 역사 전반에 적용시켜 "서구 선진국들은 더 높은 임금이 노동절약적인 기술의 개발로 이어지고 이 기술을 사용하면 노동생산성과 임금이 상승하는 발전의 궤적을 경험해 왔다. 이러한 사이클은 반복된다. 오늘날 가난한 국가들은 엘리베이터를 놓쳐버렸다. 이들 국가에서는 임금이 낮고 자본비용이 높아져 낡은 기술로 생산을 해야 하고 따라서 소득이 낮다"[29]고 진단한다. 요컨대 서구 선진국이 고임금→노동절약적 기술진보→고임금의 선순환구조를 따라 성장하는 동안에, 비서구 후진국은 저임금→기술정체→저임금의 악순환구조에 머물러 세계의 막대한 빈부·기술 격차가 형성되었다는 것이다.

탈근대 동아시아모델

수정주의의 반론

오늘날 서구문명이 다른 문명권을 결정적으로 압도한 시기는 근대였다. 이 때문에 '서구적 보편주의(유럽중심주의)'에 대한 비판은 탈근대주의 post-modernism와 결부되었고 세계사를 유럽의 근대문명을 향한 단선적 uni-linear 역사발전으로 파악하는 진화론적 역사관의 극복이기도 했다. 이러한 움직임의 한복판에는 2000년을 전후로 미국에서 태동한 '캘리포니아학파'가 위치한다. 캘리포니아학파는 근대세계 형성 동인인 자본주의의 역사 궤적을 추적해 서구 중심적인 세계-경제, 세계-체제의 제반 개념군과 그 해독害毒을 읽어내고 논박하는 데 탁월한 연구를 수행했다.[30] 이 학파는 미국 캘리포니아(어바인)대학을 중심으로 역사학과 사회과학 분야의 상호 작용 속에서 (동)아시아사를 재평가하는 학문적인 '수정주의' 사조를 지칭한다. 본래 캘리포니아학파라는 명칭은 안드레 군더 프랑크가 경제사 측면에서 유럽중심주의적 역사 해석에 저항하는 연구자 그룹을 가리켜 주요 학자의 근무지를 따서 명명한 것이다. 그러나 케네스 포메란츠의 말대로 "느슨하게 얽혀 있고 캘리포니아지역에 한정된 것은 아니다."[31]

이 캘리포니아학파의 사회과학 진영에는 포메란츠를 위시해서 로이 빈 웡, 프랑크, 조반니 아리기 등을 주요 구성원으로 한다. 이 수정주의 학자들은 학파 내의 신세계사new world history에 호응해 탈근대주의 맥락의 전 지구적 세계체제 비전을 제시하면서 유럽 중심의 '근대화론—서구모델'을 비판하고 중국과 동아시아를 재조명한다. 더불어 근대 세계시스템(자본주의 세계체제)이 유럽에서만 유일하게 형성되어 동아시아를 편입했다는 주류 세계체제 이론을 부정하고 '글로벌한(범유라시아적) 시각'에서 새로운 세계체제론, 세계경제사를 수립해 나갔다. 이들은 지구적 비교경제사 연구를 관철시켜 협소한 서구중심론에 의탁한, 소위 "16세기 이래 비유럽세계에서 일어난 진보는 유럽에서 시작해 식민주의라는 기제를 통해 진행된 확산의 한 과정"[32]이라는 식의 역사서술에 반기를 들었다. 가령 "근세사는 유럽 중심의 세계—체제가 팽창하는 과정이 아니라 그 전부터 장기적으로 지속되어온 세계경제의 틀 안에서 파악해야 한다"[33]는 것이다. 이들 수정주의 그룹은 서구근대의 우위가 확실해지는 시점과 근거를 경제상 산업혁명과 에너지혁명을 중심으로 모색하고, 그러한 분기의 발생 동력은 주로 서구문명의 외재적 요소들의 결합에 기인한다고 보았다.

서구의 주류학자들은 '대분기-산업혁명' 전야의 제도나 문화 등을 '공장제 산업화(산업혁명)'를 배태한 유럽(영국)적 독특성uniqueness으로 내세운다. 그러나 캘리포니아학파는 서구 부상의 결정적인 계기가 되었던 영국의 산업혁명은 제도주의, 문화주의 등이 표방하는 유럽사의 내적 요인(필연성)과는 무관하다고 보았다. 그것은 단지 주변에서 쉽게 구할 수 있는 '석탄(노천탄광)'과 '식민지(해외착취)'라는 양대 외생적exogenous 요인에 의한 '우연accidents의 산물'이었다고 평가한다. 또한 동서양의 대분기 시점과 관련해서도 '19세기 분기론'을 제기한다. 이 수정주의 연구자 그룹은 유럽과 아시아가 18세기까지는 경이로운 유사성을 유지하다가 양자의 역전은 19세기 초중반에야 분명해졌으며 그 이전까지 세계경제의 중심지는 '(동)아시아'였다고 주장한다. 이렇게 유럽 중심적 역사 해석의 대안으로 제시된 대분기론은 확산론자들에게 그것이 서구의 '위대한 풍요'로 인식되며, 심지어 역사학자 에릭 존스Eric L. Jones가 언급한 "유럽의 기적European Miracle은 근대 경제성장을 이끈 서양의 리더십을 뜻한다"[34]고 한 것과는 극명한 대조를 이룬다.

캘리포니아학파의 대표주자 포메란츠는 19세기 후반과 20세기에 걸친 서유럽의 경제 발전 과정에서 그 독특한 요소가 무엇인지를 이해하려는 노력이 근대 사회과학의 시작이라고 진술한다. 더 정확히는 "세계 다른 지역과의 비교는 유럽 — 명확히 표현하자면 서유럽, 신교도 유럽, 혹은 단지 영국 — 경계 내에 공업이 성공할 만한 독특한 요소가 자생적으로 존재했는지, 혹은 특이한 장애물은 없었는지 보여주는 데 이용되었다"[35]는 것이다. 더욱이 "서구의 많은 사회이론은 '왜 유럽인가?'를 묻고 무대에서 세계 나머지 지역을 지워버린 다음 '유럽 안에서 왜 영국인가?'를 묻는다"[36]고 꼬집는다. 포메란츠는 서구중심론적 역사 해석의 대안으로 비교사적 방법을 통해 유럽과 외부세계의 관계, 즉 '세계적 연관성' 차원에서 모색한다. 그리고 오늘날 서유럽의 패권장악을 결정지은 '대분기-산업(공업)혁명'의 시점은 고작 1750년대 중반 정도이고 그 성공 원인도 '외재적 우연성'이 내재적 필연성에 우선한다고 주장한다.

포메란츠는 "동양과 서양을 비교하는 데는 비교 단위comparable unit가 필요한데 근대국가 형태를 당연하게 그런 단위로 규정하지는 못한다"[37]고 논변한다. 아울러 신문명시스템의 관점에서 "하나의 전체로서 중국(혹은 하나의 전체로서 인도)을 유럽과 비교하는 게 특정한 유럽국가들과 비교하는 것보다 낫다"[38]고 피력한다. 그는 산업혁명 이전 중국 양쯔揚子강 유역, 일본, 인도 등 아시아의 핵심지역을 유럽의 선진지역과 정량적으로 비교·분석하고 서구의 근대를 창출했다고 거론되는 인구압력, 임금, 기술, 법률제도, 신용 등 어느 면에서도 영국과 서유럽의 유일무이한 장점과 우위는 존재한 적이 없었다고 단언한다. 또한 18세기에 서유럽은 양쯔강 델타 지역 못지않게 인구증가, 삼림파괴, 토양침식, 농업생산 감소, 연료나 주거용 원자재 부족 등 생태환경의 위기에 직면해 있었다. 특히 포메란츠는 중국 양쯔강 델타 지역과 서유럽(주로 잉글랜드)의 경제상황을 상호 비교하면서 중국의 생활 수준, 생산관행은 잉글랜드와 우열을 가릴 수 없을 만큼 비슷했고 심지어 그 이상이었다고 보고한다. 즉 농업생산, 농촌공업, 시장의 효율성, 공중보건, 열량 섭취, 기대수명, 과밀화過密化·內卷化, involution 현상 등에서 18세기 두 지역은 놀랄만한 유사성이 존재했다.

포메란츠가 관찰하기에 1800년 이전의 유럽은 경제 발전의 문화적·제도적 이점은 아주 제한적이었고 "대다수 다른 경제대국보다 물적 자본의 중대한 이점을 축적해 오지 않았으며 '맬서스이론Malthusian theory' 의 압력에서 더 자유롭지도 않았다."[39] 더구나 유럽이 무생물에너지원in-animate energy source(석탄에너지)을 대규모로 이용함으로써 산업화 이전의 세계 생태적 제약을 탈피했다는 점에서 두 지역경제의 거대한 분기나 유럽 중심의 단일 헤게모니는 산업혁명이 본격화된 1820년대에야 발생했다. 포메란츠의 논지를 정리해보면, "잉글랜드와 양쯔강 델타 지역의 대분기는 공간적 팽창, 특히 아메리카대륙에 대한 강제지배 때문이었다. 중심부에 필요한 식량과 원료 공급이 가능해졌다. 노예제도는 이를 위한 전문화된 노동력 관리체제였다. 신대륙의 설탕, 곡물, 원면, 연료용 목재 등이 생태위기를 완화하는 데 도움을 주었다. 그리고 중심부 노동력의 구조적 재배치가 중요했던 결정적인 시기에 이를 촉진한 것은 중심부의 지리적 행운luck인 석탄의 이용이었다. 결과적으로 중심과 주변의 관계가 중심에 유리하게 작동되었던 것이다."[40]

사실 산업혁명과 동서양의 대분기를 설명하는 데 석탄과 자원 문제의 중요성을 환기시킨 학자는 E. 앤서니 리글리E. Anthony Wrigley다. 그는 영국의 산업혁명은 유기경제organic economy(목재·목탄 등)에서 풍부한 석탄과 증기기관의 발명에 기초한 '무기경제mineral economy(석탄)'로 이행함으로써 가능했고 인구압의 '맬서스 덫trap'을 돌파한 것이 무기에너지경제로의 전환이라고 생각했다.[41] 포메란츠는 이를 수용하면서도 "에너지혁명의 근본이 된 두 가지 행운, 곧 지리적 우연과 해외자원 접근에 대한 유럽의 특권이 없었다면 산업화는 좀 더 미약하게, 더 늦은 시기에 일어났을 것"[42]이라 주장한다. 또한 로버트 앨런의 '편향적 기술진보론'의 맥락에서 "18세기경에는 서유럽이 다양한 노동절약기술을 활용해 세계 다른 지역보다 앞서 나갔다"[43]고 개진한다. 더욱이 맬서스적 세계를 극복하려는 기술적 독창성은 "유럽의 자원제약 완화에 도움을 준 — 하나의 특수한 경로(토지 이용, 에너지 사용, 노동력 절감)에 따른 기술혁신이 큰 성과를 거두게끔 하고 나아가 그것을 더욱 강화하는 과정 — 세계적 범위에서의 차이들은 중요한 의미가 있다"[44]고 보았다.

　엄밀하게 말해서 포메란츠의 세계 인식과 그 논증에는 웡의 『중국의 전환*China Transformed*』(1997)이라는 연구가 크게 기여했다. 포메란츠는 이 책의 "개략적으로 기술한 과정을 따르고자 한다"[45]고 직접적으로 언급하고 있다. 웡은 명청대明淸代 중국에서 유럽에 비견되는 변화들인 근면혁명, 원공업화, 스미스형 성장the Smithian Growth 등을 규명한다. 즉 고전경제학상 애덤 스미스의 공장제 매뉴팩처manufacture 단계에서 산업혁명으로의 진화를 비판하고 원공업화는 스미스가 『국부론*The Wealth of Nations*』에서 묘사한 시장과 분업이 견인하는 발전 형태와 일치한다고 보는 등 매뉴팩처 생산과 근대 산업혁명의 이해방식에 일대 수정을 가했다. 학계의 지성사적 평가를 옮겨보면 "웡은 스미스의 이론을 정교화해 근대 산업혁명 이전에 원공업화는 유럽뿐 아니라 중국에도 진행되고 있었고, 따라서 매뉴팩처와 분업, 원공업화에 의해 반드시 산업혁명과 자본주의가 도출되지는 않는다는 점을 지적했다. 웡의 이론은 스미스의 고전이론을 발전시켰다는 성과도 있지만 근대 이전 중국경제가 유럽과 매우 유사한 발전 형태 및 단계에 있었다는 사실을 비교사적·실증적으로 제기함으로써 전근대 동아시아에 대한 이해에 커다란 충격을 주었다."[46]

　또 한편으로 포메란츠의 선행 연구로서 프랑크의 『리오리엔트*ReOrient*』(1998)가 돋보인다. 프랑크는 '전 지구적 세계체제론'을 제시하며 유라시아대륙

전체가 하나로 연결되는 세계경제가 19세기 이전에도 이미 존재했다고 주장한다. 이 세계경제권의 중심축은 동아시아 지역임은 물론이다. 프랑크는 "1750년과 1800년 사이에 아시아는 생산력에서 유럽을 압도했다"[47]고 분석한다. 즉 "1750년에 세계 인구의 66%를 차지하던 아시아 인구가 같은 시기 전 세계 GNP의 80%를 떠맡고 있었다는 사실이다. 세계 인구의 3분의 2였던 아시아인이 세계 GNP의 5분의 4를 생산한 반면, 세계 인구의 5분의 1이었던 유럽인은 아프리카·아메리카 대륙과 함께 나머지 5분의 1을 생산했다."[48] 그에 반해서 유럽의 국가들은 17세기 중반 이후로 아메리카 식민지에서 들어온 은銀, 그리고 결단코 유럽만의 전유물이 아니었던 기술, 제도를 바탕으로 세계경제의 중심무대인 아시아의 시장에 편승할 수 있었다. 프랑크는 "서양은 아시아경제라고 하는 열차의 3등칸에 달랑 표 한 장을 끊어 올라탔다가 얼마 뒤 객차를 통째로 빌리더니 19세기에 들어서는 아시아인을 열차에서 몰아내고 주인행세를 하는 데 성공했다"[49]고 진술한다.

프랑크는 아프로-유라시아Afro-Eurasia 세계경제와 체제 전반을 '500년 주기의 장기 순환'으로 설정해 세부적으로는 각각 2~3세기씩 지속되는 '팽창기 A국면'과 '수축기 B국면'의 롤러코스터 사이클로서 1000~1250년의 팽창기, 1250~1450년의 수축기, 그리고 1450~1750년의 팽창기, 1750년 이후의 변동을 검토한다. 요점은 "1400년에 시작된 장기 팽창 사이클('A'국면)이 18세기까지 지속되다가 이윽고 적어도 아시아에서는 'B'국면적인 쇠퇴로 전환했다"[50]는 것이다. 18세기 후반에 아시아 지역에서 정치적·경제적 수축기로 접어들면서 그때까지 주변부였던 서양이 세계경제와 세계체제에서 자신의 절대적·상대적 입지를 강화할 절호의 기회를 잡게 되었다. 프랑크는 아시아의 쇠락과 유럽의 발흥을 세계시장에서의 경쟁에 대응하는 양식의 차이에서 찾았다. 말하자면 앨런과 동일한 관점에서 "중국과 영국이 19세기에 분기한 원인을 노동가격·비용구조의 차이"[51]에 의한, 즉 영국은 소비재가 비싸고 고임금이어서 생산의 노동절약적 기계화가 절박했던 데 반해서, 중국은 소비재가 값싸고 임금이 낮아 기계화의 관심이 그만큼 적었다고 판단했다.[52]

더 나아가 프랑크는 유럽이 기계화와 투자율을 제고시킬 수 있었던 데는 운 좋게도 아메리카를 점거하고 그 대륙에서 거의 공짜로 얻은 은으로 면포, 비단, 도자기, 향신료 등의 아시아의 소비재를 구입할 수 있었기 때문이라고 주장한다. 이르기를 "유럽인은 은을 캐내, 아니 좀 더 정확히 말하자면 아메리카 원주민으로 하여금 캐내도록 강요해 더 많은 화폐를 만들어냈다. 유럽인은 또 아메리카대륙을 무대로 수익성이 높은 다양한 사업을 벌였다. 브라질·카리브해·북아메리카 남부일원에 건설한 플랜테이션에서 노예를 부려 농산물을 생산했다. 물론 노예무역을 통해서도 화폐를 얻었다. (…중략…) 유럽인은 또 유럽에서 만든 제품을 남북아메리카 원주민에게 팔았다. 유럽제품은 아시아제품에 비해 경쟁력이 없었기 때문에 식민지가 아닌 곳에서는 팔아먹기가 어려웠을 것이다."[53] 프랑크는 "유럽이 아메리카대륙과 아프리카는 물론 아시아의 어깨에 올라타 힘을 비축하는 동안 아시아의 경제와 정치는 18세기를 고비로 약화되었고"[54] 그 역전 시기는 대략 1815년이며 따라서 서구의 우위는 200년 남짓한 근래의 현상임을 강조한다.[55]

끝으로 동아시아가 근대자본주의로 이어지는 서양의 발흥에 토대가 되었다고 주장하는 존 홉슨John M. Hobson의 이론이 주목된다. 캘리포니아학파의 강력한 수정주의 논객인 홉슨은 『서구문명의 동양적 기원*The Eastern Origins of Western Civilisation*』에서 서양의 발흥에 동양이 기여했다는 다양한 증거들을 추적한다. 그럼으로써 자발적이거나 잠재적인 서양의 개념을 '동양적 서양'이라는 개념으로 바꾸자고 제안한다. 그것은 동양이 전파와 동화, 그리고 도용이라는 2가지 주요한 과정을 통해 서양의 발흥에 깊은 영향을 미쳤다고 보기 때문이다. 그에 의하면 "첫째, 동양인은 500년 이후 세계경제와 세계적 통신망을 구축했다. 이에 따라 더 발전한 동양의 자원목록(기술·제도·사상 등)이 서양으로 전파되었고, 특히 유럽은 동양적 세계화 과정을 통해 순차적으로 동화되었다. 둘째, 1492년 이후 유럽인은 제국주의를 무기로 서양의 발흥을 가져온 동양의 모든 경제적 자원(땅·노동력·시장 등)을 도용했다. 서양은 동양의 도움 없이 자발적으로 발전하지 못했다"[56]고 논박한다.

이상으로 살핀 수정주의 학자들의 공통된 논점을 보면 유럽의 산업혁명과 근대성 탄생을 '우연한 산물'로 간주한다는 점이다. 이들에게 영국이 근대적 공업화에 성공할 수 있었던 것은 석탄자원과 아메리카 식민지의 획득이라는 횡재windfall, 우연, 행운, 운fortune에 기인한다. 이러한 설명방식에 대해 인과적 분석을 도외시하고 식민지·석탄이라는 우연·행운·횡재적 요소에 치우쳤다는 식[57]의 반론도 만만치 않다. 지적 문화의 변화가 경제에 긍정적인 영향을 미쳤다고 믿는 조엘 모키르는 "대분기를 별로 중요하지 않은 사소한 사건과 지리적 위치의 차이라는 우연 때문에 일어난 일시적 현상이었다고 보는 시각"[58]을 수정해야 한다고 비판한다. 그런가 하면 앨런도 부정적인 입장에서 영국의 석탄은 지리적 행운, 자연적 산물인 동시에 사회적 산물이이라고 여겼다. 자본주의적 기술진보의 메커니즘(중상주의→도시화)이 작동하지 않았다면 영국은 유기경제에서 무기경제로의 이행이 불가능했다는 것이 그 논거였다.[59]

그러나 포메란츠도 밝힌 바와 같이 비유럽에 대한 착취나 해외자본에 대한 특권적 접근 등의 '우연적 요소'가 유럽의 발전에서 유일한 동력이라는 의미는 아니다. 거듭 말해서 우연적 요소나 행운이 "유럽발전의 전부를 해석할 수 있는 것은 아니고 유럽과 구세계 다른 모든 지역 사이의 차별을 해석할 수 있는 것도 아니다. 또한 석탄 광산의 위치처럼 상황에 전혀 어울리지 않는 요소 역시 일정한 작용을 했다"[60]는 것이다. 결국 수정주의 연구자들이 의도한 바는 유럽의 내생적 성장을 전적으로 부정하는 것이 아니라 유럽과 외부세계의 관계, 즉 '세계적 연관성'에 역점을 두어 "비교분석과 특정지역의 우발적 사건, 그리고 통합적·전 세계적 접근방법을 결합했음"[61]을 뜻했다. 포메란츠는 "만약 우리가 유럽을 세계체제의 중심으로 생각한다면 1800년 이전의 전 세계적 연관성을 이해할 방법이 없다는 것을 의미한다. 우리는 중심이 여럿 있는 동시에 지배적 지위를 차지하는 중심이 없는 세계를 갖고 있다"[62]고 논변한다.

동아시아 발전경로

통상 근대화나 근대사회는 전통농업사회인 '노동집약적 경로'에서 근대 공업사회인 '자본집약적 경로'로 이동하는 것이라 말해진다. 케네스 포메란츠는 유럽의 많은 국가들이 18세기 후반과 19세기에 걸쳐 자본집약적 경로로 변경해 극적인 발전을 이룰 때까지는 비유럽세계와 마찬가지로 노동집약적 경로가 더 우세했고 동아시아와 다른 별개의 경제발전경로, 즉 산업혁명의 내재적 필연성은 없었다고 논술한다. 안드레 군더 프랑크는 애덤 스미스가 1776년 "중국은 유럽의 어느 곳보다 훨씬 부유한 나라"라고 언급했으며 산업혁명 직전의 시대를 살았던 스미스는 이러한 비교우위에 변화가 오리라고는 전혀 예상하지 못했다고 논구한다.[63] 그런 면에서 포메란츠는 영국의 산업혁명이란 원래의 경로로부터 중대하고도 급격한 단열斷裂이 나타났음을 의미한다고 말한다. 그리고 이것은 지정학적으로 유리한 석탄자원의 배치와 해외식민지의 수탈이라는 '외생적 요인'이 주효했다. 이르기를, "이 단열은 화석연료와 신대륙 자원의 이용을 기초로 한 것이었고, 이 두 요소의 공동작용은 유럽이 토지를 집약적으로 사용해야 하는 필요성에서 벗어날 수 있게끔 해주었다."[64]

이와 같은 수정주의적 반론은 세계경제의 '동아시아(중국)중심론'을 내세우며 최소한 19세기 초까지 유라시아대륙 양단의 유럽과 동아시아는 대등한 생산력 수준과 경제동력economic dynamics을 유지하고 있었다는 주장으로 이어진다. 실제로 캘리포니아학파가 개진하는 산업혁명 이전 시기의 경제동력은 '스미스형 동력the Smithian Dynamics'으로 중국과 서유럽이 모두 이 영향권하에 있었다. 이것이 포메란츠가 "유럽의 내적 성장을 주도했던 그 중대한 역할은 인정하되 1800년 무렵까지 유럽의 발전 과정이 다른 지역, 특히 동아시아의 발전 과정과 얼마나 유사했는지 강조한다"[65]고 말한 이유다. 로이 빈 윙도 중국의 선진지역이나 유럽에 존재한 노동강화를 통한 시장기반 성장이라는 스미스적 동학을 공통점으로 지적한다.[66] 이들 그룹은 18세기 동서양의 경제를 스미스형 성장 모델로 그 유사성을 논증한 것이다. 잘 알다시피 "스미스형 성장 하의 경제는 인구증가, 노동분업, 지역특화, 시장확대를 통한 비교우위의 획득을 경제성장의 추동력으로 삼는다."[67] 웡과 포메란츠가 보기에 유럽의 근대(산업혁명)진입은 이 스미스형 성장동력의 틀을 돌파하면선 탄생했으며 그 돌파는 무기물(석탄) 에너지원으로의 전환과 증기기관의 발명에 기인했다.

소위 캘리포니아학파의 '동아시아식 체제모델'은 스미스형 동력을 명제로 유럽 산업혁명의 내생적 발생요인으로 거론되는 근면혁명, 원공업화 등을 비판적으로 재구성하면서 구체화된다. 근면혁명은 1994년 얀드 브리스Jan de Vris가 17~18세기 유럽경제를 설명하면서 하야미 아키라速水融의 연구(1970년대 초)를 도입해 농가의 시장화된 상품에 대한 수요증가가 산업혁명을 촉진하는 서곡이었다는 의미로 제시한 것이다. 얀드 브리스는 18세기 서유럽의 수요증가 현상에 주목하면서 노동자들이 일정한 생활 수준에 도달하면 소비욕구의 충족을 목적으로 과외소득을 추구하고 장시간 노동한다고 설명한다. 수정주의 그룹은 근면혁명을 산업혁명의 서곡이 아닌 시장기반 발전이라고 인식하면서 양쯔강 델타 지역에서 농민가족의 직물생산 등 과외작업을 이 개념으로 이해했다. 또한 그것을 '과밀화 현상', 즉 생산성 발전 없이 자기노동 착취의 지속적인 노동강화라고 비판하는 필립 황Philip Huang, 黃宗智의 입장과 대립각을 세우며 "근세유럽의 1인당 수익의 증가 없는 노동강화(근면혁명)와 중국의 '발전 없는 성장development without growth'의 유사성을 지적한다. 또한 이를 노동강화에 의한 시장기반의 성장이라는 스미스형 동력의 일부로 평가했다."[68]

그런가 하면 캘리포니아학파는 원공업화 시기의 발전동력을 '스미스형 성장(스미스형 동력)'이라고 불렀다. 이른바 원공업화는 산업혁명 이전의 상업적 팽창과 경제성장을 설명하는 근면혁명과 스미스형 동력의 일부분으로 이해된 것이다. 이 이론은 근면혁명과 더불어 근대(산업혁명)와의 연관성이 부재하다는 비판의 핵심이 역설적으로 동아시아 재평가의 발판이 되었다. 특히 1930년대 중국 내 '자본주의 맹아론'과 맞물리면서 명청시대 양쯔강 유역의 농촌수공업과 시장경제 발전에 관한 연구가 광범위하게 축적되었다.[69] 또한 그로 인해 원공업화의 양상, 곧 농촌가내수공업, 인구증가, 시장경제의 발달이 삼위일체로 작동하는 경제가 중국에 존재했고 그 발전 수준은 유럽과 비등했다는 사실이 밝혀졌다. 서양사의 '원공업화론'과 동양사의 '자본주의 맹아론'이 각기 다른 맥락에서 이론적·실증적으로 발전해오다가 2000년을 전후로 유럽 중심적인 역사관의 재고, 동아시아 경제성장에 자극을 받아 동서양 비교사에서 결합되어 동아시아를 세계사에서 새롭게 자리매김하는 단계에 이른 것이다.[70]

더욱이 웡, 포메란츠 등은 산업혁명 이전 중국과 동아시아의 경제를 유럽보다 더 고도화한 '스미스형 성장 단계'에 있었다고 판단했다. 또한 그와 접맥된 '동아시아모델'은 산업혁명 전야의 동서양에서 이루어진 농촌경제 변화에 주목하는 원공업화론, 근면혁명론 등에서 착상된 것이다. 이러한 수정주의적 역발상은 특히 일본학계 하야미, 스기하라 가오루杉原薰 등의 근면혁명에 기초한 '동아시아 발전경로' 연구들과 상호 작용하면서 동아시아의 근대 이행과 발전에 관한 기존의 논의들에 도전했다. 웡은 중국 근면혁명경로와 유럽 산업혁명경로의 분기 과정을 규명하는가 하면, 포메란츠는 노동집약적 산업화labor-intensive industrialization 경로를 동아시아 발전경로로 일반화하는 세계사적 맥락을 제공했다.[71]

이 일련의 연구성과들은 서구학계에서 '노동집약적 산업화로서의 동아시아 발전경로'로 집약·유형화된다. 더불어 오늘날 중국과 동아시아의 급부상이라는 현상분석과 그 미래 전망, 곧 근대(성)모델에 대한 서양의 독점을 폐기하려는 다선적multi-linear·다중적 근대(성)모델의 제시로까지 이어지고 있다. 무엇보다 근대 산업문명과 미국헤게모니를 비판하면서 동아시아를 친환경의 노동집약적 대안문명으로 격상시켜 논구한 점들은 특기할 만하다.

그런데 이 제반 담론들을 주도하며 성숙시킨 학자가 다름 아닌 캘리포니아학파에 비교적 뒤늦게 합류한 조반니 아리기다. 그의 동아시아 독법 역시도 '스미스적 모델'이 기본 골격을 이룬다. 아리기는 『베이징의 애덤 스미스Adam Smith in Beijing』에서 스미스를 베이징北京에서 발견하고 미국헤게모니의 역사적 종언과 자본주의·사회주의를 넘어서는 21세기 신문명의 가능성까지 타진한다. 그는 군사적 우위를 이용한 미국과 유럽 동맹국들의 세계제국global empire 획책이 사실상 실패함으로써 '중국 헤게모니'로 상징되는 동아시아가 21세기에는 스미스가 예견한 세계─시장사회a world-market society의 중심이 될 것이라고 전망한다. 말하기를, "2001년 9·11사태로 부시 행정부가 새로운 미국의 세기 프로젝트the Project for a New American Century를 채택한 것은 기본적으로 세계사에서 처음으로 진정한 세계제국을 수립하려는 시도였다. 그 시험장이었던 이라크에서 프로젝트가 처절하게 실패하자 서양 중심의 세계제국이 현실화할 가능성은 완전히 제거되지는 못했어도 크게 줄어들었다. (대신) 전 세계적인 끝없는 혼돈이 일어날 가능성은 늘어났다고 보인다. 동시에 동아시아 중심의 세계─시장사회가 형성될 가능성도 역시 늘어났다."[72]

이러한 논지전개에는 '이라크 투기'가 미국의 세계적 힘에 미친 악영향과 함께 더 크게는 1990년대 초 이래 중국의 눈부신 경제성장이라는 배경이 존재한다. 아리기는 "중국 부상이 가지는 의미는 중대하다. 중국은 일본이나 타이완처럼 미국의 가신家臣이 아니며 홍콩이나 싱가포르처럼 도시국가에 불과하지도 않다. (…중략…) 더욱 중요한 점은 중국이 동아시아뿐 아니라 세계의 상업적·경제적 팽창의 주요한 추진력으로서 미국을 점차 대체하고 있다"[73]고 진단한다. 궁극적으로 그가 발신하고자 하는 바는 "새로운 미국의 세기 프로젝트의 실패와 중국의 성공적인 경제 발전이 결합된 결과, 세계문명들 사이의 더 큰 평등성에 기초한 스미스식 세계-시장사회가 『국부론』 출판 이래 250여 년간 어느 때보다도 실현 가능성이 높아졌다"[74]는 것이다. 이러한 발상은 "유럽이 창출한 근대가 전쟁으로 점철된 제국주의적 경쟁과 자본집약적이고 환경파괴적인 산업혁명이었다면 중국과 동아시아는 유럽과는 다른 전통에 기원하여 정치적으로는 평화공존의, 경제적으로는 노동집약적이고 생태친화적인 발전경로를 제공할 것"[75]이라는 기대감에 기초한다.

아리기는 역사사회학상 오늘날 동아시아(중국) 부상의 기원과 동력을 스미스의 '자연스러운 발전경로', 즉 내재적으로 사회적 틀을 근본적으로 바꾸는 요소가 없는 시장기반 경제 발전=스미스형 성장=근면혁명=시장기반 비자본주의적 발전으로 설명한다. 또 하나는 부자연스러운 유럽식 경제발전경로로서 경향적으로 발전이 일어나는 사회적 틀을 파괴하고 새로운 사회적 틀을 출현시키는 시장기반 경제 발전=슘페터Joseph Schumpeter·마르크스적 발전=시장기반 자본주의적 발전이다.[76] 아리기는 이 분석 틀과 함께 '세력균형구조-유럽체제'와 '세력불균형구조-동아시아체제'라는 체제동력을 설정해 유라시아대륙 양단에 위치한 유럽과 동아시아의 국가간체제를 비교·분석한다. 그가 내린 결론은 "유럽체제가 항상적이고 끝없는 군사경쟁, 유럽 밖으로의 지리적 팽창을 겪은 반면에, 동아시아체제는 지역 내의 군사경쟁과 동아시아 밖으로의 지리적 팽창이 거의 없었다."[77] 결국 체제동력의 내향성이 강한 동아시아는 송대宋代부터 근대까지 거의 500년간 평화를 유지하면서 세계 최대의 시장경제를 발전시켰다.

아리기는 이 동서양 경로의 이종교배를 두 방향의 역사 과정에서 통찰한다. 19세기 말과 20세기 초에는 동아시아에서 서구식 경로 유형으로 수렴되었다. 이 시기 부유하기만 하고 장기간 평화로 인해 군사적으로 취약했던 동아시아는 군비경쟁, 해외팽창 등 외향적인 유럽체제와의 충돌에서 패배할 수밖에 없었다. 그러나 20세기 후반에는 방향을 바꾸어 서구가 동아시아경로 쪽으로 수렴되었다. 동아시아는 20세기 중반 이후 냉전과 미국의 군사적 압도 아래 경제성장에 역량을 집중했고 그 성공은 유럽의 근대경제와 동아시아의 경제전통이 결합한 동서양 두 체제의 혼성화로 가능했다. 이렇게 부활한 '동아시아 발전경로'는 1980년대 중국이 개혁개방정책으로 세계경제에 전면 등장하면서 새로운 단계로 진입하게 되었다. 아리기는 여기서 서구 근대(성)를 대체할 새로운 발전경로로서 중국과 동아시아의 가능성을 논급하면서 현 (동)아시아적 생산방식은 기계화한 대량 생산의 유럽 근대적 모델을 수용하면서도 생산 과정에서 노동자의 능력을 최대로 계발하는 자원절약적·노동집약적인 생산요소의 활용이라고 재개념화한다.

또한 아리기는 세계경제사의 글로벌한 시각에서 스미스의 이론을 원용해 18세기 세계 최대의 시장은 유럽이 아닌 동아시아였다고 관찰한다. 그의 관심사는 동아시아가 1세기 동안(제1차 아편전쟁에서 제2차 세계대전의 종결까지)이나 정치경제적 쇠퇴를 겪었음에도 20세기 후반기에 그렇게 빨리 재탈환할 수 있었는가의 문제였다. 그리고 대분기론은 이전 시기 동아시아가 세계적으로 선두에 있었고 그것이 오늘날 부활과 연관성이 있다면 동아시아 부상의 성격, 원인, 미래 전망을 이해하는 데 유익한 모델이 된다고 보았다.[78] 아리기는 스미스가 이론화한 '동아시아식 자연스러운 발전경로'와 '서구식 부자연스러운 발전경로'라는 상이한 경제 발전 개념들을 이용해 동아시아 근면혁명으로 열린 발전경로가 세계사회에 계속해서 중대한 의미를 지닌다는 스기하라의 테제를 재정식화한다. 이를테면 동아시아의 경제부활은 서구경로인 '산업혁명(자본집약적 에너지소모형)-생산의 기적'과 동아시아경로인 '근면혁명(노동집약적 에너지절약형)-분배의 기적'을 융합한 덕분이라고 판단했던 것이다.[79]

캘리포니아학파 연구자들의 동아시아에 대한 가치평가는 근대 이전 '스미스형 동력' 아래 동서양의 경제발전경로의 유사성과 그 수준의 대등성을 강조하는 데에 치중되며 대체로 근대로 넘어가는 시점에서 멈춘다. 그러나 아리기는 현재 세계 정치경제의 중심지가 북미에서 동아시아로 이동하는 현상을 스미스의 경제 발전론의 관점에서 해석한다. 더 나아가서 기존의 자본주의와는 다른 보다 평등하고 분배적인 미래 '신문명의 탄생'을 전망한다. 이 점에서 수정주의 논의를 한층 더 진척시켰다고 할 수 있다. 아리기는 미국이 세계남측global South으로 가는 권력을 되돌리려는 시도들은 미국헤게모니의 '최종적 위기'를 촉진했으며 "스미스가 예견한 보다 우호적인 일종의 '문명연방common wealth of civilization'을 그 어느 때보다도 실현할 수 있는 조건을 창출했다"[80]고 관측한다. 이른바 20세기 후반기 중국과 동아시아가 정치경제적 팽창을 거듭하면서 세계남측에 대한 세계북측global North의 압제[81]를 끝내고 스미스가 『국부론』에서 예언한 유럽과 비유럽 간에 용기와 무력에서 평등해지고 상호존중하는 세계가 실현되는 '신아시아시대'를 열고 있다는 것이다.

아리기는 만약 신아시아시대가 출현한다면 동서양의 "두 유산이 근원에서부터 교배해 맺은 열매"[82]이며 그 현실화는 "자국과 세계를 위해 서양이 부를 일구었던 경로보다 사회적으로 더 공정하고 생태적으로 더 지속 가능한 발전경로를 개척할 수 있는가에 크게 달려 있다"[83]고 말한다. 특히 "이 방향전환이 중국의 자국 중심적self-centered 시장기반 발전, 강탈 없는 축적, 비인적 자원보다 인적 자원을 동원하고, 대중의 참여를 통해 정책을 만들어가는 정부 등과 같은 중국의 전통을 부활시키고 공고히 하는 데 성공한다면 중국은 문화적 차이를 진정으로 존중하는 '문명연방'을 출현시키는 데 결정적으로 기여하는 지위에 오를 수 있을 것"[84]이라고 내다본다. 이러한 자연스러운 동아시아(중국)식 발전경로는 이매뉴얼 월러스틴의 '보편적 보편주의universal universalism'와 겹친다. 월러스틴은 진정한 보편주의를 '보편적(지구적) 보편주의'라고 명명하면서 "우리는 기나긴 시기의 끝에 와있다. 그 시기는 여러 가지 명칭으로 통용될 수 있다. 하나의 적합한 명칭은 유럽적 보편주의의 시기라 할 수 있었다. 우리는 그 후의 시기로 진입하고 있다. 하나의 가능한 대안은 보편적 보편주의들의 네트워크와 유사한 다수의 보편주의들이다"[85]라고 논급한다.

월러스틴은 동서양 만남의 세계인 '보편적 보편주의' 수립의 방법론을 논구하면서 "우리는 일종의 끊임없는 변증법적 교환 속에서 우리의 특수한 것을 보편화하면서 동시에 우리의 보편적인 것을 특수화할 필요가 있고 이를 통해 우리는 '새로운 종합'에 다가갈 수 있을 것"[86]이라 했다. 그는 '유럽적 보편주의'와 '보편적 보편주의' 간의 싸움은 현세계의 핵심적인 이데올로기 투쟁이자 그 결과가 미래의 세계체제를 결정하는 주요 변수라고 말한다. 즉 "이것이 앞으로 다가올 20년에서 50년 동안의 싸움이다. 단 하나의 위험한 대안은 보편적 가치들에 기초했다고 주장하지만 인종주의와 성차별주의가 기존의 세계체제에서보다 십중팔구 더욱 사악하게 우리의 관습을 계속해서 지배하게 될 새로운 위계적 불평등의 세계다. 그러니 우리 모두는 그 이행의 시기에 세계체제를 분석하려고 노력하고 가능한 대안들과 그 대안들을 통해 우리가 해야 하는 윤리적 선택을 분명히 하면서 종국에는 우리가 선택하고자 하는 정치적 진로들의 가능성을 조명하는 일을 끝까지 지속해야 할 것이다."[87] 월러스틴은 현재보다 더 풍요롭고 평등한 세계체제를 구축하려면 강자들의 이익 이데올로기를 초극하는 인간성의 새로운 '윤리적 기획'이 필요함을 주창한 것이다.

이와 같은 월러스틴의 '보편적(지구적) 보편주의'와 아리기의 '문명연방' 구상은 이 글의 목표인 '탈근대 동아시아모델'을 유형화하는 데 중요한 이론적 토대가 된다. 덧붙여 아리기의 동아시아 발전경로에 깊은 영향을 미친 프랑크를 거론하지 않을 수 없다. 프랑크는 인류보편의 이상인 '다양성 속의 통일성'과 그에 따른 전 지구적 세계체제론을 구도하며 1450년 이전(길게 보면 BC 3000년, 적어도 AD 1000년부터)에도 세계경제는 존재했고, 세계경제는 몇 개의 경제지역의 접합이 아니라 '하나의 지역으로서의 세계경제'가 존재한다고 보았다.[88] 이 생각은 포메란츠와 웡이 다수의 병렬적인 세계경제를 전제로 동서양을 수평적으로 파악한 것과는 다르다. 프랑크는 서양은 아시아 중심의 세계에서 반짝 부상했을 뿐이고 다시 세계는 아시아 중심으로 복귀하고 있다고 주장한다. 그는 서구중심주의에 함몰된 세계의 시각을 논박하면서 서구학계가 "오직 유럽의 가로등 불빛 아래에서만 돋보기를, 심지어 현미경을 들이대면서 빗나간 구체성에 집착한다는 것은 연구의 기본 설계 자체에 문제가 있음을 의미한다. 우리가 정말로 해야 할 일은 망원경을 들고 글로벌한 전체와 세계경제·세계체제를 전체론적으로 조망하는 것이다"[89]라고 역설한다.

끝맺는 말

　캘리포니아학파는 20세기 말 중국의 정치경제적 성장과 그에 따른 동아시아 지역사회의 현실적인 등장을 계기로 세기의 교체기인 2000년을 전후로 미국에서 형성되었다. 종전의 세계사 통설을 부정하는 이들의 정치한 논지와 정량적 입증은 근대 서구패권의 '역사적 필연성'을 근저로부터 붕괴시켰다. 특히 이 수정주의 조류는 중국의 급부상과 깊이 접맥되어 있다. "1990년대 말부터 중국이 미국에 도전할 정도로 국제적 위상이 정치경제적으로 커지게 되자 그 역사적인 설명을 추구하면서 구미 중심의 세계사 자체를 총체적으로 재점검하는 조류로 전개"[90]된 것이다. 동아시아권의 일본, 한국 등의 경제적 성장은 서구중심론적 세계관을 수정할 정도로 파괴적인 것은 아니었다. 그러나 중국은 유럽과 미국을 위협하는 문명의 대국이라는 점에서 인식 자체가 달랐다. 중국의 정치경제적 급성장은 서구의 단선론적 역사관에 대한 반성을 촉구했다. 서구사회는 오늘날 자신들의 풍요나 우월이 결코 본래적이고 예외적인 것이 아닌 '근대'라는 특정한 역사 시기에 한정되며 그것도 많아야 지난 200여 년에 불과하다는 사실을 깨닫게 된 것이다.

근대 '서구식 체제모델'은 동아시아를 유럽적 역사 표준의 타자로 격하시키고 서구의 지배권력을 정당화하기 위해 만들어지고 확장된 단일 중심체제다. 따라서 그것은 21세기 보편적 세계모델로서는 실격이며 세계의 다양한 체제 가운데 특수한 모델이라는 인식의 교정이 요청된다. 이 점에서 캘리포니아학파가 동아시아의 역사동학에 근거해 근대(성)의 기원과 모델에 대한 서양의 독점을 폐기하고 근대(성)의 다선적이고 다중적인 기원과 모델을 수립하고자 한 것은 의미심장하다. 이러한 시도는 탈근대적인 '동아시아 발전경로' 연구와 결합되면서 세계보편사로서 다중심의 상호 연결된 세계상 확립으로 귀결된다. 그런 이유로 "오리엔탈리즘orientalism 비판이나 포스트식민주의 연구 등을 넘어서는 면이 있다"[91]고 평가되어지는 것이다. 사실 "타자가 우리의 세계관을 통해 관찰되듯 우리 역시 타자의 시각 속에 존재하며 정체성identity은 자아와 타자의 상호 작용으로부터 이탈될 수 없다."[92] 동아시아모델의 개념사적 맥락이 타자(서양)적 담론지형에서 함께 파악되어야 하는 이유이다. 요컨대 동서양 두 체제의 융합을 지향하는 수정주의 그룹의 연구는 21세기형 주체적인 '동아시아식 체제모델'을 구상하는 데 유익한 지식토대가 될 것이다.

제7장

탈근대 동아시아식
체제모델

이끄는 말

통상 21세기는 문명civilization의 중심축이 구미에서 동아시아East Asia로 이동하는 세계 정치경제의 '동아시아화' 추세로 이해된다. 경제적 측면에서 볼 때 2000년대 초반 중국, 한국, 일본, 타이완, 싱가포르 등 5개국의 GDP 합계가 이미 유럽연합EU을 능가했고 향후 미국도 넘어설 것이라는 견해가 지배적이다. 무엇보다도 이미 '주요 2개국G2'의 반열에 오른 대중화中華경제권이 금세기 초까지 세계 최대의 외환보유고를 가진 세계교역의 중심지가 될 것으로 예견된다. 2008년 카네기재단Carnegie Trust의 한 보고서에 따르면 2030년에는 GDP가 미국을 추월할 것이라고 했다. 실제로도 2010년에 중국의 GDP 총액은 일본을 넘어섰고 세계에서 미국의 다음에 위치한 두 번째 나라가 되었다는 사실은 이를 실감하게 만든다.[1] 중국은 최근 이와 같은 화려한 경제적 성공을 배경으로 정치적인 발언권을 강화해 미국 주도의 세계질서에 도전하고 있다. 예컨대 당 주석인 시진핑習近平이 2013년 6월 버락 오바마Barack Hussein Obama 미국 대통령과의 첫 정상회담에서 신형대국관계a new type of major power relationship를 요구하는가 하면, 같은 해 9월에는 중앙아시아와 유럽을 잇는 육상 실크로드(일대)와 동남아시아, 유럽, 아프리카를 연결하는 해상 실크로드(일로)를 의미하는 신실크로드, 즉 일대일로一帶一路, One belt, One road 전략을 선언한 것은 그 대표적인 사례일 것이다.

돌이켜 보면 20세기 말 세계질서를 형성했던 냉전체제의 종식, 사회주의권의 몰락, 세계화globalization 시대의 도래는 동아시아 역내 국가·민족 간의 활발한 교류와 상호 작용을 가능케 했다. 또한 국제적 대립구도의 형태가 '문명의 충돌'로 변환되었다는 시각은 전통문화의 관심고조와 함께 '동아시아공동체'에 대한 지역 지식사회의 재인식을 촉발시켰다. 특히 시민사회 차원의 지역화regionalization 강화는 지역공동체 구성의 지반이 되는 지역체제, 지역정체성identity, 문화다원주의 등을 활성화시키는 데 원동력이 되었다. 여기에 수반해서 혁신적인 지역체제, 지역공동체를 모색하는 '동아시아담론'은 인문사회과학 분야에서 가장 활발하게 논의되는 지적 사조로서 현재는 '담론discourse'의 수준을 넘어 '동아시아학'이라는 학적체계화하려는 데까지 진척되고 있다. 그런데 동아시아담론은 본질적으로 '세계화'라는 신제국주의에 대한 '지역주의regionalism'의 응전을 목표로 대두되었다. 이를테면 '세계주의globalism'의 억압성과 폭력성에 대항해서 문화적 특수성, 민족적 자긍심, 종교적 신앙의 차이에 입각한 다자적인 교류와 협력의 틀을 제도화하려는 지역주의의 강화를 촉진시켰다. 구미 중심의 '세계화' 과정은 역설적이게도 서구의 식민지적 지배 담론으로서의 동질화에 저항하는 '국지화'의 과정이기도 했다.[2]

　이러한 세계적 조류에 부응해 이 장에서는 역내 지역체제 담론의 동학the dynamics을 주시하면서 탈근대 '동아시아식 체제모델'을 구체화해 보고자 한다. 먼저 세계체제론world system theory상 '유럽(서구)적 보편주의european universalism'의 망령 타파와 주체적 시각의 모색이라는 차원에서 근대 서구모델과 그 확산주의diffusionism를 비판적으로 검토할 것이다. 그리고 미국 캘리포니아학파California School, 일본학계의 이론들을 분석해 '동아시아모델(동아시아 발전경로)'의 실상과 부상 과정을 점검해 보고자 한다. 아울러 이와 연동해서 동아시아와 문명의 의미장semantic field이 교차하는 공동번영과 평화협력의 지역체제 다이멘션Dimension,

즉 '21세기형 동아시아 체제모델' 구상을 한국과 중국의 담론지형에서 포착, 전망해보고자 한다. 이렇게 제안되는 대안체제는 인류의 '공유적 보편성'이 수범垂範하는 동서양의 체제 융합을 승인하면서 동아시아의 전통적 자산과 비전을 간직한 혁신적인 '신문명시스템new civilization system'이다. 다만 이로부터 검출되는 '동아시아성'은 국민국가주의의 부강 모더니티modernity에 경도된 지극히 시장경제적 호출인, 가령 1997년 동아시아 금융위기로 사라진 유교자본주의모델과 그 개념적 소산인 근면성과 근검절약, 가족적 유대와 집단에 대한 충성, 합의와 교육의 강조, 권력에 대한 존경 등등의 식상한 의미들을 초극한다.[3]

동서양의 두 체제모델

서구모델—확산주의

근대 '서구적 보편주의(세계관과 가치체계)'는 16·17세기에 본질적인 형태가 형성되어 서구문화를 지배한 기초적 패러다임이 되었다. 그것은 르네상스, 종교개혁, 과학혁명, 계몽주의, 산업혁명 등 일련의 서구문명의 흐름과 연관된다. 그리고 근대 서구사회를 형성함은 물론 그 밖의 세계에도 심대한 영향을 미쳐왔다.[4] 서구가 창출한 '근대문명'의 특성은 "자본주의, 자유민주주의, 산업주의, 도시화, 국민국가체제, 대중매체와 같은 근대적 제도 속에서 발생했다. 또한 세계경제의 상호 연계성은 지역성을 넘어 더 넓은 시장을 찾아나서는 근대 자본주의체제의 확장주의적 본질에 의해서 탄생되었다. 과학기술 역시 이 근대 부르주아 산업생산의 연장선상에서 발전해 온 것이다. 근대성modernity은 자본주의적 세계화의 본질적인 역사 맥락으로서 그 세계시장체제는 국경을 뛰어넘는 세계적 단일문명을 만들어냈다."[5] 잘 알려진 대로 기존이론에서 세계체제는 16세기 지리상의 발견과 함께 형성되었고 서구에서의 근대자본주의 탄생은 필연적이었다. 세계사는 그에 의한 비서구사회의 동화 과정으로 그려졌다. 즉 "서구가 특유의 합리성과 과학기술을 바탕으로 근대자본주의를 발명했고 주변부인 동아시아, 아프리카, 중동 등을 흡수해 오늘날 전 세계 단위의 세계경제를 만들어냈다"[6]고 기술된다.

이런 점에서 이매뉴얼 월러스틴Immanuel Wallerstein은 서구 열강의 자본주의 세계경제 건설에는 문명의 진보나 경제 발전의 확산이라는 명분 아래 추진한 '침략적 팽창주의'가 필수적인 부분이었다고 논변한다. "그들이 늘 내세우는 논지는 그 팽창이 문명화civilization, 경제의 성장과 발전, 혹은 진보 등으로 다양하게 불리는 어떤 것을 확산시켰다는 것이다. 이러한 모든 단어들은 종종 소위 자연법이라 일컬어지는 것의 외피를 쓴 채 보편적 가치의 표현으로 해석되었다. 따라서 팽창이 인류에게 유익할 뿐 아니라 역사적으로 불가피하다고 주장됐다."[7] 또한 월러스틴은 오늘날 서구세계의 지도자, 주류 미디어, 기성 지식인은 비서구세계의 국가들을 대상으로 자신들의 정책을 옹호하기 위한 기본적인 명분으로 언제나 '유럽적 보편주의'에 호소한다고 말한다. 그것은 주로 세 가지의 형태를 띠는데 "첫 번째는 범유럽세계의 지도자들이 추구하는 정책들이 인권을 옹호하고 민주주의라 불리는 어떤 것을 증진한다는 주장이다. 두 번째는 문명의 충돌이라는 전문용어로 나타나는데 여기서 항상 서구문명이 보편적 가치와 진리에 기반한 유일한 것이기 때문에 다른 문명보다 우월하다고 전제된다. 그리고 세 번째는 시장에 관한 엄정한 사실을 강조하는 것인데 이는 신자유주의neoliberalism적 경제법칙을 수용하고 그에 따라 행동하는 것 외에 '대안이 없다'라는 논리이다"[8]라고 폭로한다.

이 보편주의에 호소하는 서구세계의 언사들은 월러스틴이 보기에 "적어도 16세기 이후로 근대 세계체제의 역사 내내 강자들의 기본적인 레토릭rhetoric을 구성해 왔다."[9] 그는 유럽이 지배하는 세계체제는 자신의 노동분업체계로 포섭하기 위해 더 많은 세계의 지역을 포괄하게 되었으며, 그에 따라 지배자들은 자신들이 지배집단이며 그 체제에서 생산된 경제적 잉여의 주된 수혜자라는 것을 윤리적·역사적으로 정당화할 필요가 있었다고 진술한다. 그러나 존 힉스John Hicks의 지적대로 인류발전에 발견되는 일정한 규칙의 '보편normal적 방식'을 탐구하는 것은 당연하지만 이 방식이 모든 사실에 부합할 수는 없으므로 여러 예외와 다양한 가능성을 인정해야 한다.[10] 월러스틴도 이러한 비판적 시각에 합류해 세계체제상 '유럽(서구)적 보편주의'가 전개된 설명의 핵심은 대단히 단순하다고 하면서 "고대 그리스·로마세계(또는 구약의 세계)에 뿌리를 두고 있는 유럽문명만이 자본주의 세계체제에서 흥성한 관습, 규범, 관행의 잡탕에 붙이는 포괄적인 용어인 근대성을 산출할 수 있었다"[11]는 데 주목한다. 아울러 근대성은 문자 정의상 진정한 보편적 가치들, 즉 보편주의의 구현이라고 운위되어 윤리적 선이자 역사적 필연성이었던 데 반해서 비유럽적 문명은 근대성과 진정한 보편주의를 향한 인간의 행진과 양립할 수 없는 것으로 치부되었다고 판단했다.[12]

이렇게 서구문명은 "근대성이 서구에 역사적 기원을 둠으로써 서구가 세계의 정치, 경제를 지배하게 되었고, 다시 그 지배로 인해 서구가 독특한 문화 발전과 현재 삶의 방식을 보편적으로 타당한 것"[13]이라는 담론적 위치를 구축하게 되었다. 그런데 이 '서구적 보편주의-서구(유럽)중심주의west-centrism, eurocentrism'의 구성명제는 서구우월주의·서구보편주의(역사주의), 그리고 문명화·근대화modernization·세계화로 요약할 수 있다. 먼저 '서구우월주의'는 근대 서구문명이 인류역사의 발전 단계상 최고의 위치에 도달했음을 의미한다. 또한 '서구보편주의(역사주의)'는 서구문명의 역사발전경로가 전 인류사에 보편적으로 타당하다는 서구인의 보편적 역사상이다. 이 양자는 서구를 주어로 하면서 서구문명의 자기 인식에 대한 선언적 서술이므로 억압의 정당화 기능을 수행했다. 반면에 문명화, 근대화, 세계화는 비서구사회를 주어로 하여 비서구가 받아들여야 하는 변화를 서술한다. 즉 역사발전의 저급한 단계에 있는 비서구사회가 식민지 제국주의 시대에는 '문명화(진보·야만)'로, 탈식민지 시대에는 '근대화(선진·후진)'로, 냉전시대 이후에는 신자유주의적 '세계화(세계·지역)'를 통해 오직 서구문명을 모방, 수용해야만 발전할 수 있다고 선전해 왔다. 이 역시도 서구헤게모니의 변형체로서 실제적인 억압의 기능을 수행해 왔음은 물론이다.[14]

사실 세계체제상 서구모델(서구 발전경로)은 '자본주의적 근대성'과 연동된 문제다. 서구인들은 계몽주의enlightenment 기획의 '이성'을 통한 보편진리에 도달할 수 있다는 신념 아래 자본주의의 전위Advance Guard인 과학과 과학기술을 창조해냈다. 그리고 시민 부르주아Bourgeois가 근대화 메커니즘의 주체였던 만큼 시장확대의 주요 지역은 이성주의에 의해 혼돈과 암흑의 타자로 규정되는 '동양'일 수밖에 없었다. 유럽이 18세기 근대적 시민사회와 19세기 제국주의 시대로 이행하면서 '문명'은 부르주아 시민화^{civiliser}가 전 지구적으로 확대되는 서구화^{westernization}로 통하게 되었다.[15] 그리고 "다른 지역에서 일어난 진보는 대체로 유럽이나 유럽인들에게서 나온 혁신적 사상, 문물이 확산된 결과"[16]라고 인식되었다. 서구 근대성의 세계적 확산은 결과적으로 비서구세계를 자본주의 체제에 편입시켜 세계문명을 위계적인 권력관계로 재구성했다. 아울러 근대화 논리는 역사의 발전을 단선론적^{uni-linear}으로 이해하는 서구적 보편주의의 연속선상에서 구동했다. 이 명제는 비서구의 자체적인 발전을 부정하고 서구가 비서구의 발전 방향을 규정한다는 의미를 함축한다.

더욱이 서구가 최상의 자유주의적 유토피아와 기적을 성취했기 때문에 비서구는 '서구식 체제모델'의 모방만이 유일한 길로 강제되었다. 역사학자 에릭 존스^{Eric Jones}가 사회제도적 환경, 곧 사유재산권 확립, 유럽 내 국가들의 상호경쟁 시스템, 군사・재정국가, 자본주의가 '유럽의 기적^{European miracle}'을 탄생시켰다고 주장한 맥락이 그것이다. 특히 산업혁명^{Industrial Revolution}과 결부된 서구의 '자본집약적^{capital-intensive} 발전 경로'는 비서구가 이행해야 할 표준적인 성장전략으로 제시되었다. 이 일련의 서구보편주의의 배면에는 '계몽주의'가 자리한다. 조엘 모키르^{Joel Mokyr}의 시각을 빌리자면 "유럽이 나머지 세계와 다른 가장 큰 차이점은 계몽주의였고 그 계몽주의가 과학과 기술 발전에 끼친 파급력이었다. 17세기 후반 등장한 계몽주의는 그 전 수세기 동안 지속해온 유럽 지적 엘리트문화에서 일어난 변화의 결정체였다. 아이디어 시장에서 생겨난 변화는 세계 다른 지역과 차별화되는 유럽만의 현상이었다."[17] 서구적 보편주의는 이 계몽주의 단계를 거쳐 사회진화론의 지원 속에서 확장된 19세기의 제국주의(식민주의)를 기반으로 완성되었다. 그리고 이 과정에서 날조된 아시아적 생산양식, 동양적 정체・전제 담론은 20세기 중반 전후戰後 미국의 제3세계 지배이데올로기인 근대화론에 전습, 총괄되었다.

이처럼 '근대화 이론'은 서구 발전경로가 유럽인들의 이익을 대변하는 방식으로 동양에 확산되는 서구화 과정을 대전제로 축성된 것이다. 이 논단은 제임스 블로트James M. Blaut가 비판적으로 명명한 '유럽중심주의적 확산주의' 관점, 곧 "유럽의 창의성, 혁신성, 진보가 빚어낸 열매들이 꾸준히 확산되었다"[18]는 세계 이해와 동일문맥을 구성한다. 이러한 세계지도 안에서 유럽은 언제나 진보적이며 우월했고 주변인 비유럽은 변함없이 후진적이었다고 기술된다. 유럽 확산론자들은 문화적인 모든 것이 지표상의 한 지역에서 생겨나 세계의 나머지 지역으로 퍼져 나갔다고 추정한다. 그 중심지는 물론 서유럽이며 심지어는 '대유럽권Greater Europe'이라 불린다. 이 대유럽권은 유럽대륙에다 고대에는 유럽인 스스로 자신들 문화의 뿌리라고 선언한 '성서의 땅'을 더한 지역을, 그리고 근세에는 미국처럼 유럽인들이 정착한 곳들을 합친 지역을 가리킨다. 고대 이래로 대유럽은 저절로 발명하고 혁신하며 진보했고 역사를 만든 발명과 혁신들은 모두 이 대유럽권에서 나왔다고 믿었다. 이 확산주의 시대는 20세기에 들어서 두 차례의 세계대전과 대공황, 또한 1945년 이후의 탈식민화가 유럽의 지배력과 자기이해를 격렬히 흔들면서 단계적으로 막을 내렸다.[19]

그러나 서구식 체제모델은 탈식민화 뒤로도 서구로부터 부富가 확산된다는 식의 여러 현대적 형태로 탈바꿈을 거듭했다. 가장 두드러지게는 20세기 말 냉전종식 이후 '세계화'의 구도 속에서 자유민주주의와 시장경제가 보편적인 세계체제가 되었다는 서구중심주의 세계사의 재발흥으로 나타났다. 당시 사회주의권의 몰락은 "자본주의 진영의 최종적 승리가 역사적으로 확정된 것이며 미국과 유럽의 제1세계가 소련, 동유럽의 제2세계와 19세기에 식민지를 경험한 비유럽지역인 제3세계에 대해 거둔 최종적 승리로 해석되었다."[20] 프랜시스 후쿠야마Francis Fukuyama, 재레드 다이아몬드Jared M. Diamond 등이 이에 편승해 적극 호응한 학자들이다. 이러한 거시사macro-histories들은 "계몽주의의 분기 이래 왜 유럽이 우월한가에 대한 오리엔탈리즘orientalism 담론의 변종"[21]이라고 할 수 있다. 더욱이 월러스틴은 유럽적 보편주의를 "범유럽 지도자들과 지식인들이 근대 세계체제 지배계층의 이익을 도모할 목적으로 내놓았던 것"[22]이므로 독선적이며 왜곡된 보편주의라고 비판한다. 블로트도 16세기에 등장한 유럽중심주의체제의 핵심적인 특징을 분석하면서 유럽의 우월성이 식민지배의 성공으로 확인됨과 동시에 엄청난 이득을 가져다 주었다고 논박한 것도 같은 맥락이다.[23]

동아시아모델의 부상

근대 '서구식 체제모델'은 역사상 (동)아시아를 유럽적 역사 표준의 타자로 격하시켜 서구의 지배권력을 정당화하는 단일중심체제다. 이것이 서구적 역사 서술의 열렬한 옹호자 데이비드 랜디스David S. Landes가 인류진보의 핵심은 서구문명과 그 확산이라고 말한 의미다.[24] 그러나 20세기 후반 이래 동아시아권의 급성장과 그에 따른 (동)아시아사를 재평가하려는 서구학계의 움직임은 근대 서구패권의 '역사적 필연성'을 와

해시키고 있다. 가령 안드레 군더 프랑크Andre Gunder Frank가 유럽중심론을 반역사적·반과학적이라고 지적하면서 유럽은 자력으로 근대화를 성취한 뒤 세계 여러 지역에 시혜를 베풀었다는 사고를 진부한 추정이라고 논박한 것은 이를 단적으로 보여준다.[25] 이제 서구모델이 21세기 중심세계체제central world system로서의 수명을 다한 이상, 새로운 '보편적 세계모델'에 대한 유의미한 모색이 절실한 때다. 이매뉴얼 월러스틴은 이 죽어가는 '유럽적 보편주의'를 더 나은 체제로 바꾸려면 그 지식구조의 재구성이 요청된다고 역설한다. "비오리엔탈리스트가 되는 것은 우리의 인식, 분석과 가치진술을 보편화해야 할 필요성과, 보편적인 것을 내놓는다고 주장하는 다른 사람들이 특수주의적 인식, 분석과 가치 진술을 잠식하는 것에 맞서 그 특수주의적 뿌리를 지켜내야 할 필요성 사이에서 발생하는 끊임없는 긴장을 받아들이는 것을 의미한다."[26]

이와 관련해 최근 세계체제상 서구적 보편주의를 대체할 새로운 발전경로로서 '동아시아모델'에 대한 관심이 급증하고 있는 점은 특기할 만하다. 본래 '동아시아East Asia'라는 명칭은 1960년대 이래 서구중심주의 붕괴, 미국헤게모니 확립, 제3세계 등장, 문화적 상대주의 보급 등에 의해 출현했다. 그러나 동아시아가 지역 전체에 고유한 공동의 실체로서의 의미와 내용을 획득하게 된 것은 빠르면 1960년대 말, 적어도 1970년대 이후 이 지역에 나타난 역동적인 경제성장에 기인한다. 동아시아는 이 시기 경제 발전에 관한 연구 등에서 쓰이기 시작하다가 이후 정치학, 국제관계학, 국가안보와 군사 전략, 국제교역, 인권 등의 분야로 확장되면서 이 지역을 대표하는 이름으로 정착했다.[27] 이를테면 "경제 발전에서 국가의 적극적인 개입을 의미하는 '동아시아 주식회사Eastasia Inc'라는 표현은 처음에는 일본을 지칭한 것이었지만 점차 한국, 싱가포르로 확장되어 1980년대에는 중국까지 포함하는 개념으로 이해되기에 이르렀다. 1970년대 후반과 1980년대 초반 서구 언론들은 한국, 홍콩, 싱가포르, 타이완의 '네 마리의 작은 용들Little Dragons', 경제적 '신일본들New Japans'로 빈번하게 언급했다. 그러는 가운데 이들 동아시아에 공통된 정치구조나 사회체제, 행위 양식, 혹은 심리상태나 문화 등을 찾아보려는 시도가 지속되었다."[28]

서구학계에서 동아시아 부상의 기원과 동력을 보다 정확하고 객관적으로 규명하려는 연구 노력은 '캘리포니아학파'의 로이 빈 웡R. Bin Wong, 王國斌, 케네스 포메란츠Kenneth Pomeranz, 프랑크, 조반니 아리기Giovanni Arrighi 등에 의해서 본격화되었다. 캘리포니아학파는 20세기 말 중국의 정치경제적 급성장과 그로 인한 동아시아에 대한 지역적 인식환기를 배경으로 2000년을 전후로 미국에서 형성되었다. 이 연구자 그룹의 비교경제사적 수정주의는 중국인 학자 웡의 『중국의 전환China Transformed』(1997)이라는 선행업적에 힘입은 바 크다. 웡은 서유럽과 비견되는 명청대明淸代 중국의 변화들, 곧 근면혁명Industrious Revolution, 프로토proto-공업, 스미스형 성장the Smithian Growth에 주목하면서 동서양의 두 경로인 '동아시아의 근면혁명'과 '유럽의 산업혁명'의 분기 과정을 논증했다. 특히 웡은 18세기 중국의 무역과 시장이 유럽을 능가하는 발전 수준에 있었다는 사실을 강조한다. 필립 황Philip Huang, 黃宗智은 산업혁명 이전 유럽은 진화evolution적 궤도를 따라 성장했지만 중국은 연평균 노동일의 증가에 비해 수확은 줄어드는 '발전 없는 성장growth without development의 과밀화過密化, involution 궤도'에 있었다고 보았다. 그러나 웡은 이 이론에 반기를 들고 당시 중국이나 유럽의 궤도는 모두 노동강화를 통한 시장기반 성장의 '스

미스형 동력the Smithian Dynamics'을 공유했다고 주장한다.[29]

잘 알려진 대로 '스미스형 동력'은 "경제적 향상의 과정이 노동분업의 확대, 심화에 따라 생산성이 증가함으로써 추동되고 노동분업의 정도는 시장의 크기에 의해서만 제약을 받는다"[30]는 것이 핵심이다. 애덤 스미스Adam Smith에 따르면 경제 발전은 노동분업과 전문화로 인한 생산율의 향상, 곧 개인들이 적합한 물건을 생산하고 시장에서 타인과의 교환을 통해 이익을 얻는 것이다. 더 나아가 경제적 향상이 소득과 유효수요를 제고시켜 시장을 키우면 또 다른 노동분업과 경제적 향상을 위한 조건을 창출하게 된다. 아울러 무역은 분업과 전문화를 위한 필요조건임과 동시에 타지역보다 상대적인 강점을 요한다. 이러한 스미스적 동력에 의한 경제성장을 '스미스형 성장'이라고 칭한다. 그러나 이 선순환은 그 과정의 공간적 규모와 제도적 환경으로 인한 시장 크기의 한계에 봉착하게 된다. 이 한계에 도달할 때 성장 과정에는 '고도 균형의 함정a high-level equilibrium trap'이 수반된다.[31] 또한 스미스형 성장 동력의 특징은 경제총생산량, 노동생산율의 향상을 내포하지만 기술 변화가 부재해 성장은 시장의 규모, 확대에 따라 결정된다. 결국 시장의 크기가 성장의 한계이고 기술력의 획기적 변화가 없다보니 근대공업화를 일으킬 수 없음은 자명하다.[32] 농업경제시대를 살았던 스미스는 산업혁명이 초래할 사회·경제적 변화를 예측하지 못했던 것이다.

한편 캘리포니아학파의 사회과학 진영은 윙의 연구에 자극을 받아 자유시장을 이데올로기로 채용한 것은 유럽이지만 스미스의 『국부론The Wealth of Nations』을 정확히 해석하자면 후기 중화제국이 더 적합하다고 간파했다.[33] 이들은 세계경제의 '동아시아(중국)중심론'을 견지하면서 적어도 19세기 초까지 유라시아 양극단의 서유럽과 중국은 '스미스형 동력'의 동일궤도 아래서 대등한 생산력을 유지했다고 주장한다. 결국 "그 논리적 결과로서 유럽에서 산업혁명 전후의 단절이, 그리고 (동)아시아의 스미스형 성장과 산업혁명 이후 근대적 성장의 단절이 도출되었다."[34] 수정주의 그룹은 16~18세기 스미스적 경제로 볼 때 동아시아는 유럽과 비등했거나 그 이상의 발전 수준에 달했다고 판단했다. 앵거스 매디슨Angus Maddison은 1700~1820년 사이 세계 총생산량에서 중국의 국내 총생산량(GDP)의 비율이 23.1%에서 32.4%로 증가해 연 0.85%의 증가율을 보이지만 세계 총생산량 중 유럽 총생산량의 비율은 23.3%에서 26.6%로 증가해 연 0.21%의 증가율에 그쳤다고 증명해 준다.[35] 아무튼 캘리포니아학파는 오늘날 동아시아의 '경제적 부흥'을 이 지역의 근세 역사동학과의 '연속성'에서 찾았다. 가령 아리기는 "유럽이 '스미스적 고도 균형의 함정'을 산업혁명을 통해 탈출할 수 있었던 수수께끼는 반드시 산업혁명의 전 지구적 확산이 왜 약 1세기 동안 동아시아 지역의 경제적 쇠퇴와 이후 신속한 경제적 부흥을 수반했느냐는 수수께끼와 결합해서 다루어져야 한다"[36]고 말한다.

아리기는 상기上記한 문제제기에 대한 해답을 일본학계 하야미 아키라速水融, 스기하라 가오루杉原薫 등의 근면혁명에 기초한 '동아시아 발전경로' 연구를 원용해 안출한다. 특히 스기하라의 동아시아경로 테제에 공명해 오늘날 동아시아의 경제부활은 서구경로인 '생산기적'으로서의 '산업혁명(자본집약적 에너지소모형)'과 동아시아경로인 '분배기적'으로서의 '근면혁명(노동집약적 에너지절약형)'이 융합한 덕분이라는 것이 그 요지이다.[37] 그러나 '근면혁명'은 사실 하야미가 도쿠가와德川시대(1603~1867)

일본을 설명하는 데 처음 도입한 개념이다. 17세기 농민봉공奉公의 해방, 가족농업경영, 인구증가, 경지부족 등이 복합적으로 작용해 노동력 투자에 의존하는 생산양식이 출현했다. 그런데 자본투입량이 감소했음에도 농민의 생활 수준은 상승했다. 그것은 축력horse-power을 인력man-power으로 대체하는 과정에서 효율적인 농법보급, 농기구나 시비施肥방식의 개량, 노동시간(하루 6시간에서 8시간으로)의 연장에 따른 결과였다. 또한 일한 만큼 농민에게 이익이 환원되는 시스템이 구비되어 노동의 가치와 근면이 미덕이라는 노동윤리가 발전했다.[38] 요컨대 "유럽의 산업혁명이 인력－자본비율에서 자본투여를 증가시키고 노동을 절약하는 생산방식의 결과였다면 일본이나 (동)아시아는 노동집약적labour-intensive 생산방식을 통한 성장인 '근면혁명'을 이룬 것"[39]이다.

이 같은 하야미의 지적 유산은 스기하라에게 이어져 비非인적 자원보다 인적 자원을 우선시하는 '동아시아의 노동집약적 발전경로'로 더욱 정치하게 이론화된다. 스기하라는 1800년 이전 동아시아의 핵심지역과 서유럽의 핵심지역 간에 인구-토지 비율에서 나타나는 주요한 차이에 착안해 이를 동아시아의 유일무이한 '근면혁명'의 원인이자 결과라고 간주했다. 그가 보기에 "16~18세기 동아시아 지역의 높은 인구증가는 발전을 가로막는 병리현상이 아니라 인구를 부양하고 효율적인 노동훈련을 계발한 '동아시아의 기적East Asian Miracle'이며 이는 18세기 산업화인 '유럽의 기적'에 비견할 만한 경제적 성취였다."[40] 아리기는 스기하라의 논지를 다음과 같이 정리한다. 당시 동아시아 국가들은 천연자원의 제약(토지부족)에 대응해 노동력을 흡수하는 제도와 노동집약적 기술을 발전시켜 인구의 대폭적인 증가에도 불구하고 생활수준은 오히려 향상

될 수 있었다. 결국 근면혁명의 덕택과 그 결과로 동아시아는 그만의 독특한 기술적·제도적 경로를 확립할 수 있었고 이것이 서구의 산업혁명이 창출한 도전과 기회에 대한 동아시아의 대응 형태를 결정짓는 핵심적인 역할을 했다. 심지어 근현대 동아시아 국가들이 자국경제에 서구기술을 통합하려고 하던 때조차도 비인적 자원보다 인적 자원을 동원하는 경향은 동아시아 발전경로의 지속적인 특징이 되었다.[41]

스기하라는 19세기 이후 동아시아의 경제 발전은 요소부존량factor endowment이 상이한 조건에서 서구기술을 도입하기 위해 노동집약적 에너지절약형의 독자적인 산업화전략을 채택한 결과라고 파악했다. 그리고 이 이종교배의 발전경로를 서구경로보다 노동을 더 전면적으로 흡수하고 이용하면서 기계와 자본으로 노동을 대체하는 것에는 덜 의존한다는 의미에서 '노동집약적 산업화labor-intensive industrialization'라고 명명했다. 스기하라는 전통을 계승한 동아시아의 혼종적 산업화가 유럽식 자본집약적 에너지소모형의 산업화보다 자본주의 시장에서 더 효율적인 우위를 점할 수 있었으며, 무엇보다 노동 중시, 협조주의는 일본과 동아시아의 경제부상에 결정적인 원천으로 작용했다고 논구한다. 가까운 예로 일본의 성공은 서구근대를 맹목적으로 모방한 것이 아니라 전통을 되살려 대기업과 중소기업의 조화로운 하청구조, 탁월한 노동규율과 협업을 산업현장에 접목시켰기 때문이었다.[42] 더욱이 스기하라는 "근면혁명 전통에 기초한 동아시아의 '노동집약적 산업화'가 서양의 '자본집약적 산업화capital-intensive industrialization'에 대한 21세기기적 대안이 될 수 있다"[43]고 주장한다. 그는 근대적 경제성장이 초래한 생태환경의 파괴, 자원고갈을 상기시키면서 자원절약적이고 노동집약적인 동아시아 발전경로가 미래문명의 대안이 될 수 있다고 내다보았다.

이상 살펴본 현 동아시아의 경제 기적이 서구형과 동아시아형을 융합한 혼종화의 산물이라는 스기하라의 테제는 포메란츠, 아리기 등의 동아시아체제론에 그대로 유전된다. 더불어 이들의 독법은 스미스의 동아시아식 자연스러운 발전경로 이론 등과 접속하면서 노동집약적 에너지 절약형 발전경로라는 '동아시아모델'로 정식화된다. 포메란츠는 스기하라의 관점이 동서양 대분기Great Divergence 전후의 상황에 20세기 후반 동아시아의 성공을 연결하는 고무적인 틀임을 환기시키면서, "1945년 이후 미국의 냉전우산 아래서 일본, 한국, 타이완은 정치적 충성의 대가로 자원과 넓은 시장에 대한 접근을 보장받았다. 그러한 무대는 동양과 서양의 발전경로를 융합하기 위해 서구상품에 대해 덜 자원 집중적으로 변형된 아시아 제조업이 중심역할을 수행하게끔 했다. 이러한 융합은 경제 발전상 세계에서 가장 중요한 지역으로서 1800년 이전의 지위로 동아시아를 돌려 놓았다"[44]고 요약한다. 아리기도 스기하라의 문맥에서 20세기 중반 이후 동아시아의 부상을 서구의 근대경로와 동아시아의 전통경로가 결합된 혼합의 산물로 이해했다. 다만 스기하라와는 달리 일본보다는 '중국'에 무게를 두어 친환경적이고 인적 자원에 의존하는 중국식 생산방식이 동아시아의 전통경로의 현재적 활용이며, 특히 (동)아시아적 전통, 사회주의, 시장경제의 혼종형인 '중국 헤게모니'의 부활이 보다 평등하고 분배적이며 지속 가능한 생태친화적 발전경로의 '신아시아시대'로 이어지기를 기대했다.

역내 지역체제 담론

한국발 지역체제론

1990년대 초부터 새롭게 생성·고조된 동아시아담론은 과거 구미와 일제가 각인시킨 '부정적 동아시아상'이 탈각되고 주체적 지역 개념의 탐구라는 점에서 주목할 만하다. 그로 인해 동아시아를 둘러싼 다양한 담론과 보다 격상된 '지역공동체론'이 개진됨은 물론이다. 아울러 이를 주도했던 한국발 담론사에는 지역지평, 지역연대, 지역정체성, 지역질서 등을 화두로 방법, 시론, 지적 실험, 프로젝트, 대안 등을 논구한 시도들로서 동아시아를 이해하고자 하는 다양한 연구 노력들이 목도된다. 크게 보아 이 지형에는 자본주의적 구조 틀 안에서 동아시아성을 모색하는 '보수진영의 학자들'과 자본주의의 구조 틀을 초극하는 전망을 동아시아성에서 탐구하고자 한 '진보진영의 학자들(『창작과비평』의 논객들)'로 분류할 수 있다. 전자의 경우는 1980년대 말부터 주창된 동아시아 지역의 공통된 동질성과 우월성을 전제로 하면서 서구자본주의 범주의 하위분석 개념, 곧 동아시아발전모델론, 아시아적 가치론, 유교자본주의론, 동아시아 민주주의 논의 등의 '동아시아아이덴티티identity담론'을 지칭한다. 후자의 경우는 동아시아 지역주의를 대안적 사회체제를 모색하는 수단으로, 그리고 동아시아공동체를 하나의 대안적 공동체로 바라보는 '대안체제담론(동아시아대안문명론)'을 가리킨다.[45]

이 제반 담론의 진행 과정에서 '동아시아'라는 용어는 전통의 창조적 활용과 접맥된 유의미한 개념으로 모색되었다. 동시에 그것의 주체적이고 자율적인 의미를 확보하는 괄목할만한 성과를 거두었다. 다만 보수진영의 '아이덴티티담론'은 1997년 아시아 국가들의 외환위기로 인해 침강했다. 반면에 그 연속성과 불연속성 속에서 진보진영의 '대안체제담론'이 상승해 탈냉전 시대 서구가 주도하는 전 지구적 세계화(자본주의화)의 주요 이념인 신자유주의를 비판하고 탈근대·탈식민주의의 지적 모색과 토착적 발전대안을 강구하는 등 동아시아담론의 주류로 자리 잡았다. 특히 현존 자본주의 세계체제가 한반도를 중심으로 작동한다는 점에서 진보진영인 창비 담론이 발신하는 '동아시아'는 최원식의 진술대로 "남북의 적대적 공존을 화해적 공생으로 바꾸는 일을 선차적으로 고려하는 공동의 작업을 통해서 세계 4강이 견고트는 동(북)아시아에 항구적인 평화를 정착시키고자 하는 염원에 기초한다. 탈냉전 시대의 입구에서 제기된 동아시아론은 한반도(남과 북), 중국(그리고 타이완·홍콩·마카오), 일본(그리고 오끼나와)을 하나의 사유 단위 또는 분석 단위로 설정함으로써 민족주의와 국제주의(또는 세계주의)를 횡단하는 중도中道로서 '비판적 지역주의'를 실험한다. 동아시아론은 서구의 도착 이후, 특히 냉전을 실어온 미국과 소련이라는 손님들에 휘둘려 갈등과 반목을 거듭해온 20세기 동아시아로부터 탈주하려는 평화의 기획인 것이다."[46]

이로 보건대 진보진영의 '대안적 공동체로서의 지역 담론'은 근대국가 세계시스템이 주입한 제국주의적 구조를 해체하고 한반도의 평화구축을 고리로 지역평화체제를 구현하려는 새로운 차원의 '동아시아'라고 할 수 있다. 이를 '동아시아식 체제모델'에 한정해보면 한반도 시민(민중)주도형 '분단체제론', 그리고 이 분단체제의 극복과제로 제시된 '복합국가compound state론'을 거론해 볼 수 있다. 분단체제론은 백낙청이 '분단체제의 극복을 위한 통일운동의 일상화'라는 논제 설정 속에서

"남북한이 각기 다른 체제(즉 사회제도)를 가졌으면서도 양자가 교묘하게 얽혀 분단 현실을 재생산해 가기도 하는 구조적 현실을 좀 더 확연히 인식하기"[47] 위한 총체적이고 체계적인 안목의 필요성에서 창안한 것이다. 그는 '체제'의 개념상 세계체제, 분단체제, 남한·북한의 체제라고 할 때 약간씩 상이함을 인지하면서 분단체제가 개념화되었을 때만이 분단체제 극복을 위한 통일운동의 내용이 구체화될 수 있다고 보았다. 즉 남북분단이 체제적 성격을 띤다는 것은 분단이 고착되면서 분단구조가 남북 주민 모두의 일상생활에 착근되어 상당 수준의 자기재생산 능력을 갖추었다는 의미다. 더군다나 분단체제의 자기재생산 과정이 체제에 상응할 만큼 다양하고 끈질겨서 남북대결, 냉전유산, 제국주의의 세계지배라는 식의 일면적인 관찰로는 분단 현실에 대한 충분한 파악이 불가능함을 암시한다.[48]

백낙청의 분단체제론은 분단 한반도의 현실이 남북한 각기의 체제만을 고려한다거나 본래적 사회체제인 자본주의 세계체제와 남북한 체제라는 두 차원의 체제 개념만을 동원해서는 제대로 해명할 수 없다는 인식을 전제로 한다. 분단 현실에는 남북한의 대립과 상호 의존까지 뒤섞여 있고 외국의 작용까지 지속적으로 가세하기 때문이다.[49] 백낙청은 분단 현실상 "세계체제와 그 속의 분단체제, 그리고 후자를 구성하는 두 분단국가의 체제는 각기 다른 차원에 속하면서 구체적인 상호관계를 맺고 있다"[50]고 판단했다. 더 나아가 남한의 '자본주의체제'든 북한의 '사회주의체제'든 간에 모두 자본주의 세계경제(세계체제)와 그 상부구조인 근대적 열국체제inter-state system(국가간체제)의 테두리를 벗어난 별개의 사회체제가 아님은 물론이고 그 자체로서 완결된 체제도 아님을 천명한다. 이런 의미 맥락에서 백낙청은 "분단이 되지 않은 국가들과는 달리 남북한이라는 두 개의 하위체제의 경우에는 그들이 세계체제에 참여하고 세계체제의 규정력이 그 내부에 작동하는 방식이 일정하게 구조화된 분단 현실을 매개로 하여 이루어지기 마련이다. 때문에 '분단체제'라는 또 하나의 체제 개념이 개입할 수밖에 없고 이 분단체제라는 중간항을 생략하고서는 남북 어느 한 쪽 '체제'의 작동방식도 제대로 규명할 수 없다"[51]고 주장한다.

이러한 분단체제론의 통일구상은 남북한의 대치현상뿐만 아니라 양쪽 기득권 세력의 적대관계나 공생관계, 각종 분단이데올로기 등의 심층적 재생산 메커니즘, 음성적 작동 양태를 통찰해 그 메커니즘을 견제, 타파해야만 유효하다는 실천운동으로 진전된다. 더욱이 세계체제의 변혁운동도 분단체제 변혁운동에 의한 매개작용이 필수적이다. 백낙청은 "분단체제 극복운동은 세계체제 차원의 원대한 변혁운동과 남북한 각기의 내부개혁운동 사이의 중간항이자 그 두 차원을 이어주는 연결고리 노릇을 한다"[52]고 말한다. 이러한 인식은 분단체제 극복상 두 개의 국가와 하나이자 둘인 민중(시민)을 아우르는 다원방정식의 의제로 이어져 민중의 입장에서 남북정권의 역·순기능을 판별해 대응해야 한다고 기술된다. 이 다원방정식에는 분단체제의 상위체제인 세계체제의 작동이 반영되고 주변 강대국들을 중요한 변수로 대입해야 함은 물론이다. 더불어 백낙청은 분단체제 민중세력의 분열이 방정식을 복잡하게 만드는 결정적 요인이며, 따라서 남북한 민중은 각자의 생활현장에서 다양한 개혁 작업의 당면(단기)과제를 수행하고 통일이라는 공통목표를 향해 연대하자는 구상을 제시한다. 이 발상은 상이한 당면과제들이 "동일한 세계체제의 작동 과정에서 파생하고 범한반도적 분단체제에 의해 매개되어 나타난 것이니만큼, 각각의 당면과제에 충실한 운동은 분단체제 극복이라는 중기목표와 세계체제 변혁이라는 장기목표를 중심으로 하나의 큰 흐름을 이룰 것"[53]이라는 기대감에 기초한다.

백낙청은 자본주의 세계체제의 개선과 변혁을 꿈꾸는 세계 각국의 많은 사람들이 한반도의 분단체제가 현존 세계체제에서 중대한 고리를 형성하는 독특한 하위체제임을 깨달을 때 그들 자신의 일로 떠오르게 될 것이라고 예견한다. 그리고 여기에 합류하는 사람들은 각자 자신의 일상생활이 숨 쉬는 국지적 현실 속에 행동하면서 전 지구적 현실의 변화를 동시에 꿈꾸는 광범위하고 생기발랄한 세력들임을 확신한다.[54] 그렇다면 한반도 분단국가를 어떻게 변혁시킬 것인가? 백낙청은 한반도에 두 개의 국가가 존재함을 인정하고 그것이 평화적 공존이어야 한다는 명제하에 전쟁이나 파국의 위험성을 노정하는 '1민족=1국가' 식의 통일을 지양하면서 통일국가의 잠정적 단계인 '복합국가', 곧 국가연합confederation, 연방국가federation를 제안한다. 이 복합국가 방안은 1972년 천관우가 최초 제언한 것으로 백낙청은 이 구상에 착안해 민중이 적극 참여하고 민중의 이익에 최대한 부합되는 국가 형태를 실험, 창안해가는 '과정으로서의 통일'로 재개념화했다.[55] 즉 "단일형 국민국가unitary nation-state보다는 다민족사회를 향해 개방된 복합국가가 민중의 이익에 더욱 충실한 국가 형태일 수 있음을 인정할 때 국적과 거주지역을 달리하는 느슨한 범세계적 민족공동체ethnic community 내지 네트워크로서의 한인공동체를 유지 또는 건설하는 작업이 현 세계체제 속에서 어떻게 가능하고 더 나은 세계를 위해 얼마나 바람직한가를 진지하게 검토할 길이 열리는 것"[56]이라 했다.

한편 백영서는 이 '복합국가'를 동아시아에 확대 적용시켜 "국가 간의 결합 양상이자 국민국가가 행하는 자기전환의 한가지 양상"[57]이라고 정의한다. 그에게 복합국가는 근대를 자본주의 세계체제로 인식해 그것을 넘어서는 대안을 찾는 '근대 적응과 근대 극복의 이중과제'를 실현하는 데 중요한 관건이 된다. 근대와 탈근대가 이중적 단일과제임을 명시하는 '이중과제론'은 세계체제를 작동케 하는 국민국가 단위를 넘는 분석범주의 확립, 아울러 복합적이고 중층적인 시공간에 대한 이해가 필수적이기 때문이다. 백영서는 "지구적 규모의 장기적인 시간대에 걸친 논의와 중·소규모의 지역, 중·단기의 과제를 동시에 사고하면서 일관된 실천으로 연결해내는 작업"[58]이 중요하다고 보았다. 그리고 동아시아에 과연 장기과제인 세계체제의 전반적인 변혁과 단기적인 개혁작업을 연결하는 중간매개항인 복합국가 건설의 가능성이 있는지를 점검한다. 결론적으로 그는 지구지역학Glocalogy의 구도상에서 이 중기과제인 복합국가에 대해 "단순한 통일이 아닌 분단체제 극복이라는, 민중의 일상적·실질적 이익에 부응해 그들의 참여 확대로 창의적인 국가구조를 형성하는 것이며 그 과정에서 이루어지는 점진적 통일만이 동아시아의 평화, 나아가 세계체제의 변혁을 가져올 것이다. 관련 국가와 시민사회의 협력 없이는 이것이 이루어질 수 없다는 점에서 동아시아는 이미 한반도에서 진행되는 '과정으로서의 통일'에 깊이 들어와 있다"[59]고 진단한다.

더 나아가 백영서는 중기과제인 '복합국가'의 전망을 패권적 대국주의라는 20세기형 국익 개념의 내파內破를 통해 구체화한다. 그는 국민국가로 간단히 회수할 수 없는 핵심현장인 진먼金門(타이완), 오끼나와沖繩(일본), 개성(한반도)을 점검하면서, "국가와 비국가 사이에 처한 아시아의 고아 타이완(본섬)으로부터도 억압당한 주변적 존재인 진먼, 외래정권들의 복합적 중압의 역사를 감당해 온 오끼나와, 남북한의 국가주권이 중첩된 개성에 거주하는 주민들의 경험세계는 분명 국민국가를 상대화하는 소중한 사상자원이다. 그곳 주민들의 참여 확대로 국민국가의 결속원리인 경계의 고정성, 권한의 집중성을 뒤흔들면서 그것에 기반을 두어 좀 더 민주적인 국가구조를 창안하고 장기적으로 세계체제를 변혁해야 할 것이다"[60]라고 역설한다. 소위 '장기과제-자본주의(신자유주의) 세계체제 변혁'은 문명론적 차원에서 복합국가론과 친화적인 생명 지속적 발전, 소국주의가 거론된다. 백낙청은 생명의 원리에 부합되는 발전의 길을 제의하면서 "생명을 지속하는 일을 기본으로 삼되 여기에 합당한 발전의 가능성을 찾자는"[61] 비전을 검토한다. 그런가 하면 최원식은 패도覇道론적 대국주의(부국강병에 기초한 대국 지향의 민족주의)의 동아시아 모델을 왕도王道론적 소국주의의 재평가를 통해 교정하는 작업, 곧 "소국주의의 고갱이를 중형中型국가론에 접목하는 작업과 함께 우리 안의 대국주의를 냉철히 의식하면서 그를 제어할 실천적 사유의 틀들을 점검하는 일이 우선"[62]이라고 말한다.

중국발 지역체제론

일반적으로 중국에서는 한국이나 일본의 경우와는 달리 '동아시아' 라는 인식이 선명하지 않다는 것이 특징이다. 그런 면에서 백영서는 중국인들에게는 "동아시아 상황 속의 중국을 바라보는 시각이 결여되어 있다"[63]고 지적한다. 즉 "세계(구미)와 직접 대면하는 중국이란 관점은 강하지만 중국의 주변 이웃인 동아시아 여러 사회들에 대한 수평적 관심이 희박하다"[64]는 것이다. 그러나 최근 들어 중국 내 동아시아 연구가 양적 · 질적인 차원에서 크게 진전되고 있다. 쉬슈리徐秀麗는 중국에서도 동아시아 서술이 존재하며 그 서술의 합리성은 첫째로 동아시아가 역사적으로 존재하는 하나의 사실이자 실체이며 둘째로 동아시아 서술의 정립이 이 지역의 평화와 발전에 기여할 것이라는 점에서 논증되고 있다고 정리한다.[65] 같은 맥락에서 한성韓昇은 "동아시아는 공통된 문화기초를 가진 문명지역으로서 역사상 형성된 사실이며 1,000여 년 전으로 거슬러 올라갈 수 있다. 그것은 결코 외부에서 강요한 개념도 아닐뿐더러, 전 세계를 식민 분할하려는 서양의 책략에 의해 설정된 개념이 전환된 자아정체성도 아니다"[66]라고 진술한다. 또한 쉬지린許紀霖도 동아시아는 "역사적으로 근거 없이 꾸며낸 상상의 공동체가 아니며 조공朝貢체체, 상호 긴밀한 인구의 유동流動, 한자문화권, 유 · 도교문명 등이 동아시아 운명공동체에 역사적 정당성을 부여했다"[67]고 설명한다.

여기서는 상론上論한 동아시아의 인식선상에서 중국발 지역체제 담론을 다중모델(중국형 발전모델)론, 신천하新天下주의, 트랜스시스템사회 trans-systemic society, 跨體系社會를 살펴보고자 한다. '중국형 발전모델'은 순수 경제적 대안경로 차원에서 리보중李伯重이 주창한 것이다. 리보중은 오늘날 고도성장을 이룩한 중국의 경제 기적을 역사적으로 장기간 발전해온 결과라 해석하고 그 뿌리를 주로 장난江南 지역을 중심으로 한 중국경제의 역사에서 찾았다. 이 이해방식은 드와이트 퍼킨스Dwight Perkins가 중국의 경제 기적은 20세기 세계사에서 가장 중요한 사건 중의 하나이며 '과거의 지속persistence of the past'이라 표현하면서 장기적인 역사발전 과정을 통해서만 그 기원과 미래를 정확하게 파악할 수 있다고 한 것과 동일문맥을 구성한다.[68] 그러나 리보중은 중국의 경제사 연구가 주로 소련을 통해 도입된 서구의 경제발전모델로서 서유럽의 경험이나 이론, 방법 등을 전 지구적으로 보편화하는 19세기 서구중심주의 사회이론에 기초한다고 폭로한다. 그는 캘리포니아학파의 수정주의 노선과 호흡을 맞추면서 자국 내 중국경제사 연구풍토, 즉 "근대 초기 이래 서양이 걸어온 경제발전의 길이 근대 경제성장의 유일한 길이며 중국경제도 이 길을 걷게 될 것"[69]이라는 서구중심론의 역사관을 비판하고 '다중모델-중국형 발전모델'이라는 새로운 분석 개념을 제시한다.

리보중은 문화혁명 이전 중국 역사학계에서 다섯 가지의 중요한 주제로 격론을 벌였던 소위 '신중국사의 화려한 다섯 송이 꽃' 가운데 하나인 '자본주의 맹아론'을 서구중심주의에 착근된 자본주의 강박관념이자 단원적·직선적 진화사관의 산물이라고 지목한다.[70] 그리고 중국인들이 자본주의 맹아 강박관념에 사로잡히게 된 배경을, 이 "진화사관은 세계 모든 민족이 반드시 하나의 길을 걸어야만 하고 그 과정에서 자본주의를 피할 수 없으며 중국도 예외가 아니라고 설파한다. 그래서 중국인들은 중국에 맹아 단계가 있어야 하며 그렇지 않으면 중국의 자본주의는 수입품이 되어버린다"[71]고 설명한다. 계속해서 리보중은 중국이 아편전쟁 이후 1세기 동안 자본주의라는 서양의 발전 형태에 맞추려고 노력했음에도 불구하고 1949년 사회주의를 맞이한 사실은 자본주의가 중국역사에서 반드시 거쳐야 할 필연적인 단계는 아니었음을 보여준다고 말한다.[72] 결국 1990년 이전 자본주의 맹아는 유럽의 경험에 의탁해 중국경제사를 재구성한 것이자, 더욱이 서유럽의 방식이 중국에서도 재현되었음을 증명하려는 것이므로 이 강박관념을 탈피해야만 연구의 객관성을 유지하고 중국의 독자적인 발전규칙을 읽어낼 수 있음은 물론이다. 이 제반 주장은 리보중 그 자신이 통찰한 바 "세계역사는 단 하나의 근원을 갖고 있거나 직선적으로 발전하는 것이 아니라 서로 다른 근원에서 시작해 다양하고 풍부한 발전을 거치고 있다"[73]는 다중모델론이 그 논거였다.

사실상 서구 발전경로는 영국의 경험에 기초한 근대화 과정을 지칭한다. 영국형은 산업혁명에 의한 경제변혁을 핵심으로 하며 산업혁명의 내용과 탄생 배경이 과거 200년 동안 세계경제사 연구에서 가장 중요한 과제가 되었다.[74] 자본주의 맹아론의 역사발전관도 이 영국형의 기초 위에서 수립된 것이다. 따라서 리보중은 영국형 모델의 실체를 파헤쳐 유럽중심사관과 공조하는 중국경제사의 '자본주의 맹아 강박관념'을 해체하고자 했다. 그의 논지를 따라가 보면, 영국형은 칼 마르크스Karl Marx의 재생산이론에서 제시되는 보편적 규칙과 일치한다. 공업화 이전의 경제에서 근대 공업경제로의 이행은 낮은 수준의 사회 재생산이 확대 재생산으로 전환함을 의미하고 이 전환 과정이 산업혁명이다. 그리고 산업화(근대화)란 사회생산에서 '경공업(소비재 생산)'보다 '중공업(생산재 생산)'의 비중이 증가하는 것인데 근대 초기 영국의 산업구조 변화가 이러한 규칙을 구현하고 있었다. 반면에 두 산업의 비율변화를 이끈 것이 네덜란드, 프랑스, 중국 등지에서는 결여한 중공업, 즉 석탄과 철에 의한 연료혁명인 점에서 영국이 만약 우연적 요소인 석탄산업, 철공업의 중대한 발전이 없었다면 스미스시대의 공업발전은 근대공업화로 이어지지 못했으리라는 것이다.[75] 이러한 논리가 성립된다면 영국형 모델에는 산업혁명 전후의 인과관계가 없음이 자명하다. 따라서 "영국형은 재생산이라는 보편적 규칙에서 보자면 보편성을 띠지만 구체적인 발전 유형으로서는 보편성을 띠지 않는다."[76]

그도 그럴 것이 명청시대 장난의 경제 발전은 경공업과 농업이 전체 생산에서 절대적 비중을 차지했고 중공업 생산은 대단히 미약했다. 이 지역의 근대공업화는 19세기 후반 서양세력이 석탄과 철을 충분히 공급함으로써 가능했던 것을 보면 외생적exogenous 요인이 주효했다.[77] 그러므로 영국형의 상징인 재생산 규칙은 중국의 장난경제 연구에서는 보편성을 상실한다. 더불어 중국 자본주의 맹아가 자본주의 근대공업화로 발전할 것이라는 맹아론의 논거지반도 무너진다. 리보중은 이 공백을 겨냥해 '다중모델론'을 주창하면서 근대 경제발전의 '정상궤도(서구모델)'를 벗어나는 '중국형 발전모델'을 개진한다.[78] 논지컨대 명청시대 장난의 경제발전 유형은 노동분업, 전문화, 특정 지역경제의 상대적 우위를 원동력으로 하는 '스미스형 성장'에 속한다. 단적인 예로 청대 장난은 남경여직男耕女織 형태로 수공업과 농업의 분업·전문화가 이루어졌으며 교통이 편리해 전체 중국시장에서 지역 간 노동분업과 전문화의 이점을 누렸다.[79] 현대 장난의 경제발전은 역사의 연속성 상에서 청대의 전통이 발현된 것이다. 서로의 공간이 교차하는 도농都農관계는 유럽의 폐쇄된 사회와 달리 도시와 농촌, 농민과 노동자가 구분되지 않은 개방된 사회다. 농촌에서는 반농반공半農半工, 도시에서는 반공반농半工半農의 생산방식을 유지한다. 그리고 농업경제 성장의 중심인 생산자본의 집약화, 자원이용의 합리화, 생산의 외향화外向化(외부판매), 향진鄕鎭기업 등은 청대의 경향과 크게 다르지 않다.[80]

이렇게 리보중이 주로 경제적 대안체제 차원에서 동아시아모델을 논구했다면 신천하주의, 트랜스시스템사회는 전통적 지역체제의 원리·분석 개념을 상호적으로 공유하면서 정치, 경제, 역사, 철학, 문화 등의 현대 인문사회 영역을 망라한다. 이 두 담론은 기본적으로 중화제국담론의 '포용-(관용)성'에 토대하여 탈근대적인 '동아시아식 체제모델'로 법고창신法古創新하려는 지성사적 흐름이다. 쉬지린은 중국의 부상을 21세기 세계에 가장 큰 영향을 준 사건으로 인식하면서 그로부터 동아시아질서의 불안한 정세가 출현했다고 진단한다. 이르기를, "동아시아에는 중국의 부상이 일부 주변국의 불안을 초래했으며 동해, 남해의 도서분쟁은 동아시아에서 언제든지 공중전이 발발할 위험성을 안고 있다. 중국은 말할 것도 없고 동아시아 각국의 민족주의가 유례를 찾아볼 수 없을 정도로 고조되어 서로 자극하는 형세이다. 19세기의 유럽과 같은 국부전쟁이 일어날 가능성이 증가하고 있다."[81] 쉬지린은 이 임박한 위기를 해소할 방안은 서구에서 19세기 말부터 중국에 도입된 '민족국가지상至上의식'을 제거하는 것이 중요하다고 보았다. 그에 따르면 "민족주의는 본래 근대성의 내재적 요청이었지만 하루아침에 세상을 지배하는 최고의 가치가 되어 유럽에서 발생한 세계대전과 같은 세계에 치명적인 재난을 불러올 것"[82]이라고 우려감을 표명한 것이다.

쉬지린은 오늘날 전사회의 지배적 사유가 된 민족국가의식을 동아시아 위기의 근원(근본)으로 지목하고 이 이데올로기와 맞서는 근본적 사유방법을 "고대전통으로부터 유래하면서도 근대성으로 재해석한 기축문명의 지혜"[83]인 '신천하주의'라고 명명한다. 신천하주의는 근대성의 맥락에서 지양Aufheben과 갱신을 거쳐 그 특징상 '첫째로 탈중심·탈등급화', '둘째로 새로운 보편성을 창조하는 천하'라는 점에서 전통적 천하주의와 민족국가에 대한 이중적 초극을 의미한다. 쉬지린에 의하면, "전통적 천하주의는 화하華夏를 핵심으로 하는 동심원 등급성의 권력·문명 질서다. 그러나 신천하주의는 이러한 중심과 등급화의 질서를 우선적으로 잘라낸다. 신천하주의에서 '새로움新'이란 민족국가 주권평등의 원칙을 첨가하는 것이다. 신천하질서 속에서 중심이 없고 오직 독립과 평등을 상호 존중하는 민족과 국가만이 존재할 뿐이다. 또한 더 이상 지배와 피노예화, 보호, 신복臣服의 등급성 권력의 배치가 아니라 권력과 통제가 제거된 평등하게 공존하는 평화질서다."[84] 신천하주의는 중국 고대의 역사지혜인 전통적 천하주의의 지양, 탈중심·탈등급화에 의한 평등한 공유를 핵심으로 하고 보편문명의 기초 위에서 새로운 보편성, 즉 동아시아운명공동체의 영혼에 해당되는 '공유적(함께 누리는) 보편성'을 수립하고자 한다.

이 공유적 보편성이라는 사유패턴은 이매뉴얼 월러스틴이 거론한 "'보편적(지구적) 보편주의universal universalism'들의 네트워크와 유사한 다수의 보편주의들"[85]과도 일맥상통한다. 쉬지린은 동아시아운명공동체의 '영혼-창조적인 새로운 보편적 가치'는 물론이고 그 육신이라고 할 수 있는 제도 형태가 요구된다고 말한다. 즉 이 지역운명공동체는 15~18세기 중국 중심의 조공체제 방식으로 출현했으며 안드레 군더 프랑크의 견해를 수용해 유럽 공업혁명 이전의 아시아시대에는 조공체제의 동아시아가 전 세계 경제체제의 중심이었다. 그러나 이 등급성의 조공체제는 전통적 천하주의의 외부질서이자 중화제국 동심원 질서의 대외적 확대이므로 21세기 신천하주의 시대에는 그것의 탈중심·탈등급화와 함께

'공유적 신보편성'이 요청됨은 물론이다. 쉬지린의 말을 옮겨보면 "중심과 등급화가 제거된 조공체제의 몇몇 요소는 신천하주의의 국가관계 프레임과 정합성을 갖는다. 예컨대 조공체제는 복합형의 윤리·정치·무역 교류 네트워크로서 유럽 식민시대의 노예화와 피노예화, 착취와 피착취, 약탈과 피약탈의 단방향적 통제패턴과는 다르다. 조공체제는 국가 간의 호혜와 상호 이익을 더욱 중시한다. 상업적 '이익利'도 중요하지만 무역상 윤리적 '의리義'에 복종해야 한다. 상품, 자원, 금융의 교역을 통해 선린 우호관계를 구축함으로써 동아시아의 운명공체를 이룩했다."[86]

　이러한 탈근대 지역체제 담론은 청대의 통치 시스템과 조공네트워크를 규범화한 왕후이汪暉의 '트랜스시스템사회'에서도 확인된다. 왕후이는 근대적 중국관을 '민족주의 지식'이라고 규정하고 중국역사 연구에서 지역 담론과 지역주의적 방법을 분석, 종합해 그 대안적 인식 틀을 "서로 다른 문명·종교·종족집단ethnic group 및 기타 시스템을 포함하는 인간공동체이거나 사회연결망"[87]인 트랜스시스템사회라고 명명한다. 그에 따르면, "근대 자본주의의 국가·민족·지역을 뛰어넘는 활동이 각종 문화적·정치적 요소가 경제활동의 역량에 통섭되는 것이라면 트랜스시스템사회라는 개념은 정반대다. 이 개념에서는 서로 다른 문화, 종족집단, 지역이 교류·전파·병존하면서 서로 연관된 사회형태와 문화형태를 형성한다."[88] 더 나아가 왕후이는 이 트랜스시스템사회 개념을 통해 서구식 자본주의-민족주의가 지배하는 현 중국의 국가모델이나 동아시아 지역체제를 극복할 대안의 단서를 모색한다. 이르기를, "트랜스시스템사회를 지역적 범위와 연관짓게 되면 지역은 민족-국가와 다르고 종족집단과도 달라지며 지역이라는 범주가 특수한 인문지리와 물질문명의 기초 위에서 독특한 혼합성·유동성·정합성을 포함하게 되기 때문에 우리가 민족주의 지식의 틀을 넘어서 중국과 그 역사적 변천을 새롭게 이해하는 데 도움이 된다."[89]

끝맺는 말

근현대 동아시아의 역사 자체가 서구에 대한 타자로서 스스로를 인식하면서 가질 수밖에 없었던 고정성, 수동성, 배타성, 정체성의 '동아시아상'으로부터 스스로가 이러한 타자성을 해소해가면서 쟁취한 가변성, 능동성(주체성), 개방성, 세계성(보편성)의 '동아시아상'으로 이행해온 역동적인 과정이었다.[90] 되돌아보면 제2차 세계대전 이후 제3세계권의 지역 가운데 오직 '동아시아'만이 비약적인 경제 발전을 성취했다. 특히나 중국이 정치경제적 팽창을 거듭하면서 서구학계에서는 (동)아시아의 성장을 해명하려는 학술적 조류가 1980년대부터 가시화되었다. 더하여 20세기 말 사회주의권의 몰락에도 불구하고 중국이 '미국헤게모니'를 위협할 정도로 국제적인 역량과 위상이 커지자, 2000년을 전후로 구미중심적 세계사를 총체적으로 재검토·교정하고 동아시아 성장의 원인을 해독해내려는 시도가 '미국 캘리포니아학파'를 중심으로 수행되었다. 이 수정주의 그룹은 산업혁명 직전까지 중국과 동아시아의 지역체제·경제 발전 수준은 서유럽과 비등했거나 그것을 능가했으며 오늘날의 급부상도 이례적인 것이 아니라 그 본래의 역사적 지위를 회복한 것이라 파악했다. 심지어 동아시아를 자본집약적 에너지소모형인 서구식의 부자연스러운 발전경로를 대체할 차세대 헤게모니문명으로 격상시킨다. 동아시아는 노동집약적 에너지절약형의 자연스러운 발전경로로서 현 세계의 불평등구조를 해체하고 친환경적이면서도 평등한 분배를 실현할 문명의 중심축이라는 것이다.

이러한 동아시아에 관한 역외(서구·타자)적 의미부여는 역내 지식인들과의 적극적인 상승작용을 통해 다양한 방식으로 '동아시아식 체제모델'을 실체화하려는 움직임들로 나타났다. 본 장에서는 이 일련의 대안체제의 각론상에서 오늘날 동아시아의 경제 기적을 해명하는 분석기제, 즉 캘리포니아학파와의 공명 속에서 정식화된 일본학계의 '근면혁명-노동집약적 산업화' 발전경로론을 우선적으로 검토해 보았다. 이와 함께 인문사회학을 통섭하는 한반도발 분단체제론과 그 과제로 제시된 복합국가론, 생명 지속적 발전, 소국주의를 논구했다. 더불어 중국발 지역체제론으로 순수한 경제경로인 다중모델(중국형 발전모델)론, 또한 중화제국전통을 사상자원으로 하는 신천하주의, 트랜스시스템사회를 고찰했다. 이 제반 담론은 상호 간 참조체계를 이루어 '21세기형 동아시아체제'를 구상하는 데 균형적인 지식토대가 될 것이다. 다만 거기에는 "개별 국가나 민족을 넘어 일정한 보편성을 가지려면 그 주체나 제도적 성격도 밝혀져야 하지만 그와 더불어 인간다운 삶에 대한 지향을 장기적이고 거시적으로 생각하는 데 긴요한 '문명적 시각'이 결합되어야 한다."[91] 이러한 문제의식과 동반하는 지역체제는 인류의 보편적 가치를 지향하는 동서양 두 체제의 혼성화hybridization라는 혁신적인 '신문명시스템'에 수렴됨은 물론이다.

제8장

동아시아문명과
한반도 진경문화

이끄는 말

본 장은 새로운 '동아시아학' 전망 차원에서 문명적 가치와 그 의미를 중시하는 탈근대적 '신중세화neo-medievalization론'에 기초한다.[1] 앞서 살펴본 바와 같이 '신중세체제'는 문명공동체 범주의 보편성과 특수성을 잇는 거시적 구도의 결합조직이자 생태학적 관계망을 긍정하는 '다양성 속의 조화'를 지향한다. 그 핵심은 세계화globalization의 원심력과 국민국가의 구심력에 대한 균형성이 요구되는 오늘날 '보편적 세계성'과 '특수적 지역성'이 함께 어우러져 있는 중세화 과정의 재발견으로 요약할 수 있다. 신중세화 이론은 21세기 동아시아의 '국제 공공성公共性, publicness' 모색과 새로운 동아시아의 '평화공동체' 창출을 위한 지침과 모델로서의 많은 지적 영감을 제공해 준다. 무엇보다 유러피언 드림European Dream으로 대변되는 유럽연합EU의 실체가 이 '신중세체제'에 기초한다는 점은 특기할 만하다.

그런데 이러한 신중세화론과 연관된 '동아시아 정체성identity 구축'은 전통시대 동아시아의 국제 공공성 영역인 '중화中華적 세계시스템'을 현대 문명학적 차원에서 재구성하려는 연구 노력과 상통한다. 여기에는 탈전통을 기획했던 근대화modernization라는 거대 담론의 해체가 상정되어 있다. 그런 의미에서 동아시아 신중세화의 모색은 "그동안 전통문화가 근대라는 담론이 선험적으로 설정한 기준에 따라 의미를 박탈당했다면 탈근대의 문제 틀은 이러한 근대의 선험적 전제들을 해체함으로써 전통과 근대의 새로운 접합 내지는 가로지르기를 할 수 있는 길을 제시한다"[2]는 견해를 포괄한다.

오늘날 동아시아인들은 혁신적인 동아시아의 '국제 공공성' 모델로서 탈근대·탈제국주의적 '동아시아 중세화론'을 적극 공론화해야 할 것이다. 그러기 위해서는 '중화보편주의'를 현재화하고 재창안하여 궁극적으로는 동아시아문명권의 여러 지역문화들이 평등하게 교류하고 공존하는 연대적 가치의 '문명생명주의'로 수렴해야 한다. 역사상 '중화'의 의미구성체는 전통문화의 현재성과 관련되며 그것은 동아시아의 정체성과 그 연대감을 추동하고 강화하는 역내 공통된 문명·문화소로 작동해 왔다. 이 장에서는 전통시대 동아시아세계의 '국제 공공성'과 관련, 동아시아문명의 보편적 규범인 '중화'가 특수적 소단위체인 제반 '민족문화夷로 전이되는 궤적을 추적하여 이 양자의 문명학적 조응和而不同과 그에 따른 역내 개별문화권의 탈주변화 과정을 조선 후기 한반도 '조선중화주의-진경眞景문화'에서 재현representation할 것이다. 그럼으로써 보편과 특수가 조율되는 '동아시아 중세화'의 현재성을 정식화하려고 한다.

전통시대 중화 세계시스템

동아시아 전통적 문명

원래 '문명'은 어원상 중화 지향의 '전통성'과 서화西華(서구) 지향의 '근대성'이라는 이중의 교차적 층위를 구성하는 개념이다. 동서양의 문명 개념은 이상을 향한 진보 혹은 개조를 긍정하고 이적夷狄과 야만이라는 절대적 타자를 상정하는 차별기제가 내포되어 있다. 또한 강력한 가치 영역인 교敎(유교·기독교)를 통해 물질, 이익과 관련된 영역을 강력히 규제한다거나 그 개념의 내용을 규정하는 주요 요소들, 즉 문화, 지역, 종족, 인종이라는 범주 역시 흡사하다.[3] 다만 현재 통용되는 '문명' 개념은 통상 동아시아의 고유어가 아닌 역내 국가들이 근대화 과정에서 채용한 서구 근대성 그 자체의 속성을 지닌 'Civilization'의 번역어로 이해된다. 서구의 근대에 탄생한 이 용어는 1870년대에 일본에서 문명으로 번역·소개되었고 조선에서는 1880년대 이후에 개화와 짝을 이루며 부각되었다.

이를테면 19세기 후반 조선에 이 번역어가 도입되면서 문명은 보편문명과 서양문명을 동시에 지칭하는 말이 되었고 문명 일반의 지위를 빠르게 획득해 나갔다. 1890년대 이후에는 위정척사衛正斥邪 계열의 지도자들도 문명을 보편술어로, 중화나 서양을 특수문명으로 표현하기 시작했다. 또한 문명이 동서양을 아우르는 표준이 되자 종족적·지리적·문화적 성격이 혼재했던 중화 개념 가운데 보편문명의 의미는 축소되고 단순히 국가 개념으로서의 중국을 지칭하는 경우가 많아졌다.[4] 이와 맞물려 개화론자들이 중국을 반개半開나 미개未開로, 그리고 서양을 보편적인 것으로 파악함에 따라 현실문명의 기준마저 바뀌게 되었다. 이로써 서구문명 자체가 '보편문명'이라는 인식의 생성이 빠르게 진전되어 오늘에 이른 것이다.

그러나 동아시아의 '신중세체제' 전환 모색은 대단위의 공동체적 가치를 중시하는 문명의 전통적 개념사와 연계해서 논의해야 그 실효성을 극대화할 수 있다. 전통시대 동아시아 중화 세계시스템의 태동과 관련, 중국 고전문화의 창달 시기 출현한 중하中夏, 중화, 중국 등의 명칭이 갖는 함의에 주목할 필요가 있다. '중中'은 지리적·문화적으로 중앙의 의미를, '하夏'는 중국 최초의 왕조문명이 발생한 '하' 지역 내지는 '크다大'라는 뜻을, 그리고 '화華'는 찬란한 문화라는 의미를 각각 내포한다. 여기에 근거해보면 중화, 중하, 중국의 개념들은 대체로 '문화가 찬란한 중앙의 큰 나라'로 정리할 수가 있을 것이다.[5] 고대 중국인들은 하夏·은殷·주周 삼대에 이룩한 찬란한 문화와 강대한 힘을 배경으로 자신들이 세계의 중심이자 유일한 선진문명임을 자처했다. 그런데 이러한 의식은 찬란한 선진문화를 창달한 중국 고대 성인聖人의 '문덕文德이 찬연히 빛나는 상태'를 나타내는 문명의 초기 용례와도 무관하지 않다.

주로 유교문헌에서 발견되는 '문명'의 초기 용례들은 고대 성왕聖王들의 위대한 덕을 칭송하는 형용사적 서술어로 사용되었다. 때문에 '문명'의 동아시아적 어원은 중원의 문명을 개창한 유교 계열의, 즉 내성외왕内聖外王의 성인과 연계되어 있음을 알 수 있다.[6] 즉 고전적 '문명' 개념이 도출된 요堯·순舜에서 공자孔子로 이어지는 성인의 계보는 사실 한문漢文문명권이라는 동문同文세계를 중심으로 중국 고대의 역사가 발전하는 과정이었다. 문명은 중국역사의 실체로서 중국의 가치를 대변하기 때문에 중국=세계 중심=문명이라는 등식의 문명론적 개념이 성립한 것이다.[7] 결국 전통적 문명의 핵심은 성인의 도와 연결된 중국적 세계관, 곧 '중화'[8]임을 확인할 수 있다. 이렇게 전개된 동양적 문명, 즉 '중화' 개념은 유교가 한대漢代에 국학으로 채택됨에 따라 한漢 국가 자체의 의미로 한정되는 등 중국 역대 왕조의 정치이념으로 확립되었다. 특히 동중서董仲舒에게서 문덕은 중화주의의 다른 이름이고 왕화王化, 덕화德化, 성화聖化는 그것의 확산을 가리키는 용어였다.[9]

이와 같은 전통적 문명 개념에 기초해서 재차 동아시아 문명공동체적 시각에서 접근해보면 민족국가 단위의 근대화론이 문명의 서구적 개념에 기초한다면 문명공동체로서의 중세화론은 문명의 '동양적 개념' 상에서 관측된다. 근대민족주의 형성의 모태가 되는 원형적인 민족이 전근대에도 실존했던 것과 마찬가지로 금세기 동아시아공동체 구성을 위한 원형적인 동아시아는 문명의 전통적 범주인 '중화' 관념 속에 지속되어왔다. 중세는 권위와 권력의 분리, 주체의 다양성, 이데올로기의 보편성, 지방분권과 중앙집권의 병존 등을 특징으로 하는 사회임은 주지의 사실이다. 이러한 특징들은 동아시아문명에 한정해보면 서구의 근대 세계시스템이 동아시아에 침투하기 이전 이곳에 존재했던 중세 '중화적 세계시스템'에서 발견된다.

유교문명권의 동아시아는 농경사회를 토대로 평화공동체를 이루어 공존하는 '중화'라는 문화질서를 유지하고 있었다. 말하자면 중세 유럽 세계가 보편적 교회 개념인 가톨릭^{Catholic}(이 말은 본디 '보편적'이라는 의미의 그리스어 카톨리코스^{katholikos}에서 유래한다)으로 통합되어 있었던 것과 동일하게 동아시아세계는 유교와 접맥된 '중화보편주의' 신념체계로 통일되어 있었다. 이 중화보편주의는 전통시대 동아시아인들이 근거했던 삶의 가치와 신념의 지향을 규율하는 보편적 규범성을 띠었다. 중화적 가치를 동아시아의 국제 공공성으로 명명한 이유가 여기에 있다. 그리고 이 문화이념으로서의 중화는 선험적으로 중국과 결합되어 있었고 이 때문에 그것은 역사적으로 주로 '중국'을 통해 현현되었다. 한대에 등장하여 당대^{唐代}에 확립된 이 중화주의는 동아시아 유일의 초강대국이자 선진국인 중국이 중화를 자처하면서 책봉^{冊封}·조공^{朝貢}관계를 통해 주변 국가들에 영향력을 행사하는 방식으로 관철되었다.

이처럼 '중국'이란 오늘날의 국가(중화인민공화국) 개념이 아니라 동아시아대륙의 중심부 중원中原(황허黃河 중·하류 지역)을 지배하는 왕조, 즉 책봉의 권한을 가진 천자天子의 제국임에 유념해야 한다. 더욱이 그 왕조의 지배민족 역시도 역사상 한족漢族만이 아니었고 선비, 거란, 여진, 몽골 등의 다른 여러 민족도 함께 포함되었음은 재론의 여지가 없다. 전통시대 동아시아의 국가는 특정한 가문이 국가권력을 독점하는 왕조의 형태로 존재했다. 예를 들면 한漢은 곧 왕조의 명칭이며 국가의 칭호였다. 그러나 중국은 국가 개념이 아니었다. 그것은 중원이라는 특정한 활동공간에서 '중화'문화를 창조하고 향유하면서 역사적 경험을 공유한 특정 '역사공동체'의 명칭이었다. 중국이라는 역사공동체와 중국에서 출현하여 중국을 지배하는 국가는 서로 긴밀한 관계 하에 있었지만 사실은 서로 일치되는 역사적 실체는 아니었다. 춘추전국春秋戰國시대에 역사공동체를 의미하는 '중국'이라는 개념이 출현한 이후 전통시대가 끝날 때까지 중국에서는 국가와 역사공동체가 일치하지 않은 상황이 지속되었던 것이다.[10]

이러한 의미 맥락에서 김한규는 최근 동아시아 국제사회에서의 역사전쟁, 즉 티베트 귀속 문제와 고구려사 귀속에 관한 논쟁은 쌍방 모두가 '국가'와 '역사공동체' 개념을 구분하지 못함으로써 무의미한 혼돈에 빠져 있다고 비판한다. 이 제반 논쟁에서 발견되는 국가 간의 관계와 역사공동체 사이의 관계를 일치시키려는 태도는 동아시아세계의 역사상을 정확하게 이해하는 것을 저해하는 가장 근본적인 요소라는 것이다. 말하자면 역사상의 동아시아세계는 일반적으로 한 국가가 한 역사공동체를 지배하거나 한 역사공동체가 한 국가를 건립한 것이 아니라, 복수의 국가가 한 역사공동체를 분점하거나 복수의 역사공동체를 한 국가가 통합 지배하는 양상으로 전개되어 왔다고 지적한다. 여기에 근거해서 김한규는 중국인들이 변강邊疆이라 부르는 것의 역사적 실체가 복수의 독립적 역사공동체였음을 통찰하고, 현재의 '중국'이 역사상의 여러 역사공동체 위에 구축된 역사적 허상임을 간파하여 하나의 '중국'을 여러 역사공동체로 해체·분석하지 않는 한, 전통시대 동아시아 세계의 구조적 본질을 정확하게 이해는 것은 불가능하다고 강변한다.[11]

중세화—중화 공공성

현대의 문명론적 관점에서 보면 문명의 근대적 개념이 '서구중심주의 west-centrism'를 핵심 내용으로 한다면 문명의 전통적 개념은 중국적 세계질서인 '중화주의'가 기본 골격을 이룬다. 그런데 전통시대 중화주의는 공자의 춘추春秋정신을 통해 동아시아의 현실역사에 투영되고 기능했다. 중화의 문물을 보유한 문화국가 '주周 왕실'을 높이고 야만인 '이적'을 물리친다는 공자의 춘추대의大義가 그것이다. 이 화이론華夷論적 춘추 사상은 크게 보아 '인도仁道정신'과 '의리義理정신'을 동시에 내포한다. 그러므로 인도정신을 발휘하여 관용과 개방의 방향으로 나갈 수 있는가 하면, 또 한편으로는 의리정신을 진작시켜 불의를 비판하고 부정에 대항함으로써 강한 자주의식을 확립할 수 있었다.[12] 역사상 전자는 문화가 열등한 국가와 민족을 포용하여 대동大同세계를 구현하고자 하는 대일통大一統의 개방적 '세계주의'로, 후자는 불의하고 부당한 외세의 침략에 맞서 민족의 독립을 확보하고자 하는 자주적 '민족주의'로 나타났다.

중화 관념은 발생적으로 민족중심주의에서 출발하지만 동시에 자국이 문화세계에 있어 가장 우수하다는 문화적 우월성에서 미개한 주변의 이적세계를 예禮적 질서 속에 편입하여 문화의 은혜를 입힌다는 이른바 개방적 세계주의 지향을 내포한다. 따라서 거기에는 이념상 국가, 민족에 의한 영역이나 국경을 초월한 '천하天下'만이 존재하게 되므로 화이내외華夷內外의 구별 또는 존내비외尊內卑外에 표상된 영역성은 결코 고정적이지 않고 천자의 덕화나 교화를 통해 항상 확대되는 성격을 가진다.[13] 그런가 하면 이 세계관에서 중국이란 문화가 발생·발전하여 세계 최고의 수준에 이른 곳이며 이적이란 황복荒服, 즉 문화의 불모지로서 중화문화의 세례를 받아 한화漢化(중국화)되어야 할 곳이었다.[14] 이런 견지에서 중화주의가 제국주의적 성격을 띤다는 사실 또한 부정할 수 없다. 그리고 이 중화제국주의 이면에는 문명中華과 야만夷狄을 구분, 타민족을 타자화하여 야만시하는 차별기제가 존재한다. 소위 '화이華夷' 이분법은 근대적 대국주의 관념으로 굴절되어 중국인에게 여전히 강하게 남아 있다.

그런 면에서 중화체계가 동아시아 국제 공공성으로서의 현재성을 갖기 위해서는 그 문명적 역기능성에 대한 비판적 검토도 함께 병행되어야 할 것이다. 따라서 중화와 이적을 구획하는 문명 이분법에 대해 '이夷'는 '화華'를 위협하는 존재가 아니라 '화'의 정당성과 그 존립의 근거를 강화하는 데 불가결한 존재라는 이성규의 지적은 적확하다. 더불어 강자에게는 관용의 미덕과 문명 보급의 의무라는 명분으로 지배의 논리를, 힘의 한계를 인식한 자에게는 절제의 논리를, 약자에게는 보편적인 문명 가치에 대한 참여와 그 수호란 이름으로 복종의 논리를, 단절과 고립을 원하는 자에게는 외外·타他·이異를 이적=금수로 여기며 배척 또는 저항할 수 있는 논리를, 정복과 팽창을 원하는 자에게는 무한한 통합의 원리를 모두 제공하는 중화사상은 너무나 저급한 '상황의 정당화체계'에 불과한 것일지 모른다는 비판은 곱씹을 만하다.[15]

이와 같은 비판적 시각을 유지하면서 중화보편주의의 가치관이 중세 동아시아의 정치구조였던 책봉(조공) 체제와 함께 공동문어인 한문과 보편종교인 유교사상으로 구현된 세계가 다름 아닌 '동아시아문명'임을 논구하고자 한다. 동서양의 문명일반론에서 보면 세계의 문명은 일원적 보편주의 가치관을 이룩한, 즉 책봉체제, 공동문어, 보편종교를 본질로 하는 '중세화 과정'을 거침으로써 형성되었다. 현존하는 인류의 모든 문명권은 중세의 산물이라고 할 수 있다. 자기중심주의를 특징으로 하는 고대문명이 아무리 위대하다고 할지라도 중세인이 수용하지 않으면 생존할 수 없게 된다. 고대문명은 좁은 지역 특정 집단의 독점물이지만 중세문명은 그 고대문명을 원천으로 삼아 보다 넓은 지역 포괄적인 영역에서 다수의 집단이나 민족이 동참해서 이룩한 합작물이기 때문이다. 그러므로 "중국에서 마련한 유산이 중국의 범위를 벗어나고 다른 여러 민족의 동참으로 보편적인 의의를 가질 수 있게 발전해 동아시아문명이 이루어졌다. 중국문명이라는 말은 고대문명을 일컬을 때 쓸 수 있지만 중세문명은 동아시아문명이라고 해야 한다"[16]는 논법이 성립 가능한 것이다.

근대성으로 상징되는 전 지구 규모의 세계가 출현하기 이전, 세계는 각 대륙(지역)으로 나뉘어 그 나름의 공통성과 완결성을 지닌 독자적인 문명권 단위로 존재했다. 중국, 한국, 베트남, 일본 등의 동아시아 지역에도 문명권이 형성됨은 물론이다. 이를 가능케 한 접착제가 바로 '중세화'이다. 책봉과 공동문어는 일반적으로 보편종교의 권역인 문명권 단위로 진행되었다. 동아시아의 중세문명권 역시 중국적 정치시스템인 '책봉(조공)체제'와 함께 '한문'을 공동문어로, '유교'를 보편종교로 그 중화적 세계의 공동 영역을 구축했다. 이렇듯 이 지역이 문화권과 정치권이 일체가 된 자기완결적인 세계라는 점에서 '동아시아문명권'이라 일컫는다. 좀 더 설명해보면 동아시아의 중세는 중국의 천자가 천명天命 사상과 그에 토대한 중국적 천하관에 입각하여 한국, 일본, 베트남, 유구琉球(오키나와) 등 여러 나라의 국왕을 책봉하던 시기였다. 책봉이란 내려주는 문서라는 뜻의 '책冊'과 지위를 부여한다는 뜻의 '봉封'이 복합된 말이다. 상위자가 하위자에게 문서를 내려 지위를 부여하는 행위가 책봉인 것이다.[17] 그리고 책봉체제란 중국황제와 주변 민족의 수장 사이에 관직과 작위의 수여를 매개로 해서 맺어진 관계를 나타낸다. 이 체제는 한대에 시작해서[18] 당대에 정해지고 명대明代에 완성되었다.

특히 동아시아세계가 정치적·문화적으로 일체가 되어 움직인 것은 수隋·당시대에 현저해졌다. 이 시기에 동아시아세계는 자기완결적인 역사적 세계로 자립적으로 기능하고 있었던 것으로 파악된다.[19] 이 책봉체제가 중세인에게 이중의 소속관계를 갖도록 하여 동아시아인이면서 자국인이게 했다. 그러다가 근대로 들어오면서 동아시아인이라는 공동의 영역은 없어지고 각국인만 남게 된 것이다.[20] 그런데 한편으로 책봉은 문명권 전체의 공동문어를 사용하면서 이루어진 국제관계였다는 사실을 기억할 필요가 있다. 이 공동문어를 함께 사용하는 문명권 또한 중세에 생긴 것이다. 즉 공동문어와 민족어가 양층 언어의 관계를 가진 시대가 중세이다. 공동문어가 보편종교의 경전어 노릇을 하면서 규범화된 사고를 정착시키고 국제 간의 교류를 담당해 문명권의 동질성을 보장해 주었다.[21] 실제로 중국대륙을 비롯한 한반도, 일본 열도, 인도차이나 반도의 베트남 지역은 한문을 공동문어로 사용하면서 그것을 매개로 유교, 율령, 한역漢譯 불교와 같이 중국에서 기원하는 문화를 공유했다.

이렇듯 서구적 근대성이 문명 개념에 적층되기 이전 그 원의에 함의된 '중화'의 의미구성체는 동아시아의 중세 세계시스템과 대응된다. 이 논점은 이념상 보편적 대동사회를 지향하는 동아시아의 중세적 '중화 세계시스템'으로 범주화할 수 있다. 앞에서 동양적 문명은 '성왕의 문덕'이 동심원적으로 확산되는 중국 중심의 천하관과 긴밀하게 연결되어 있음을 확인했다. 말하자면 전통적 문명은 중화·이적이라는 개념 틀을 내포하며, 또 그 용어 자체가 유교경전과 동아시아역사 속에서 문덕이 빛나는 통치, 세도世道(세상을 다스리는 옳은 도리)가 실현된 이상 사회, 중화 등으로 쓰였다.[22] 공자는 "대도大道가 행해지면 천하는 공적인 것이 된다"[23]고 했다. 이념적 지향인 대동세계로서의 공공성이 강화된다는 의미이다.

더구나 여기서의 이른바 '천하'는 동아시아공동체가 성립하는 지반임은 더 말할 필요도 없다. 공자의 명제는 동아시아문명사로 볼 때 공公, 곧 문명공동체의 공공성 구현을 위한 강력한 이념적·문화적 추동력으로 작동했다. 그런데 중국은 예악禮樂이 밝게 갖추어짐은 물론 총명하고 두루 지혜로운 자들이 살아 성현의 가르침과 인의仁義가 베풀어지는 문명세계로 표상된다.[24] 아울러 중화 공공성이 본래 민족과 지역을 구별하는 것이 아니라 문화의 우수성과 진리의 근원성으로 그 가치판단을 한다는 논단도 같은 맥락이다.[25] 이처럼 중화의 '개방적 세계주의' 지향은 천자의 덕화, 곧 왕도王道정치를 기반으로 미개한 이적까지 중국의 문화질서에 화합시켜 천하통일을 기하고자 하는 것이다.[26] 그리고 이 이상적 천자의 덕화로 상징되는 '중화보편주의'는 역사상 동아시아의 중세화 과정을 통해 고도로 발현되었다.

그러나 19세기 말 청일전쟁의 승리를 계기로 제국 일본이 동양이란 개념의 창안을 통해 중국을 이 지역의 일원인 지나支那라는 하나의 국민국가로 전락시킴으로써 이 중국 중심의 전통적 체제는 해체되고 말았다. 이것은 중세 시스템의 '동아시아문명'이 근대기 서구에서 발원한 민족국가체제의 침투로 인해 파산했음을 의미한다. 사실 중국 중심 세계의 오랜 역사를 돌아보면 세계의 주인이 따로 정해져 있었던 것은 아니다. 중심中華과 변방四夷이 역학관계에 의해 교체되는 과정이 반복되어 왔다. 원元이나 청淸이 그렇듯 변방의 민족이 세계의 주인으로 들어서더라도 중국 중심의 체제 자체는 바뀌지 않았다. 청일전쟁에서 일본이 승리한 것 또한 그런 과정의 연장선으로 볼 수도 있겠지만 이 경우는 아주 판이한 결과를 초래했다. 그것은 서구의 제국주의 국가가 주도하는 근대 상황에서 일어난 사태였기 때문에 중국중심체제의 복원이란 이제 상상하기조차 어려웠다.[27]

조선중화주의―진경문화

주자성리학과 조선중화의식

조선시대 한반도에서 형성된 전통문화는 '중화'라는 동아시아의 문명 보편인자와의 끊임없는 교섭 속에서 창달되었다. 조선조 사상사를 동아시아의 '중세화'라는 범주 틀에서 조망해보면 세계사의 전개를 균형 있게 총괄하여 파악할 수 있는 새로운 역사시각이 필요함을 절감하게 된다. 그런 점에서 '장기중세long Moyen Âge'[28]의 구도 속에 존재하는 '중세에서 근대로의 이행기'라는 관점이 유용할 것으로 판단된다. 이 시각은 근대가 시작될 때부터 중세가 끝날 때까지를 의미하며 기존의 전근대와 근대, 중세와 근대라는 획일적인 경계 긋기를 포함한 전기근대나 근세 등의 용어가 갖는 한계를 극복하기 위해 비판적으로 제시된 것이다.[29] 어쨌든 이 시대 구분을 동아시아문명권에 대입해보면 그 중심에는 중세 스콜라철학 내지는 아근대亞近代의 문화표현으로 이해되는 중세 후기의 '신유학-성리학性理學'이 자리한다.

잘 알다시피 '성리학'이란 남송南宋의 주희朱熹가 북송北宋 오자五子의 학설과 학통을 집대성함은 물론, 중세 전기의 위魏·진晉 현학玄學과 수·당 불학佛學의 사상을 비판적으로 흡수·융합해 동아시아 '중세보편주의'를 완성한 이성주의적 특징을 지닌 새로운 유교학풍을 일컫는다. 성리학은 존심양성存心養性을 실천함과 동시에 궁리窮理, 곧 규범법칙과 자연법칙으로서의 리理(性)를 깊이 연구하여 그 의리의 의미를 완전하게 실현하는 유학 중의 하나이다.[30] 이 사상체계는 중국왕조인 송·명뿐만 아니라 동아시아 각국 사상계의 주체였던 만큼 동아시아 지식인들이 공동으로 창조하고 향유한 주류적 정신문명이라고 할 수 있다. 천라이陳來의 논변대로 "성리학理學은 10세기 이후 동아시아 지식인들의 이론적 사유가 근거하고 발전시킨 공통의 개념체계이자 관념세계이며 당시 동아시아인들의 이론적 사유와 정신활동의 주요한 형식이었다."[31]

동아시아의 중세에서 근대로의 이행기에 걸쳐 있는 이 주자학朱子學적 세계상은 고대 '중화' 관념을 동아시아 전역으로 확산시키는 사상적 토

대가 되었다. 중화사상은 송대宋代 성리학에서『춘추』존왕양이尊王攘夷
라는 도덕률과 결합하여 중세 보편적 가치로 재탄생한 것이다. 그러나
이 시기 중화 공공성은 '인도정신'에 입각한 포괄적이고 원심적인 '세계
주의'보다는 '의리정신'에 입각한 자주적이고 구심적인 '민족주의' 성
향이 두드러진다. 이러한 특징은 당시 이민족의 침략과 지배에 시달렸
던 한족왕조의 시대적 정황과 무연하지 않다. 말하자면 송이 북방의 여
진족에게 밀려 남천南遷하는 위기 상황에서 주자가 한족의 정체성을 문
화민족으로 규정하면서 문화적·종족적 교조주의 색채를 강하게 띠었
다. 당시 남송의 주자는 중화를 보편가치로 격상하고 미래에 대한 기대
를 설정하여 저항과 배척의 이데올로기로 전화시켰고 그것은 후대에 일
종의 전형이 되었다.[32]

그도 그럴 것이 '중화'란 중하中夏, 화하華夏, 제하諸夏라고도 하여 한족
이 사위四圍의 이夷·만蠻·융戎·적狄에 대해 자국을 호칭한 용어이다.[33]
그런즉 이 개념에는 문화적으로 우수한 한족에 대비된 문화가 저속한 변
방의 이민족이 상정되어 있다. 곧 도덕적인 중화를 높이고尊中華 야만적
인 이적을 물리친다攘夷狄는 '화이사상'이 그것이다.[34] 이 논리에 따르면
'천하=왕화王化문명의 세계[華=中(國)=內=人] + 화외化外 야만의 세계[夷
=外(四方)=裔(邊)=尸(死人) 또는 禽獸]'라는 공식이 도출 가능하다. 때문에
중화사상은 주변 제민족에 대한 한족의 자기주장의 정신적 원리로서 일
종의 한족민족주의로 규정되기도 한다.[35] 특히 송대의 유학자들은 자신
들이 처한 역사 상황에 입각하여 성리학의 우주론인 이기론理氣論을 화이
론과 연결시켜 중국의 중세적 '중화민족주의'로 재구성해냈던 것이다.

이러한 유교적 중화사상은 한반도 조선에 있어 국가건설과 국제질서

를 구성하는 데 절대적인 이념이 되었다. 조선에서 중화에 대한 보편이나 중심으로서의 문명적 개념화는 도학道學사상인 송대 주자학의 전래와 함께 본격화되었다. 주자성리학을 사회개혁과 조선통치의 기본원리로 수용한 조선의 신진사대부들은 중화를 유교문명의 이상으로 설정하고 명明을 중화로 조선을 소중화로 여겨 새로운 국가건설의 모델로 삼았다.[36] 이처럼 조선에서 중화적 세계질서 관념은 주자학적 세계관, 곧 화이명분론의 문맥 속에서 형성되었다. 이미 논급한 대로 송대에 주자가 금金에 대한 배타적 입장을 취한 것은『춘추』의 의리정신을 계승한 것으로 그것은 이적의 무도한 침략세력에 항거하는 정도 구현의 '민족정신' 다름 아니었다.

이러한 주자의 춘추의리정신은 도학사상의 수용과 함께 조선에 절대적인 영향을 미쳤다. 중국과 비교하여 국가의 규모나 전통적 기질 그리고 사회적 여건이 다른 한국은 춘추의 '인도정신'을 바탕으로 한 대일통 세계를 지향하는 중국과는 달리 춘추의 '의리정신'을 바탕으로 한 자주적 민족의식이 강조되어 왔다. 철학적으로는 우주론적 이기론보다는 주체적인 인간의 내면에 담긴 태극太極과 이기를 논하여 중국보다 한층 심화된 인성을 구명究明했으며, 역사적으로는 후덕한 군자보다는 사회의 불의와 외세의 침략에 대항하는 선비들을 더욱 높여 중국보다 더 강한 민족정기를 온축했다.[37] 그러면서도 한편으로 '중화' 관념이 본래 보편적 도의 구현이라는 개방적 세계주의를 지향하기 때문에 한족중심주의적인 발상은 점차로 희석되어갔다.

그런데 조선인이 중화 자체에 자신을 강하게 투영한 시기는 17세기 명·청의 교체를 겪으면서부터였다. 화족華族왕조 '명'과 이적夷族왕조

'청'의 교체는 명 중심의 조공체제와 책봉체제로 편제되어 있던 동아시아의 국제질서에 큰 변동을 야기했다. 인조仁祖 14년(1636) 여진족 후금의 침략에 직면한 조선의 상황은 과거 금의 침략을 당하여 절체절명의 위기에 처했던 남송의 처지와 서로 겹쳤다. 이런 유사성으로 인해 난세에 태어나『춘추』의 대의를 밝혔던 공자와 화이분별을 엄격히 했던 주자는 조선민족에게 역할 모델로 수렴되었다.[38] 당시 조선인들은 존왕양이의 대외명분론에 의거, 북방의 호이胡夷에 의해 동아시아의 문화질서이자 국제질서인 명 주도의 중화문화질서가 붕괴된 상황을 천하대란으로 인식했다.[39] 그에 대한 대응으로 표면상 청에 대해서 정치적・군사적 의미를 내포하는 조공・책봉 관계로서의 사대事大의 예를 취하면서도 문화이념적으로는 반청反淸적 북벌北伐대의론, 대명對明의리론, 대보단大報壇 설치 등으로 상징되는 중화적 세계질서 관념을 지향했다.

여기에는 한족의 정통국가인 '명'이 멸절된 이상 중화문화와 주자성리학의 적통을 계승한 조선만이 중화문화를 계승할 자격을 갖추었으므로 이제는 조선이 '중화'가 될 수밖에 없다는 논리가 내재되어 있다. 그로 인해 이전의 소중화의식은 중화문물의 원형을 간직한 조선만이 이 세상의 유일한 중화의 적통이자 중화국이라는 조선중화의식으로의 인식전환을 맞게 된다. 중화란 문화적・지역적・종족적 의미를 내포하지만 조선은 문화적 측면을 중심 가치로 삼아 존주론尊周論에서 주실周室이 '명'이었던 것이 이제 주실이 '조선'이라는 사고의 틀이 성립되어 조선을 동아시아의 '문화중심국'에 위치시켰다.[40] 이렇게 '조선중화주의'를 시대정신으로 구축한 조선인들은 관념상 동아시아의 문화국가, 도덕국가의 위상을 점유할 수 있었다.

조선성리학과 진경문화

'조선중화주의'는 조선 후기 사회재건의 강력한 이데올로기로 작동하여 이적국가의 침략으로 상처받은 조선인의 자존심을 회복하는 데 기여했다. 더욱이 조선은 이를 통해 명실공히 변방의식을 떨쳐버리고 문화적 자부심과 민족의식을 진작시켜 단절된 동아시아 중화보편주의와 조응하는 조선풍의 고유사상과 민족문화 창달에 성공하게 된다. 그것이 이른바 '조선성리학'과 그 사상적 기반으로 창발된 '진경문화'이다. 주지하다시피 20세기 초 일제는 그들의 한반도 침략을 정당화하기 위해 조선을 부정적으로 인식하는 식민사관을 획책해 조선의 망국을 기정사실화했다. 그러면서 그 망국의 책임을 조선의 통치이념이었던 유교와 주자학에 전가하는 '유교(주자학)망국론'을 전개했다. 기존의 실학론 역시 그 연장선상에서 성립했음은 물론이다.

상당수의 실학 연구자들은 조선 후기의 성리학이 주자성리학을 묵수하려는 고리타분한 사상으로서 역사발전을 저해하며 사회를 피폐하게 하고 화이론을 고수하여 사대주의를 조장했다고 매도했다. '일본형 오리엔탈리즘'이라고 할 수 있는 일제 식민사학의 타율성론, 정체성론을 그대로 복제해서 내면화한 것이다. 이러한 인식은 1980년대에 들어서면서 수정되기 시작하여 1980년대 말에 실학사상 연구에 대한 문제점이 전반적으로 제기되어 본격적으로 비판·교정되었다. 유학은 본래 전통적 학문분류법에 의하면 의리지학義理之學(義理性命之學), 사장지학詞章之學, 경제지학經濟之學(經世濟民之學), 명물지학名物之學(名物度數之學)을 포괄하는 학문이다. 그런 점에서 조선 후기 실학은 전통유학과 주자학의 대척점이 아니라 그 일부로서 유학의 한 분과인 '경제지학'의 전개로 새롭게 설명되었다. 그리고 1990년대 전반기에 와서 문화사, 지성사, 미술사 등의 연구성과에 힘입어 영·정조 대 진경문화의 이념적 기반은 '조선성리학'이라는 사실이 실증되었다.[41]

한편 인조반정(1623)으로 정계와 학계를 완전히 장악한 정통 사림파 학자들은 이후 퇴계退溪 이황李滉, 율곡栗谷 이이李珥 이래의 조선성리학과 그 명분론을 조선통치의 절대적 이념으로 삼았다. 이른바 조선성리학과 조선중화주의는 숙종·영조·정조 시기 조선 고유의 진경문화를 성립시킨 사상적 기조라고 할 수 있다.[42] 최완수에 따르면 진경시대란 숙종 대(1675~1720)에서 정조 대(1777~1800)에 걸치는 125년간을 말하며 조선왕조 후기 문화가 조선 고유색을 한껏 드러내면서 난만한 발전을 이룩했던 문화절정기를 일컫는 문화사적인 시대 구분 명칭이다. 또한 여기서 '진경'이란 본래 그림 또는 시로써 진짜 있는 조선의 경치를 사생해낸다는 의미도 되고, 실제 있는 경치를 그 정신까지도 묘사해내는 사진기법, 곧 초상기법으로 사생해낸다는 의미도 된다.[43] 이 진경문화는 조선성리학의 주류를 담당했던 율곡학파의 낙론洛論계를 중심으로 경남京南계(서울 지역 남인), 위항지사委巷之士 등 서울 주변 경화사족京華士族의 다양한 계층에서 이루어졌다.[44]

18세기 조선은 경제면에서 세계 최고의 생활수준을 유지했고 문화면에서도 최정점에 달해 있었다.[45] 조선의 지식인들은 조선성리학적 토양 위에서 한민족韓民族 특유의 문화와 예술을 꽃피워 오늘날 우리가 인식하는 한국 '전통문화'의 전형을 완성해냈다. 이들은 확고한 문화자존의식 위에 유일한 중화로서 조선의 문화적 개성을 긍정적으로 파악하고 조선의 역사를 새롭게 인식했으며 조선 고유의 문물과 자연, 인물을 사실적으로 묘사하는 예술활동을 전개했다.[46] 구체적으로는 겸재謙齋 정선鄭敾의 진경산수화와 단원檀園 김홍도金弘道의 풍속화, 춘향가·심청가·흥보가 등의 판소리, 봉산탈춤·양주별산대 등의 탈춤, 서포西浦 김만중金萬重의 국문소설, 삼연三淵 김창흡金昌翕과 사천槎川 이병연李秉淵의 진경시, 옥동玉洞 이서李漵와 백하白下 윤순尹淳의 동국진체東國眞體 글씨 등을 비롯하여 음식, 의복, 역사, 지리, 의학 등 모든 분야에서 조선의 고유색이 발현되었다.

덧붙이자면 지두환은 진경시대 조선성리학의 실체를 규명하기 위해 '경연經筵 과목'의 변천을 추적해 주자성리학에서 조선성리학으로 발전되는 과정을 실증적으로 서술한다. 그의 연구에 의하면 율곡이 사단칠정론四端七情論, 인심도심설人心道心說 등 심성 논쟁을 총정리해 조선성리학을 집대성하면서『대학연의大學衍義』대신『성학집요聖學輯要』가 강연에서 강론되었다고 고증한다. 그리고『심경心經』에 대한 강의도 명대에 편찬된 『심경부주心經附注』대신 송시열宋時烈이 주해한『심경석의心經釋義』를 중심으로 강론된다. 영조 대에는『성학집요』와 함께 송시열이『주자대전朱子大全』가운데 중요한 부분을 뽑아 편찬한『절작통편節酌通編』과 김창협金昌協이 편찬한『주자대전차의朱子大全箚疑』등 조선성리학서 위주로 강론되었다.[47]

이렇게 진경문화가 영·정조 대에 만개할 수 있었던 것은 그 뿌리인 '조선성리학'이 이 시대에 이르러 주체적 고유이념으로서 완벽하게 자리를 잡았기 때문이다. 조선성리학이 뿌리라면 그 꽃과 열매는 '진경문화'인 셈이다. 조선성리학은 16세기 퇴계와 율곡을 거치면서 성립되었다. 이들은 조선유학의 학파와 학맥을 주도하면서 성리학의 토착화 과정에서 자연과 우주의 문제보다는 인간 내면의 성정性情, 도덕적 가치, 사회윤리의 문제를 더 중요시했다. 송대의 성리학이 천인天人관계를 중심으로 객관적인 우주론의 경향을 띠는 데 반해서 조선조 퇴·율 성리학은 자연이나 우주의 문제보다는 인간의 내적 성실성을 통하여 인간의 주체성을 강조하는 데 특징이 있다. 예를 들면 퇴계와 고봉高峰 간, 그리고 율곡과 우계牛溪 간에 벌어진 '사칠이기四七理氣 논쟁'이 가장 대표적인데 이것은 조선성리학을 고조시켜 조선의 학계를 윤리 단계에서 논리적 철학 단계로 끌어올렸다.

구체적으로 논구해보면 조선성리학은 심성心性론과 이기관 측면에서 주자학을 크게 보충·발전시켰다. 이 이기심성의 변론 과정에서 퇴계의 주리파主理派와 율곡의 주기파主氣派로 양분되어 그에 따른 영남嶺南학파와 기호畿湖학파를 형성시켜 이후 조선유학의 학파와 학맥을 주도했다. 그리고 17세기 조선성리학은 예학禮學이 확립되면서 새로운 단계로 진입하게 된다. 이어서 18세기 초엽 율곡계에서 일어난 '인물성동이人物性同異 논쟁'은 중국을 능가하는 조선성리학의 발전된 면모를 보여준다. 예컨대 주자의 이동理同, 율곡의 이통理通, 낙학洛學의 성동性同, 북학파의 인물균人物均으로 이어지는 한국 '이기심성론'의 전개 양상은 중국과 다른 한국유학의 독자성을 적시해 준다. 특히 북학파北學派의 보편동일시적 화이일론華夷一論은 주자성리학에 내재된 화이차별주의적 문명 이분법을 탈각시켜 인류보편적 사상으로 재구성하는 한국사상사의 역동적인 창조성을 유감없이 표출하고 있다.[48]

중세에서 근대로의 이행기 동아시아의 공통 담론이었던 '주자성리학'은 조선에서 500년이라는 장구한 역사를 수놓으며 수많은 유학자들을 배출해냈다. 그리하여 조선사회를 역동적으로 이끌었고 그 문화발전의 원천으로 기능했다. 조선 후기 이른바 '조선성리학'은 주자학적 화이명분론을 강조하는 경향을 띠면서 그에 따른 조선의 문화를 중화문화의 진수로 표방했다. 그리고 '조선중화주의'의 등장은 16세기 이래 진행되었던 중화의 수용이라는 지향을 결정적으로 굳힘과 동시에 새로운 지평을 열기도 했다. 수용을 넘어선 내면화와 동일시가 진행되었기 때문이다.[49] 영·정조 대의 문화황금기 '진경시대'는 조선성리학이 고양시킨 문화자존의식, 곧 조선이 세계에서 가장 뛰어난 문화를 향유하고 있다는 조선중화주의 현양의 한 양태라고 할 수 있다. 사실 진경문화론과 진경시대론 등은 진경산수화의 형성배경과 관련된 미술사적 논의에서 발단된 것이다. 그 개념들의 이면에는 식민사관에 의한 정체성론을 극복하기 위해 조선 후기 역사의 발전론과 성리학의 주체성 및 생산성을 강조했던 인문학계의 문제의식이 상당 부분 작용하고 있다.

그러나 이 논의의 제공자인 최완수의 입론이 정선과 그 주변 낙론계 인사를 중심으로 집중되어 있다거나 조선 후기를 숙종에서 정조 연간으로 규정하고 또 우리문화의 황금기로 정의했지만 그 쇠퇴기가 너무 빨리 와서 오히려 논지가 흐려진 점 등은 비판의 여지를 남긴다.[50] 이 진경담론은 최근 미술사학계를 넘어 인문학적 장으로, 또는 대중적 관심사로 확산되고 있다. 그런 만큼 이 분야 전문 연구자들의 비판 또한 만만치 않다. 그러나 근대적 가치관에 매몰되어 논쟁의 창조성이 부재하다는 점에서 주창자나 그 비판자 모두에게서 결함이 발견된다. '진경문화'는 중국풍이나 조선풍식의 이분법적 국가주의 분석 틀로 해명될 수 없다. 그것은 보편성理과 특수성氣이 동시 긍정되어 융합된, 즉 전일적인 조선의 중세화 과정理通氣局의 산물로 이해해야 한다. 그래야만 그에 대한 정당한 역사성을 부여할 수 있다. '진경' 논의에 철학적 논쟁을 이끈 조남호 역시도 동일한 오류를 범하고 있다. 그는 보편적 동아시아성의 귀결점이 바로 민족적 조선풍(조선성리학)이라는 문명의 원리를 도외시한 채 그 일면성에만 착안하여 진경산수화를 "보편적인 주자학적 이념 속에서 나온 것"[51]이라 규정한다.

　정리해보면 진경시대 조선인들은 중화보편주의를 주체화하여 문명의 주변의식에서 탈피했고 민족문화를 제고시킬 수 있었다. 동아시아 중화민족주의의 한 형태인 '조선중화주의-진경문화'는 민족문화의 특성인 '이夷'가 중세 동아시아문명의 보편적 규범인 '화華'를 포섭하여 성취해낸 한민족공동체의 탈주변화를 표상한다. 진경문화는 '중화보편주의理一'가 역내 제반 민족문화로 전이되어 '문화다원주의分殊'를 이룩한 '동아시아 중세화理一分殊'의 결정체라고 할 수 있다. 더욱이 이것은 동아시아의 문명 아이덴티티 '중화'가 원천적으로 국가주의로 환원될 수 없으며, 뿐더러 그 중화로 대변되는 보편적 동아시아성은 개별적 민족문화의 형태로 성취된다는 문명의 원리를 적시해 준다. 그럼에도 불구하고 한국은 근대화의 파고 속에서 '화'와 '이'가 조응하는 전일적인 중세화理通氣局를 망각하고 동아시아성理通과 분리된 민족적 특수성氣局에만 집착, 문명의 공유자산을 모두 중국풍이라 하여 파기·양도함으로써 문화의 빈곤을 자초했다. 이제라도 우리는 진경시대 한민족이 성취한 화이부동和而不同의 문명의식을 되살려 '동아시아공동체' 실현의 주체로 적극 나서야 할 것이다.

끝맺는 말

21세기 현시대 동아시아인들은 영토를 초극해서 인류의 보편적 인권에 조응하는, 국제 공공성 차원의 문명공동체 모델을 안출하는 데 머리를 맞대야 할 때이다. 거듭 강조하지만 근대적 '민족국가' 모델을 맹목적으로 절대시하는 독선적인 쇼비니즘에서 벗어나 좀 더 온도를 낮추고 '동아시아공동체'라는 문명의 의미를 극대화하는 데서 현금의 제반 동아시아 분열상에 대한 해법과 그 평화협력 모델을 모색해야 한다. 이것은 전통시대 동아시아의 국제 공공성 영역인 '중화적 가치'를 현대 문명학적 차원에서 재구성하는 연구 노력과 상통한다. 21세기 동아시아모델로서 '탈근대적 중세화'에 주목한 이유가 여기에 있다. 중화적 세계시스템으로서의 '중세화 모델'을 통해 구상된 동아시아상은 탈근대적 인류미래의 비전을 담지한 '대안적 공동체'임과 동시에 탈제국주의적 맥락의 '지정문화적 아이덴티티' 복원으로서의 의미를 갖는다. 동아시아모델의 중세화적 전환은 근대 세계시스템의 패권적 국가주의에서 탈피한 동아시아의 아이덴티티를 승인하는 기반 위에서 출발하기 때문이다. 동아시아에는 서구와 구별되는 동아시아만의 특수한 문화적 요소가 있으며 역내 모든 국가들은 이러한 동질적인 가치체계나 동질적인 문화를 공유하므로 단일의 문명공동체로 발전할 수 있는 토양을 확보하고 있다는 주장이 그것이다.[52]

이런 의미에서 동아시아의 '중화' 의미구성체는 전통문화의 현재성과 관련되며 역사상 그것은 동아시아의 아이덴티티와 그 연대감을 추동하고 강화하는 역내 공통된 문명소로 작동해 왔다고 할 수 있다. 그런데 본론에서 고찰한 바와 같이 중화 공공성은 동아시아 현실역사에서 원심적 '중화보편주의'와 구심적 '중화민족주의'로 표출되었다. 이 양자의 중심축에는 '화이사상'이 존재함은 물론이다. 이 문명관은 본질적으로는 각국의 자주권을 존중하면서 세계와의 공존을 추구하는 것이며 개별 국가의 입장에서도 자국의 주체성을 지키면서 세계와의 공동체의식을 갖는 것이다.[53] 실상 중화문명은 동아시아 여러 이족 지역의 소단위 민족문화와의 교섭 속에서 창출·발전되었고 동아시아의 모든 공동체 구성원들이 함께 공유하고 향유한 것이다. 그러므로 그 중심이 언제나 화족의 중국에만 존재했던 것은 아니었다.

좀 더 부연하자면 동아시아문명의 형성은 단수적 문화 동화가 아닌 복수적 문화 융합에 의한 것임을 직시해야 한다. 중세에서 근대로의 이행기 중화의 핵심 유형이었던 주자학과 양명학陽明學은 모두 중국에서 발생했지만 주자학의 중심은 조선시대에 한국으로 옮겨졌고 양명학의 중심은 도쿠가와德川시대에 일본으로 옮겨졌다.[54] 중화문명은 동아시아인들이 각기 자민족공동체의 역사현실에 부응하여 일궈낸 창조적 활동의 결실인 것이다. 구체적으로는 동아시아 '중세화'를 통해 공동체적 규범인 '화'와 다수의 민족적 가치인 '이'가 상호 교호하여 하나이면서 여럿인 오늘날의 '문명공동체'를 이룬 것이다. 그런 까닭에 조동일은 "동아시아문명은 창조에 참여한 여러 나라, 많은 민족의 공유 재산이다. 각기 상이한 특성을 지닌 다양한 민족문화와 만나 더욱 생동하게 된 후대의 변화가 또한 소중하다"[55]고 역설한 것이다.

본래 동아시아 보편적 국제준규인 '중화' 개념은 보편성을 강조할수록 조선의 경우처럼 주변의 중심화를 가능하게 하며 따라서 새로운 중심을 정의하는 논리가 가능한 구조라고 할 수 있다.[56] 실제로 18세기 동아시아의 구성체인 청, 조선, 일본, 유구, 베트남 등은 각자 자신들의 처지에 따라 중화를 자기화하여 문명의 다주체·다중심을 시도하고 있었다. 동아시아 각국들은 중세 중화보편주의 담론을 전유appropriation하여 '중화의 복수화', 즉 다양한 중화민족주의로 승화시켜 문화적 자존의식과 민족의식을 고취시켜 나갔던 것이다. 동아시아문명의 중간부에 위치한 한반도의 조선 역시 예외가 아니어서 중심부 중국과의 빈번한 교류를 통해 동아시아의 보편성을 민족문화의 특수성과 융합하여 '동아시아문명'을 이룩하는 데 적극 공헌했다.

그 대표적인 경우가 조선성리학과 그 사상적 기반으로 성립한 '진경문화' 다름 아니다. 여기에는 '서로 다르면서 화합하는 삶의 방식'이자 '다양성 속의 조화'를 지향하는 전통시대 동아시아의 문명철학, 즉 공자의 화이부동, 정주程朱의 이일분수理一分殊, 율곡의 이통기국理通氣局이 구현되어 있다. 이 '진경시대'는 오늘날 동아시아공동체를 이룩하는 데 귀중한 문화적 전범을 제공해 준다. 더구나 그것은 공유적 동아시아성 영역인 '중화'를 배타적 국가주의에 한정시켜 사유화할 수 없음을 훈칙한다. 요컨대 이 '조선성리학 -진경문화'와 관련하여 동아시아문명권 내 여러 지역문화들이 평등하게 교류하고 공존하면서 궁극적으로는 연대적 가치의 문명보편주의에 수렴되는, 혁신적인 동아시아 국제 공공성 모델로서 '중세화론'을 적극 공론화해야 한다. 그럼으로써 자신의 정체성이 국적보다는 동아시아인이라는 데서 더 자긍심을 찾고 동일문명의 요람에서 편안함과 유대감을 느끼는 안정되고 풍요로운 '동아시아 평화연대체' 구성을 구체화해야 할 것이다.

미주

제1장 ─ 총론

1 최원식, 「동아시아 공동어를 찾아」, 『제국 이후의 동아시아』, 창비, 2009, 53쪽.

2 동아시아담론이 생성되면서 '동아시아'란 하나의 지역으로서 한국, 중국, 일본을 중심으로 베트남 등 일부 동남아시아까지 포괄하는 공동체로 언급되고 있다. 이 관점에서 보면 동아시아의 동남쪽 관문은 베트남이고 한반도는 그 동북쪽 관문인 셈이다. 다만 '유교(한문)문명권'이라는 지역정체성으로 한정했을 때 동아시아는 중국, 한국, 일본, 베트남을 주요 구성원으로 하며 중국의 소수민족, 타이완, 홍콩, 싱가포르, 몽골, 일본의 일부가 된 유구(琉球, 오키나와)도 포함된다. 이렇게 되면 '동아시아성'을 동서양문명의 교차성(혼종성, hybridity)으로 설정해 유교문화를 기본 골격으로 하면서 불교, 도교, 이슬람, 기독교 등의 문화는 그 골격근이 되어 동남아시아나 러시아 등으로 확장해 화합·연대하는 구도가 가능할 것이다.

3 박사명, 「동아시아공동체의 의의와 과제」, 동아시아공동체연구회 편, 『동아시아공동체와 한국의 미래─동북아를 넘어 동아시아로』, 이매진, 2008, 12~13쪽 참조.

4 최근 문재인정부가 입안한 '교량국가론'은 한국이 동북아의 중추국가가 되겠다는 전략이다. 한국이라는 축을 중심으로 방향을 바꾸면 지역의 세력 균형과 판세가 급격히 변화될 수 있다. 교량국가론은 이 점에 착안해 미국과 중국 간 네트워크를 지향한다는 의미를 내포한다. 기존의 '대륙세력 대 해양세력'이라는 이원적 구조, 즉 미국의 인도·태평양 전략과 중국의 일대일로 전략을 대립적인 시각보다는 양측을 연결할 수 있는 네트워크 관점으로 전환하자는 것이 교량국가론의 핵심이다.

5 김기봉, 『역사를 통한 동아시아공동체 만들기』, 푸른역사, 2007, 49쪽 참조.

6 박승우, 「동아시아 담론의 현황과 문제」, 동아시아공동체연구회 편, 앞의 책, 316~321쪽 참조.

7 김기봉, 앞의 책, 50쪽 참조.

8 박승우는 동아시아담론의 현황과 문제를 분석하면서 서구에 대한 열등의식이나 콤플렉스가 현재화된 '자아 오리엔탈리즘(내면화된 오리엔탈리즘(internalized orientalism))'과 서구에 대한 강박관념이나 콤플렉스가 잠재화된 '역 오리엔탈리즘' 개념을 제시한다. 전자가 서구를 강자로 동아시아 자신을 약자로 설정하는 열등감과 패배의식을 전제한다면 후자는 동아시아의 급속한 경제적 성공에 기초한 서구에 대한 자신감과 호승지심(好勝之心)을 전제한다. 즉 '역 오리엔탈리즘'은 서구와 동양(동아시아)을 이항 대립적으로 분리하고 서구를 모방하고 추종하는 것이 아니라 경쟁과 극복의 대상으로 간주하는 것이다. 그러나 실제로 이것 역시도 서구에 대한 어쩔 수 없는 열등감이 잠복해 있는 일종의 나르시시즘적 자기예찬에 불과하다. 여기서 박승우는 '동아시아아이덴티티담론'이나 '대안체제담론'은 모두 '역 오리엔탈리즘'에 해당한다고 말한다. 박승우, 앞의 글, 322~328쪽 참조.

9 Jeremy Rifkin, *The Eropean Dream : How Europe's Vision of the Future is Quietly Eclipsing the American Dream*, New York : Tarcher, 2004(제러미 리프킨, 이원기 역, 『유러피언 드림─아메리칸 드림의 몰락과 세계의 미래』, 민음사, 2012, 351쪽).

제2장 ─ 동아시아공동체 문명대안론

1 여기서의 '기술기축시대(Axial Age of Technology)'란 용어는 다니엘 벨(Daniel Bell)이 칼 야스퍼스(Karl Jaspers)의 인류문명의 보편사적 '기축시대(Die Achsenzeit, BC 800~ BC 200)론'을 원용해 사용한 것이다. 야스퍼스는 자신의 저작 『역사의 기원과 목표(Vom Ursprung und Ziel der Geschichte)』(1949)에서 기원전 약 500년경을 인류의 정신적 발전에 중심축이 될 위대한 '종교 탄생'의 시기로 보았다. 이 기축시대는 인간 실존과 영성 (spirituality)의 성숙기로 중국에서는 공자와 노자가, 인도에서는 우파니샤드의 신비주의 자들, 붓다가 등장하여 동양의 정신적 풍토를 확정했고, 이란에서는 짜라투스트라, 그리스 에서는 소크라테스, 이스라엘에서는 구약성서의 예언자인 예레미아 등이 나타나 서양문명 의 원류가 되었다. 실제로도 중국의 유·도교, 인도의 힌두·불교는 물론이고 나중에 랍비 유대교, 그리스도교, 이슬람으로 개화되는 근동의 유일신교, 그리스의 철학적 합리주 의가 모두 이 시기에 태동한 것이다. 벨은 이러한 야스퍼스의 '문명기축론'에 지적 영감을 받아 19세기 이후 지난 200년간이 자연과 물질세계를 변화시키는 토대인 인간 능력이 '획기적 진전'을 이룬 새로운 기축의 시대, 즉 '기술기축시대(axial age of technology)'라 고 명명한다. 더욱이 그는 전산업사회-산업사회-탈산업사회라는 개념도식을 제시하면 서 "근대사회와 지난 200년 동안 그것이 변화되어 온 방식을 이해하고자 한다면 우리는 기술의 변화, 특히 기계기술로부터 지적 기술 ─ 탈산업사회의 토대인 ─ 로의 변화를 이해해야만 한다"고 말한다. Karl Jaspers, *Vom Ursprung und Ziel der Geschichte*, Frankfurt : Fischer Bücherei, 1956(칼 야스퍼스, 백승균 역, 『역사의 기원과 목표』, 이화여대 출판부, 1987, 제1부 제1·5장); Daniel Bell, *The Coming of Post-Industrial Society* : *A Venture in Social Forecasting*, New York : Basic Books, 1999(다니엘 벨, 김원동·박형신 역, 『탈산업사회의 도래』, 아카넷, 2006, 6~7·36쪽) 참조.

2 리프킨은 인류문명사의 '3·4차 산업혁명기'를 조망하면서 '공감(empathy)'을 인간 이해 의 새로운 키워드로 내세운다. 그는 최근 생물학계의 연구결과, 곧 거울신경세포(Mirror Neurons)라는 '공감뉴런' 이론에 기초해 인간을 적대적 경쟁보다는 유대를 가장 고차원적 욕구로 지향하는 존재로 재규정한다. 더욱이 생물학적 구조에 내장된 이 공감 성향은 "우리의 인간성을 완성하게 해주는 실패 방지용 메커니즘이 아니다. 오히려 그것은 인류를 하나의 대가족으로 묶어주는 기회이다"라고 말한다. 리프킨은 세계적으로 확장되고 있는 '공감적 연대감'이 수많은 사람들의 글로벌 네트워크를 이어줌으로써 범인류적 교류를 가능하게 하는 접착제로 기능하고 있다고 주장한다. Jeremy Rifkin, *The Empathic Civilization* : *The Race to Global Consciousness in a World in Crisis*, Cambridge, UK : Polity, 2010(제러미 리프킨, 이경남 역, 『공감의 시대』, 민음사, 2010, 757쪽).

3 전홍석, 「현대문명의 생태학적 전환─생태와 문명의 교차점─보편주의와 다원주의의 회통」, 『동서철학연구』 61, 한국동서철학회, 2011, 255쪽 참조.

4 김경일, 『제국의 시대와 동아시아 연대』, 창비, 2011, 7쪽.

5 쑨꺼(孫歌), 류준필 외역, 『아시아라는 사유공간─동아시아의 비판적 지성』, 창비, 2003, 15쪽.

6 이 보고서의 내용을 요약해보면 다음과 같다. 2003년 참여정부 시기에 등장한 지역정책 은 장기적 구상보다 단기적 과제설정에 무게가 실렸다. 그리하여 학계에서는 짧은 호흡 으로 비슷한 내용을 찍어내다시피 양산한 연구들이 대거 쏟아졌다. 또한 재정적 지원을

받기 위해 자율적인 연구주제를 후순위로 미루거나 지원을 받을 수 있도록 동아시아 연구의 방향을 설정해 동아시아담론이 관변적 담론처럼 되는 부작용이 따랐다. 이 시기 동아시아담론은 사회과학자들이 주도했으며 1990년대 중후반처럼 인문학과 사회과학을 가로지르는 논의를 찾아보기 힘들어졌다. 윤여일, 「탈냉전기 한국지식계 동아시아 담론의 이행과 분화」, 『인문한국플러스 1차년도 제10차 워크숍 자료집』, 원광대 동북아시아인문사회연구소, 2018.5.8, 11~12쪽 참조.

7 김경일, 앞의 책, 7쪽 참조.
8 백영서, 「중국에 '아시아'가 있는가? - 한국인의 시각」, 정문길 외편, 『발견으로서의 동아시아』, 문학과지성사, 2000, 72쪽 참조. 백영서는 여기서 동아시아를 '문명', '지역연대', '지적 실험'으로 구분한다. 이 가운데 그가 견지하는 동아시아적 시각이란 '지적 실험으로서의 동아시아'다.
9 백영서, 『동아시아의 귀환 - 중국의 근대성을 묻는다』, 창작과비평사, 2000, 36쪽.
10 박명규, 「복합적 정치 공동체와 변혁의 논리 - 동아시아적 맥락」, 『창작과비평』, 2000.봄, 12쪽.
11 도널드 K. 에머슨, 「'동남아시아' - 이름의 유래와 역사」, 김경일 편, 『지역연구의 역사와 이론』, 문화과학사, 1998, 91쪽 참조.
12 백영서, 「동아시아공동체로 가는 길 - 일곱 가지 질문」, 『동북아시아 연구의 현황과 과제/바람직한 연구공동체의 상 자료』, 원광대 동북아시아인문사회연구소, 2018.4.4, 1쪽 참조.
13 하영선, 「동아시아공동체 - 신화와 현실」, 하영선 편, 『동아시아공동체 - 신화와 현실』, (재)동아시아연구원, 2010, 16쪽 참조.
14 Pekka Korhonen, "Asia's Chinese Name", *Inter-Asia Cultural Studies*, Vol. 3, No. 2, 2002, pp.253~270 참조.
15 박사명, 「동아시아공동체의 의의와 과제」, 동아시아공동체연구회 편, 『동아시아공동체와 한국의 미래 - 동북아를 넘어 동아시아로』, 이매진, 2008, 14쪽 참조.
16 김기봉, 『역사를 통한 동아시아공동체 만들기』, 푸른역사, 2007, 72쪽.
17 고성빈, 「한국과 중국의 '동아시아 담론' - 상호 연관성과 쟁점의 비교 및 평가」, 『국제지역연구』 16-3, 서울대 국제학연구소, 2007, 35쪽.
18 John K. Fairbank · Edwin O. Reischauer, *East Asia : The Great Tradition*, Boston : Houghton Mifflin, 1960, p.1; John K. Fairbank · Edwin O. Reischauer · Albert M. Craig, *East Asia : Tradition and Transformation*, Boston : Houghton Mifflin, 1973, p.1; 김경일, 「동아시아와 세계체제 이론」, 김경일 편, 『지역연구의 역사와 이론』, 문화과학사, 1998, 134~135쪽 참조.
19 하영선, 앞의 글, 34쪽 참조.
20 고성빈, 앞의 글, 36쪽 참조.
21 박승우, 「동아시아 담론의 현황과 문제」, 동아시아공동체연구회 편, 앞의 책, 316~321쪽; 박승우, 「동아시아공동체 담론 리뷰」, 『아시아리뷰』 1-1, 서울대 아시아연구소, 2011, 77~89쪽 참조. 여기서 박승우는 '동아시아아이덴티티담론'을 세 가지의 테제로 해부해 제시한다. 첫째는 동아시아의 역내 국가·민족, 또는 모든 구성단위들이 모두 공통된 문화적 특성을 공유한다는 것(문화적 동질성 테제 - 자기 동일성·일체감으로서의 아이덴티티), 둘째는 이러한 동아시아만의 문화적 특성은 서구문화와는 다른 독자적 특성이라는 것(동아시아적 특수성 테제 - 주체성·독자성·개성으로서의 아이덴티티), 셋째는 이러한 동아시아만의 문화적 특성이 동아시아 또는 그 주민들의 정체성을 형성한

다(동아시아 정체성 테제―정체성으로서의 아이덴티티)는 것이다. 위의 본문에서 논급한 것은 '문화동질성 담론'과 '동아시아 특수성 담론'에 국한된다.

22　박승우, 「동아시아공동체 담론 리뷰」, 『아시아리뷰』 1-1, 서울대 아시아연구소, 2011, 61~101쪽 참조.

23　김기봉, 앞의 책, 50쪽 참조.

24　'역 오리엔탈리즘'의 인식론적 구도는 여전히 '오리엔탈리즘의 틀 내'에 있으며 그 특징은 다음과 같다. ① 역 오리엔탈리즘은 오리엔탈리즘과 마찬가지로 항상 '서구 대 동양(동아시아)'이라는 이항대립 구도로 세상을 바라본다. ② 동아시아(동양)를 서구의 잔여(residual) 범주로 파악한다. ③ 동아시아 밖의 모든 국가와 민족(특히 서구)을 타자화하고 이를 적극적으로 경쟁(대항)하고 이겨야(극복해야) 할 대상으로 간주한다. ④ 표면적으로는 자신감이나 우월감에 기반하고 있는 것처럼 보여도 실제로는 그 내면 깊숙이 서구에 대한 열등감과 일종의 강박관념이 잠재화되어 있다. 박승우, 「동아시아공동체 담론 리뷰」, 『아시아리뷰』 1-1, 서울대 아시아연구소, 2011, 88쪽 참조.

25　김경일, 『제국의 시대와 동아시아 연대』, 창비, 2011, 10쪽.

26　쑨거(孫歌), 류준필 외역, 앞의 책, 15쪽 참조.

27　Jeremy Rifkin, *The European Dream : How Europe's Vision of the Future is Quietly Eclipsing the American Dream*, New York : Tarcher, 2004(제러미 리프킨, 이원기 역, 『유러피언 드림―아메리칸 드림의 몰락과 세계의 미래』, 민음사, 2012, 462쪽).

28　이외에도 경제 중심의 통합 노력은 세계 곳곳에서 찾아볼 수 있다. 남미지역에 형성된 남미공동시장을 포괄하는 '미주자유무역지대(FTAA)', 아시아지역에서는 아시아 및 태평양 연안 국가들을 중심으로 '아시아태평양경제협력기구(APEC)'가 1989년 발족되어 역내의 공동번영을 목적으로 다양한 협력을 확대하고 있다. 뿐더러 중동, 중앙아시아, 남아시아 등지에서도 '남아시아지역협력연합(SAARC)'과 같은 지역적 공동이익을 증대하기 위한 다양한 형태의 공동체 제도화 노력에 박차를 가하고 있다.

29　동아시아비전그룹은 1998년 12월 하노이에서 개최된 ASEAN+3(한중일) 정상회의에서 ASEAN+3의 민간 자문기구로 발족한 것이다. EAVG는 한중일을 포함한 13개 회원국 저명인사 및 학자 26명으로 구성되어 동아시아 지역의 협력을 위한 중징기적인 비전을 연구해오고 있다. 2012년에는 2차 동아시아비전그룹(EAVG II) 논의를 가졌다. ASEAN+3 정상회의 산하 20여 개 분야에서 60여 개의 회의체가 운영되며 한 해 100개 이상의 협력사업이 시행되고 있다.

30　제러미 리프킨, 이원기 역, 앞의 책, 464쪽 참조.

31　박사명, 앞의 글, 12~13쪽 참조.

32　제러미 리프킨, 이원기 역, 앞의 책, 464쪽.

33　윤현근, 「동아시아공동체 수립에 있어서 동아시아 지역주의의 근원과 함의」, 『국방연구』 52-3, 국방대 안보문제연구소, 2009, 52쪽.

34　제러미 리프킨, 이원기 역, 앞의 책, 465쪽.

35　한석희·강택구, 「동아시아공동체 형성과 중국의 인식―EAS에 대한 정책적 함의」, 『한국정치학회보』 43-1, 한국정치학회, 2009, 283~297쪽 참조. 중국은 지정학적 관점에서 종종 자신을 '동아시아(東亞)', '아시아(亞洲)', '아시아태평(亞太)' 혹은 '동북아시아(東北亞)' 국가로 정의한다. 그러나 지역공동체를 논의할 때는 동아시아라는 용어를 보다 많이 사용하고 있다. 그리고 중국 지도부가 행한 "지리적으로 아시아 중부에 위치해" 있

으며, "동아시아의 일원" 등의 발언에 비추어 볼 때 중국이 스스로 지리적으로 아시아의 중심적 위치에 있으며 동아시아의 구성원 국가가로 여기고 있음을 확인할 수 있다. 中共中央文獻編輯委員會 編, 『江澤民文選』第 三卷, 北京 : 人民出版社, 2006, 314쪽; 胡錦濤, 「在中國—東盟領導人非正式會晤上的講話」, 1998.12.16 참조.

36 하영선, 앞의 글, 24쪽 참조.

37 김유은, 「일본 하토야마 총리의 동아시아공동체 구상—한계와 전망」, 『평화학연구』 10-4, 한국평화연구학회, 2009, 3~24쪽; 야마모토 가쯔야(山本和也), 「하토야마정권의 동아시아공동체 구상과 아시아 지역주의」, 『입법과정책』 1-1, 국회입법조사처, 2009, 237~253쪽 참조.

38 이시재, 「시론—영토분쟁 푸는 동아시아공동체 구상」, 『한겨레』, 2012.12.4, 31면 3단 참조.

39 Samuel Huntington, The Clash of Civilizations and the Remaking of World Order, New York : Touchstone, 1997(새뮤얼 헌팅턴, 이희재 역, 『문명의 충돌』, 김영사, 1998, 21쪽).

40 위의 책, 163쪽.

41 김명섭, 「탈냉전기 국제정치학의 문명패러다임」, 『한국정치학회보』 37-3, 한국정치학회, 2003, 433쪽.

42 에드워드 사이드, 성일권 편역, 『도전받는 오리엔탈리즘』, 김영사, 2001, 2·4쪽, 참조. 또한 뮐러(Harald Müller)는 헌팅턴의 문명충돌론을 냉전 이후 적(공산주의)을 잃어버린 서구사회가 새로운 적을 통해 정체성을 확보하려는 욕구에서 나온 냉전이론의 변형, 새로운 황화론, 백인우월주의에 불과하다고 비판했다. Harald Müller, Das Zusammenleben der Kulturen : Ein Gegenentwurf zu Huntington, Frankfurt am Main : Fischer Taschenbuch Verlag, 1998(하랄트 뮐러, 이영희 역, 『문명의 공존』, 푸른숲, 2002 참조).

43 새뮤얼 헌팅턴, 이희재 역, 앞의 책, 18~19쪽.

44 황태연, 『공자와 세계 1—패치워크문명 시대의 공맹 정치철학』 제1권 공자의 지식철학(상), 청계출판사, 2011, 33~35쪽 참조.

45 징하이펑, 「세계의 문화다원적 구조와 유학의 위상」, 『동아시아문화와 사상』 6(동아시아문화포럼, 열화당, 2001, 127쪽.

46 전홍석, 「주쳰즈의 세계문화유형론에 관한 고찰—세계문화 3원론을 중심으로」, 『동양철학연구』 81, 동양철학연구회, 2015, 373~374쪽 참조. 덧붙이자면 미국 조지메이슨대(George Mason University) 후쿠야마 교수는 1989년 여름 『내셔널 인터레스트(National Interest)』지에 기고한 서구의 자유민주주의가 공산주의에 승리함에 따라 이제 역사는 종언되었다고 주장한 「역사는 끝났는가?」라는 글로 세계적인 관심을 모았다. 그 후 『역사의 종말과 최후의 인간(The End of History and the Last Man)』이란 저작으로 자신의 이론을 발전시켰다.

47 박이문은 서구가 비서구사회를 지배하게 된 배경을 다음과 같이 설명한다. "지난 2·3세기에 걸쳐 서구세계의 비서구세계에 대한 냉혹한 군사적·경제적·정치적·지적 지배는 서양적 합리성의 보편성과 객관성이 갖는 이른바 정의로움과 진리성의 권위 밑에서 이루어졌다. 그 합리성은 물질적인 성공에 의해 정당화되었고 서구세계가 인류 전체와 세계에 가져다 주었다는 정치·사회적인 자유화와 지적 계몽에 의해서 타당한 것으로 받아들여졌다. 이런 식으로 합리적인 것은 과학적인 것과 동일시되고 과학적인 것은 서양적 사고의 규범을 따르는 것과 거의 동일시되었다." 박이문, 『문명의 미래와 생태학적 세계관』, 당대, 2000, 155쪽 참조.

48 전홍석, 「현대문명의 생태학적 전환―생태와 문명의 교차점―보편주의와 다원주의의 회통」, 『동서철학연구』 61, 한국동서철학회, 2011, 245~248·277쪽 참조.

49 전홍석, 「주첸즈의 세계문화유형론에 관한 고찰―세계문화 3원론을 중심으로」, 『동양철학연구』 81, 동양철학연구회, 2015, 374쪽 참조.

50 정수일, 『문명담론과 문명교류』, 살림, 2009; 박이문, 『문명의 미래와 생태학적 세계관』, 당대, 2000; 장회익, 「온생명과 인류문명」, 『동아시아문화와 사상』 4, 열화당, 2000; 杜維明, 『對話與創新』, 桂林 : 廣西師範大學出版社, 2005(뚜웨이밍, 김태성 역, 『문명들의 대화―동아시아문명은 세계에 어떤 비전을 제시할 수 있는가』, 휴머니스트, 2006); Andre Gunder Frank, *ReORIENT : Global Economy in the Asian Age*, Berkeley : University of California Press, 1998(안드레 군더 프랑크, 이희재 역, 『리오리엔트』, 이산, 2003); John M. Hobson, *The Eastern Origins of Western Civilisation*, Cambridge : Cambridge University Press, 2004(존 M. 홉슨, 정경옥 역, 『서구문명은 동양에서 시작되었다』, 에코리브르, 2005); 제러미 리프킨, 이경남 역, 앞의 책; Karen Armstrong, *The Great Transformation : The World in the Time of Buddha, Socrates, Confucius and Jeremiah*, London : Atlantic Books, 2007(카렌 암스트롱, 정영목 역, 『축의 시대―종교의 탄생과 철학의 시작』, 교양인, 2011) 참조.

51 제러미 리프킨, 이경남 역, 앞의 책, 637~685쪽 참조.

52 이우성, 「동아시아와 한국」, 김시업·마인섭 편, 『동아시아학의 모색과 지향』, 성균관대출판부, 2005, 13쪽. 여기서 이우성은 '동아시아문명권'은 한자문명권, 특히 유교문명권으로 특징된다고 주장한다. 그 논거로 "종교적 기능을 수행한 불교와는 달리 유교는 고대로부터 전장제도(典章制度)와 정치문물(政治文物)에 커다란 영향을 미쳤기 때문이다. 따라서 중세와 근대 시기에 그 정도와 방향의 차이가 존재하였어도 역사적으로 동아시아는 '유교문명권'이라고 할 수 있다"고 말한다.

53 김경일, 『제국의 시대와 동아시아 연대』, 창비, 2011, 7~8쪽.

54 김기봉, 앞의 책, 57쪽.

55 "Towards an East Asian Community : Region of Peace, Prosperity and Progress," East Asia Vision Group Report, 2001, p.7.

56 전홍석, 『문명 담론을 말하다―현대 '문명학' 정립을 위한 시론』, 푸른역사, 2013, 177~182쪽 참조.

57 정수일, 앞의 책, 75쪽.

58 전홍석, 「현대문명의 생태학적 전환―생태와 문명의 교차점―보편주의와 다원주의의 회통」, 『동서철학연구』 61, 한국동서철학회, 281쪽 참조. 박이문은 근대문명에 깔려 있는 이원론적 형이상학과 인간중심적 가치관으로 규정할 수 있는 '서양적 세계관'에서 현재 인류가 처한 위기, 즉 자연생태계 파괴, 문명 파국 등의 원인을 찾고자 했다. 따라서 그는 인류의 미래를 보장하기 위해서는 '일원론적 형이상학'과 '자연 중심적 가치관'으로 서술할 수 있는 '동양적·생태학적 세계관'으로 전환해야 한다고 주장한다. 더욱이 이러한 생태학적 세계관은 "수학적·기계적 이성에 앞서 미학적·예술적 이성을 더 근본적인 것으로 본다"는 차원에서 미래문명의 새로운 대안이 될 수 있다고 했다. 그렇다고 해서 그것이 무작정 서양적 이성, 근대서양의 유산인 과학적 지식이나 기술의 부정이나 포기를 의미하지는 않는다. 그에게서 생태학적 세계관이란 "동양의 전통적 세계관과 서양의 근대적 세계관이 통합된 세계관을 지칭한다." 그는 새로운 문명의 패러다임은 세계관, 사물을 보고 생각하는 시각의 생태학적 전환을 통해서만 창출될 수 있다고 피력한다.

즉 "이원론적 형이상학에서 일원론적 형이상학으로, 과학적・기계론적 인식론에서 미학적・유기적 인식론으로, 인간 중심의 윤리에서 생태 중심의 윤리로 변화가 일어나지 않으면 안 되는 이유는 우리가 직면하고 있는 문명의 거의 종말론적인 위기가 절박하다고 믿기 때문이다." 박이문, 앞의 책, 99・101・154쪽 참조.

59　해밀턴의 문제의식은 전후 50년 동안 세계의 자본주의가 산업자본주의에서 소비자본주의로 형태 변이를 일으켰다는 현실 인식에서 비롯된다. 그에 따르면 오늘날 소비자본주의 시대에는 대다수의 보통 사람들이 더 부자가 되고 싶다는 욕망, 소득을 더 많이 올리면 행복해질 것이라는 허황된 망상에 빠져 있기 때문에 자본의 권력이 유지・재생산되며 그로 인해 성장제일주의로 치닫는 여러 사회병리가 심화되었다고 주장한다. 즉 사람들은 지금 삶의 의미를 '마케팅지배사회'가 조장하는 소비행위에서 찾으려 하고 있고 그 배후에는 기업의 요구에 막대한 권력을 넘겨주고 있는 '성장의 망상체계(growth fetishism)'가 사회를 휩감고 있다는 것이다. Clive Hamilton, *Growth Fetish*, Ann Arbor : Univ. of Michigan Pr, 2004(클라이브 해밀턴, 김홍식 역, 『성장숭배―우리는 왜 경제 성장의 노예가 되었는가』, 바오출판사, 2011) 참조.

60　위의 책, 100~108쪽 참조. 비슷한 예로 4퍼센트 성장하지만 일자리가 줄어드는 경제는 똑같이 4퍼센트 성장하면서 일자리를 그대로 유지하는 경제만큼 해당 공동체에 득이 되지 않는다는 사고, 또한 공해를 최소화하면서 4퍼센트 성장이 가능한 경제가 공해를 유발하며 4퍼센트 성장하는 경제보다 더 낫다는 이해방식 등이 그것이다.

61　새뮤얼 헌팅턴, 이희재 역, 앞의 책, 49쪽.

62　Fernand Braudel, *On History*, Chicago : Univ. of Chicago Press, 1980, p.202.

63　Christopher Dawson, *Progress and Religion : An Historical Enquiry*, Westport, Conneticut : Greenwood Press, 1970, p.40.

64　정수일, 앞의 책, 44쪽.

65　박이문, 『자연, 인간, 언어』, 철학과현실사, 1998, 13쪽. 박이문은 여기서 상기한 구별은 문화와 문명이 같은 뜻으로 쓰일 때의 경우이며 이 양자가 서로 다른 뜻으로 쓰일 때는 "문명이 '야만'과 대비되어 진화적 관점에서 시간적으로나 기술적 발전 즉 '진보'의 뜻을 함의하는 데 반해서 문화는 '자연'과 대치되어 '인위'를 지칭함으로써 인간의 주관적 태도 혹은 양식을 뜻한다"고 했다.

66　전홍석, 「동서 '문화・문명'의 개념과 그 전개―현대 문명담론의 개념적 이해를 중심으로」, 『동양철학연구』 63, 동양철학연구회, 2010, 423쪽.

67　박이문, 『나비의 꿈이 세계를 만든다―동서 세계관의 대화』, 웅진 문학에디션 뿔, 2007, 311쪽.

68　새뮤얼 헌팅턴, 이희재 역, 앞의 책, 49쪽.

69　전홍석, 「현대문명의 생태학적 전환―생태와 문명의 교차점―보편주의와 다원주의의 회통」, 『동서철학연구』 61, 한국동서철학회, 2011, 282쪽 참조.

70　박승우, 「동아시아공동체 담론 리뷰」, 『아시아리뷰』 1-1, 서울대 아시아연구소, 2011, 94~96쪽 참조. 참고로 박승우는 여기서 다양성과 관용을 논구하면서 동아시아공동체는 다문화사회일 수밖에 없다고 말한다. 그에 따르면 "바람직한 다문화(multicultural)사회는 문화 다양성의 상황을 존중하는 정신과 타자와 타문화에 대한 관용을 요한다. 또한 다문화적 상황이란 단순히 서로 다른 문화가 병렬적으로 공존하는 상황이 아니라 여러 다른 문화가 함께 뒤섞여 서로를 변화시키면서 동시에 새로운 문화를 함께 창출해내는 '문화 융합'의 상황이다."

제3장 ─ 문명공동체 동아시아시민주의

1   황태연,『공자와 세계 1 ─ 패치워크문명 시대의 공맹 정치철학』제1권 공자의 지식철학
    (상), 청계출판사, 2011, 50쪽 참조.
2   이기호, 「동아시아 시민사회 지역구상에 대한 고찰」,『동향과전망』78, 박영률출판사,
    2010, 189쪽.
3   이 장에서 제안하는 동아시아 시민사회 지역구상으로서의 '인문·종교·예술 네트워크'
    는 1990년대 초부터 등장한 한국발 동아시아 담론사로 볼 때 '동아시아아이덴티티
    (identity)담론', 이를테면 지역정체성이란 어떤 고정적이고 정태적인 것이 아니라 역동
    적인 사회적 과정을 통해 끊임없이 변형되고 재구성된다고 보는 동아시아정체성론, 그리
    고 '대안체제담론(동아시아대안문명론)'에서의 동아시아 문화공동체 형성, 즉 동아시
    아 역내 시민사회 등에 의한 아래로부터의 연대(동아시아 시민사회 공동체) 추구와 맥을
    같이한다. 박승우, 「동아시아공동체 담론 리뷰」,『아시아리뷰』1-1, 서울대 아시아연구
    소, 2011, 77~89쪽 참조.
4   이 연구에서 사용하는 '지역화(regionalization)'란 개념은 주로 민간(시민) 영역이라는
    점에서 국가 영역인 '지역주의(regionalism)'와 구별된다. 이를테면 지역주의란 다수의
    국가를 포괄하는 특정지역에 다자적인 교류와 협력의 틀을 제도화하는 시도를 말한다.
    지역주의의 주된 행위 주체는 국가기구로서 기본적으로 지역주의는 국가가 위로부터
    주도하는 움직임이다. 반면에 '지역화'는 민간 영역에서 이루어지는 다양한 경제적·사
    회문화적 교류와 상호 의존의 증대를 말하는데 이는 아래로부터의 추동력이라 할 수 있
    다. 박승우, 「동아시아공동체와 동아시아 담론」,『동아시아브리프』6-4(통권22호), 성
    균관대 동아시아학술원 동아시아지역연구소, 2011, 13쪽 참조.
5   김경일,『제국의 시대와 동아시아 연대』, 창비, 2011, 8쪽.
6   안중근의『동양평화론』은 1910년 여순 감옥에서 작성된 미완성의 글이다. 그 특징을
    보면 민족국가의 독립사상과 동양평화사상이라는 공존형이 아닌 양자의 통합형이다.
    이를테면 지금까지 한국이나 미국에서 주로 행하고 있는 두 당사국끼리의 양자동맹형이
    아니라 여러 나라가 함께하는 다자동맹형이며, 독립국들 간의 국가연합과 같은 칸트형
    이 아니라 독립국가들의 다자동맹 위에 초국가적 통합체를 만든다는 장 모네형이다. 따
    라서 개별국가의 사업들을 서로 돕는 협력형이 아니라 동맹체가 함께 입안 추진하는 공동
    사업형이다. 안중근의 한중일 공동평화군 창설, 공동은행 설립, 공동화폐 발행, 공동산업
    개발 추진 등은 유럽경제통합 이후의 과제들이다. 그리고 이러한 공동사업들이 한 단계
    에서 다음 단계로, 한 지역에서 다른 지역으로 확산되어가는 신기능주의형이다. 유럽통
    합체가 밖으로 당시 소련의 도전에 공동대응하고 안으로 독일을 공동체의 틀 속에 묶어두
    듯이, 동양평화론은 밖으로 서양 혹은 외부 제국주의의 도전에 공동대응하고 안으로 일
    본의 침략주의를 자신의 틀 속에 묶어두려는 구상이다. 윤현근, 「동아시아공동체 수립에
    있어서 동아시아 지역주의의 근원과 함의」,『국방연구』52-3, 국방대 안보문제연구소,
    2009, 46쪽; 김영호, 「국제-안중근 동양평화론 토대 위에 '동북아 건축학개론' 열어라」,
    『한겨레』, 2014.1.2, 10면 TOP 참조.
7   전홍석, 「동아시아모델의 전환─중세화론과 진경문화」, 황태연 외편,『조선시대 공공성
    담론의 동학』, 한국학중앙연구원 출판부, 2016, 206쪽 참조.
8   김경일, 앞의 책, 6쪽.

9   楊軍・張乃和 主編,『東亞史－從史前至20世紀末』, 長春 : 長春出版社, 2006 참조.

10 윤현근, 앞의 글, 53쪽 참조.

11 이 중앙 집권식 근대 세계시스템이 출현한지는 인류역사상 그렇게 오래된 것은 아니다. 이 서구식 모델인 근대국가는 '중세 말~근대 초(15~18세기)' 유럽에서 등장하여 여러 세기에 걸쳐 지리적 범위를 확대하는 데 성공했다. 이후 그 존재양식은 세계 여타 지역으로 확산되었고 오늘날 그것은 '국가' 그 자체와 동일시된다.

12 Jeremy Rifkin, *The European Dream : How Europe's Vision of the Future is Quietly Eclipsing the American Dream*, New York : Tarcher, 2004(제러미 리프킨, 이원기 역,『유러피언 드림』, 민음사, 2012, 262쪽).

13 김준석,『근대국가』, 책세상, 2011, 39쪽 참조.

14 이기호, 앞의 글, 190쪽.

15 Ernest Renan, *Qu'est-ce qu'une nation? et autres écrits politiques*, Imprimerie Nationale Editions, 1996(에르네스트 르낭, 신행선 역,『민족이란 무엇인가』, 책세상, 2002, 80쪽).

16 박길성,『세계화－자본과 문화의 구조변동』, 사회비평사, 1996, 72쪽.

17 신진욱,『시민』, 책세상, 2009, 12쪽.

18 이기호, 앞의 글, 194쪽 참조.

19 Samuel Huntington, *The Clash of Civilizations and the Remaking of World Order*, New York : Touchstone, 1997(새뮤얼 헌팅턴, 이희재 역,『문명의 충돌』, 김영사, 1998, 49쪽).

20 제러미 리프킨, 이원기 역, 앞의 책, 361쪽.

21 Jeremy Rifkin, *The Empathic Civilization : The Race to Global Consciousness in a World in Crisis*, Cambridge, UK : Polity, 2010(제러미 리프킨, 이경남 역,『공감의 시대』, 민음사, 2010, 19~20쪽 참조).

22 제러미 리프킨, 이원기 역, 앞의 책, 349~350쪽, 참조.

23 위의 책, 351~352쪽.

24 김형찬,「동아시아공동체와 한국철학의 정체성」,『오늘의동양사상』14, 예문동양사상연구원, 2006, 197~203쪽 참조.

25 조동일,『하나이면서 여럿인 동아시아문학』, 지식산업사, 1999, 39~40쪽 참조.

26 조동일,『동아시아문명론』, 지식산업사, 2010, 27~28쪽 참조.

27 전홍석, 앞의 글, 214~220쪽 참조.

28 위의 글, 237~238쪽 참조. 이와 함께 이 장에서 지칭하는 '중국'이란 말 역시도 오늘날의 국가(중화인민공화국) 개념이 아니라 동아시아대륙의 중심부 중원(中原)을 지배하는 왕조, 즉 책봉의 권한을 가진 천자(天子)의 제국임에 유념해야 한다. 더욱이 그 왕조의 지배민족 역시도 역사상 한족(漢族)만이 아니었고 선비, 거란, 여진, 몽골 등의 다른 여러 민족도 함께 포함되었다. 전통시대 동아시아의 국가는 특정한 가문이 국가권력을 독점하는 왕조의 형태로 존재했다. 예를 들면 한(漢)은 곧 왕조의 명칭이며 국가의 칭호였다. 그러나 중국은 국가 개념이 아니었다. 그것은 중원이라는 특정한 활동 공간에서 '중화'문화를 창조하고 향유하면서 역사적 경험을 공유한 특정 '역사공동체'의 명칭이었다. 김한규,『천하국가－전통 시대 동아시아 세계 질서』, 소나무, 2005, 10쪽 참조.

29 백영서,「중국에 '아시아'가 있는가?－한국인의 시각」, 정문길 외편,『발견으로서의 동아시아』, 문학과지성사, 2000, 58쪽.

30 하세봉,「한국학계의 동아시아 만들기」,『동아시아문화와 사상』4, 동아시아문화포럼,

열화당, 2000, 231쪽. '지역'이라는 단어는 일국(一國) 내의 지방(local), 특정한 지대(area), 광역권(region)을 포함하는 그 외연이 폭넓은 개념이다. 그런데 지리학에서는 리전(region)을 '일정한 기준에 의해 성질이 같거나 서로 밀접한 공간관계를 갖는 범위'라 규정하고 지역을 등질지역과 기능지역으로 구분한다.

31 이유선, 「동아시아공동체의 가능성과 시민사회」, 『사회와철학』 11, 사회와철학연구회, 2006; 이기호, 앞의 글; 신종훈, 「유럽정체성과 동아시아공동체 담론―동아시아공동체의 정체성에 대한 비판적 질문」, 『역사학보』 221, 역사학회, 2014 참조.

32 이기호, 앞의 글, 206쪽.

33 신진욱, 앞의 책, 16쪽.

34 김지하, 「동서 통합으로부터 '붉'을 향하여」, 장파, 유중하 외역, 『동양과 서양, 그리고 미학』, 푸른숲, 2009, 10쪽.

35 참고로 리프킨은 이기적인 동물이 아니라 '공감하는 인간'이 인류의 문명을 진화시켜 왔다고 주장한다. 그는 '공감'을 다른 사람의 정서 상태로 들어가 그들의 고통이나 기쁨을 함께 느끼는 것으로 정의한다. 특히 유전학에서 '거울신경세포(Mirror Neurons)'의 발견은 인간 본성에 대한 논쟁을 초래했고, 그로 인해 인간은 타인의 생각이나 행동을 개념적 추리를 통해서가 아니라 직접적인 시뮬레이션을 통해 자신의 것인 양 이해할 수 있다는 사실이 밝혀졌다. 이 거울신경세포가 바로 리프킨이 말하는 '공감뉴런'(Empathy Neurons)이다.

36 문순홍, 「온생명과 정치사회 체제」, 『동아시아문화와 사상』 4, 열화당, 2000, 149쪽.

37 황태연, 앞의 책, 69쪽 참조.

38 위의 책, 69쪽.

39 中共中央宣傳部, 『習近平總書記系列重要講話讀本』, 北京 : 人民出版社, 2014, 169~170쪽 참조.

40 제러미 리프킨, 이원기 역, 앞의 책, 463쪽.

41 이시재, 「시론―영토분쟁 푸는 동아시아공동체 구상」, 『한겨레』, 2012.12.4, 31면 3단.

42 이진우, 『포스트모더니즘의 철학적 이해』, 서광사, 1993, 16쪽 참조.

43 여기서의 논변은 지구의 생명현상은 '온생명'이라는 하나의 큰 틀 속에서 이루어지는 부분적인 현상들이고, 따라서 생명으로 세계를 본다고 할 때 이 세계를 구성히는 것의 단위성과 그 정체성은 다층적·다원적인 단위들로 구성된 성층구조이며 원자처럼 개별화한 입자가 아니라 관계 속에 얽힌 존재라는 점에서 찾아져야 한다는 장회익의 관점을 원용한 것이다. 장회익은 지구상에 나타난 계통적·생태적으로 연결된 전체 생명체계와 이를 지지하는 모든 필수적 요소들을 하나의 실체로 인정해 '온생명'이라 지칭한다. 이 과학적 개념으로서의 온생명은 생명현상을 그 안에 완벽하게 담아낼 하나의 자족적 체계를 말하는데, 때로는 우주 내에 임의로 지정한 한 정상적 위치에서 외부로부터의 그 어떤 특정의 도움을 얻지 않고 그 안에서 자생적인 생명현상을 준영속적으로 담아낼 수 있는 체계를 의미한다. 이처럼 자기충족적인 단위로서의 온생명에 비교해 볼 때 '낱생명'들은 생명현상을 가능케 하는 최소한의 물리적인 조건을 전제로 해야 하기 때문에 완벽한 자기 충족성을 구가할 수 없다. 왜냐하면 단위화가 단위화된 실체의 본질적인 한 부분을 필연적으로 단위 밖으로 배제하게 되는, 즉 이것의 정상적 기능을 유지하기 위해서는 단위 밖으로 밀려난 본질적 한 부분을 항상 전제해야 하기 때문이다. 이 단위 밖으로 밀려난 물질적인 한 부분이 바로 낱생명에 대한 조건으로 이를 장회익은 '보생명'이라 불렀다. 보생명은 온생명에서 낱생명을 뺀 나머지 부분이고, 그런 의미에서 낱생명의 특정 조건

은 보생명이며 낱생명은 정상 단위로서의 온생명에 대해 조건부 단위로서의 특성을 갖는다. 장회익, 「온생명과 인류문명」, 『동아시아문화와 사상』 4, 열화당, 2000 참조.

44 문명권 내부 담론 차원에서 '문화'는 자족적 단위의 생명으로서의 '문명'과는 달리 자족적 실체가 아님은 말할 것도 없다. 장회익의 온생명적 의미의 문명론을 다소 수정해 적용시켜 보면 문명의 하위 개체인 문화는 그것의 '보생명'에 크게 의존해야 하는 의존적인 존재 단위로서, 종적으로는 주변 생태계로부터 필요한 물질적 소요를 공급받아야 하며 써서 변형된 찌꺼기를 다시 생태계 안으로 되돌려 주어야 하는 존재이고, 횡적으로는 주변의 다른 문화들과 일정한 협력 및 경쟁 관계를 맺으며 존속해 나가야 하는 존재이다.

45 아리프 딜릭, 「아시아-태평양권이라는 개념-지역 구조 창설에 있어서 현실과 표상의 문제」, 정문길·최원식·백영서·전형준 편, 『동아시아, 문제와 시각』, 문학과지성사, 1995, 58·60쪽 참조.

46 전형준, 「같은 것과 다른 것-방법으로서의 동아시아」, 최원식·백영서 편, 『동아시아인의 '동양' 인식』, 창비, 2010, 287쪽 참조.

47 전홍석, 앞의 글 참조.

48 하세봉, 앞의 글, 219쪽.

49 함재봉, 『유교 자본주의 민주주의』, 전통과현대, 2000, 39쪽 참조.

50 최원식, 『생산적 대화를 위하여』, 창작과비평사, 1997, 412~413쪽 참조.

51 백낙청, 「미래를 여는 우리의 시각을 찾아」, 『창작과비평』 79, 창작과비평사, 1993, 28~29쪽 참조.

제4장─동아시아의 세계체제론적 전망

1 김경일, 「동아시아와 세계체제 이론」, 김경일 편, 『지역연구의 역사와 이론』, 문화과학사, 1998, 132쪽.

2 이우성, 「동아시아와 한국」, 김시업·마인섭 편, 『동아시아학의 모색과 지향』, 성균관대 출판부, 2005, 13~14쪽 참조.

3 미조구치 유조(溝口雄三), 「동아시아 연구의 시각에 관한 모색-중국 연구를 중심으로」, 김시업·마인섭 편, 『동아시아학의 모색과 지향』, 성균관대 출판부, 2005, 29쪽.

4 세계체제를 논할 때 이것이 '이론(theory)'인지, 아니면 '전망(perspective)' 혹은 '분석(analysis)'인지에 대한 논란이 있다. 이매뉴얼 월러스틴(Immanuel Wallerstein)은 이론보다는 전망이나 분석이라는 표현을 선호한다. 이는 '역사적 자본주의'의 동학을 경직된 개념의 틀인 특정한 이론체계를 통해 설명하게 되면 개념과 이론이 역사적 현실을 재단하고 압도하는 물화(reification)의 위험에 빠질 수 있다는 이유에서였다.

5 김경일, 앞의 글, 131쪽. 헤들리 불(Hedley Bull)은 국제사회가 기본적으로 무정부적 성격을 띠지만 복수의 주권국가가 상호 작용하는 일정한 질서가 있으며 그런 의미에서 하나의 사회를 형성하고 있다고 주장한다. 그는 국가체제의 본질적 속성을 "첫째는 다수의 주권국가가 존재한다는 것, 둘째는 그들 사이의 상호 작용이 하나의 체제를 형성할 정도라는 것, 셋째는 공통의 규칙과 제도의 수용이 사회를 형성할 정도라는 것" 등으로 제시한다. Hedley Bull, *The Anarchical Society : A Study of Order in World Politics*, 3rd edition, New York : Columbia University Press, 2002(헤들리 불, 진석용 역, 『무정부 사회-세계정치에서의 질서에 관한 연구』, 나남, 2012, 377쪽).

6   전홍석, 「동서 '문화 · 문명'의 개념과 전개-현대 문명담론의 개념적 이해를 중심으로」, 『동양철학연구』 63, 동양철학연구회, 2010, 407쪽.

7   전홍석, 「세계화와 문명-서구보편주의 비판-21세기 문명인의 재탄생」, 『동서철학연구』 60, 한국동서철학회, 2011, 297 · 306쪽 참조.

8   미조구치 유조(溝口雄三), 김시업 · 마인섭 편, 앞의 글, 29쪽.

9   이용일, 「유럽중심주의와 근대화-미국적 세계지배비전으로 근대화이론의 형성과 독일 사적 전유」, 『유럽중심주의 비판과 주변의 재인식』, 미다스북스, 2010, 74~75쪽.

10   박승우, 「동아시아 담론의 현황과 문제」, 동아시아공동체연구회 편, 『동아시아공동체와 한국의 미래-동북아를 넘어 동아시아로』, 이매진, 2008, 322쪽 참조.

11   이 '베스트팔렌조약'은 세계가 자율적이고 독립적인 국가들로 구성되며 각 국가는 정해진 영토 내에서 일어나는 내부 문제에 대해 주권을 갖는다는 것을 인정했다. 또 각 국가가 평등하며 서로에 대해 더 높은 권위는 존재하지 않는다는 것도 밝혔다. 끝으로 각 국가는 고유한 국익을 보호해야 하고 외교관계를 맺고 서로간의 협정을 맺을 수 있으며 필요할 경우 분쟁해결을 위해 무력을 사용할 수도 있다고 명시했다. David Held · Anthony McGrew · David Goldblatt · Jonathan Perraton, *Global Transformations : Politics, Economics and Culture*, Stanford, CA : Stanford University Press, 1999, pp.37~38 참조.

12   백승욱, 『자본주의 역사 강의-세계체계 분석으로 본 자본주의의 기원과 미래』, 그린비, 2018, 141쪽 참조. 덧붙이자면 월러스틴은 근대 세계시스템에서 국가는 국가간체제로 구성되어 있다고 보았다. 그러므로 국가간체제 내의 개별국가는 국가간체제를 규정짓는 전체의 원리에서 이탈해 자율적인 개체로 존립할 수 없다. 이것은 자본주의 세계경제에서 존재하는 개별국가가 끝없는 자본 축적이라는 자본주의의 원리에서 이탈해 개별경제로 존재하기 어려운 것과 일맥상통한다.

13   이규수, 「근대 일본의 동아시아 인식체계-'문명'과 '야만'의 역전」, 성균관대 동아시아역사연구소 편, 『서구학문의 유입과 동아시아 지성의 변모』, 선인, 2012, 187 · 208쪽 참조.

14   Kenneth Prewitt, "The Impact of the 'Developing World' upon U. S. Social Science Theory and Methodology", prepared for the Conference of Strengthening Social Science Capacity in the Developing Areas, Oct, 1908, pp.1~17 참조.

15   야노 도오루(矢野暢), 「지역연구란 무엇인가?」, 김경일 편, 앞의 책, 62쪽 참조.

16   전홍석, 「주첸즈의 문화학적 지역단위론 고찰-탈오리엔탈리즘-세계단위론적 접근」, 『동서철학연구』 89, 한국동서철학회, 2018, 131쪽.

17   전홍석, 「주첸즈의 '중국문화공간설-남방문화운동' 고찰-세계단위론의 재발명주의적 접근」, 『동아시아고대학』 51, 동아시아고대학회, 2018, 228~229쪽 참조.

18   Edward W. Said, *Orientalism*, New York : Random House, 1978(에드워드 사이드, 박홍규 역, 『오리엔탈리즘』, 교보문고, 2015, 16쪽).

19   위의 책, 176쪽.

20   야노 도오루(矢野暢), 앞의 글, 53쪽 참조.

21   김경일, 「전후 미국에서 지역연구의 성립과 발전」, 김경일 편, 앞의 책, 153~154쪽 참조.

22   에드워드 사이드, 박홍규 역, 앞의 책, 19~20쪽.

23   야노 도오루(矢野暢), 앞의 글, 52쪽.

24   하병주, 「지역학의 정체성과 패러다임 모색 I」, 『지중해지역연구』 9-1, 부산외대, 2007, 250쪽.

25   에드워드 사이드, 박홍규 역, 앞의 책, 59쪽 참조.

26 이매뉴얼 월러스틴, 「지식의 재구조화와 분석단위의 전이 — 국가로부터 초국가(trans-state)로」, 김경일 편, 앞의 책, 84~85쪽.

27 Immanuel Wallerstein, *European Universalism : The Rhetoric Power*, New York : New Press, 2006(이매뉴얼 월러스틴, 김재오 역,『유럽적 보편주의 — 권력의 레토릭』, 창비, 2008, 15쪽 참조).

28 두웨이밍(杜維明), 「지역적 지식의 세계적 중요성 — 유가 인문주의에 관한 새로운 시각」, 김시업·마인섭 편,『동아시아학의 모색과 지향』, 성균관대 출판부, 2005, 43쪽.

29 안쏘니 기든스, 진덕규 역,『민족국가와 폭력』, 삼지원, 1991, 143쪽 참조.

30 프라센짓 두아라, 「민족의 지구적, 지역적 구성 — 동아시아로부터의 관점」, 심재훈 편,『화이부동의 동아시아학 — 민족사와 고대 중국 연구 자료 성찰』, 푸른역사, 2012, 21·28~29쪽 참조.

31 Jeremy Rifkin, *The European Dream : How Europe's Vision of the Future is Quietly Eclipsing the American Dream*, New York : Tarcher, 2004(제러미 리프킨, 이원기 역,『유러피언 드림 — 아메리칸 드림의 몰락과 세계의 미래』, 민음사, 2012, 221쪽).

32 위의 책, 226~227쪽 참조.

33 Ernest Renan, *Qu'est-ce qu'une nation? et autres écrits politiques*, Imprimerie Nationale Editions, 1996(에르네스트 르낭, 신행선 역,『민족이란 무엇인가』, 책세상, 2002, 81쪽).

34 위의 책, 81쪽.

35 스테판 다나카, 「근대 일본과 '동양'의 창안」, 정문길·최원식·백영서·전형준 편,『동아시아, 문제와 시각』, 문학과지성사, 1995, 174~175쪽 참조.

36 전형준, 「같은 것과 다른 것 — 방법으로서의 동아시아」, 최원식·백영서 편,『동아시아인의 '동양' 인식』, 창비, 2010, 293쪽 참조.

37 김기봉,『역사를 통한 동아시아공동체 만들기』, 푸른역사, 2007, 8쪽 참조.

38 스테판 다나카, 앞의 글, 174쪽.

39 위의 글, 188쪽.

40 李文,『東亞合作的文化成因』, 北京 : 世界知識出版社, 2005, 206쪽에서 재인용.

41 이규수, 앞의 글, 188쪽; 강상중, 이경덕·임성모 역,『오리엔탈리즘을 넘어서』, 이산, 2000, 89쪽 각각 참조.

42 박승우, 앞의 글, 324쪽 참조.

43 고야스 노부쿠니(子安宣邦), 「일본 쇼와(昭和) 시기 '동아'의 이념」, 김시업·마인섭 편,『동아시아학의 모색과 지향』, 성균관대 출판부, 2005, 110쪽.

44 위의 글, 110쪽.

45 프라센짓 두아라, 앞의 글, 26~27쪽 참조.

46 타나까 아끼히꼬, 이웅현 역,『새로운 중세 — 21세기의 세계시스템』, 지정, 2000, 236~246쪽 참조.

47 이매뉴얼 월러스틴, 김재오 역, 앞의 책, 97~98쪽.

48 위의 책, 98쪽.

49 Immanuel Wallerstein, *Historical Capitalism, with Capitalist Civilization*, London·New York : Verso, 1995(이매뉴얼 월러스틴, 나종일·백영경 역,『역사적 자본주의 / 자본주의 문명』, 창작과비평사, 2001, 19쪽).

50 위의 책, 20쪽.

51 백승욱, 앞의 책, 186~190쪽 참조.

52 훙호펑(孔誥烽), 하남석 외역, 「지구적 자본주의의 세 전환과 중국의 부상」, 『중국, 자본주의를 바꾸다』, 미지북스, 2012, 20쪽 참조.

53 김경일, 「동아시아와 세계체제 이론」, 김경일 편, 앞의 책, 140~143쪽 참조. 월러스틴에 대한 김경일의 분석은 다음과 같은 연구물에 의존한 것이다. Immanuel Wallerstein, "Japan and the Future Trajectory of the World-System : Lessons from History", *Geopolitics and Geoculture : Essays on the Changing World-System*, Cambridge : Cambridge University Press, 1991; Immanuel Wallerstein, "The Rise of East Asia, or The World-System in the Twenty-First Century", Keynote Address at Symposium on "Perspective of the Capitalist World-System in the Beginning of the Twenty-First Century", sponsored by Project, "Perspectives on International Studies", Institute of International Studies, Meiji Gakuin University, 1997.

54 이매뉴얼 월러스틴, 김재오 역, 앞의 책, 13~121쪽 참조.

55 위의 책, 9쪽.

56 위의 책, 10~11쪽.

57 위의 책, 10쪽.

58 월러스틴 외의 주류 세계체제론에 대해서는 Rhoads Murphey, *The Outsiders : The Western Experience in India and China*, Ann Arbor : The University of Michigan Press, 1975; Frances Moulder, *Japan, China, and the Modern World Economy*, Cambridge : Cambridge University Press, 1977 등을 참조할 것.

59 김경일, 「동아시아와 세계체제 이론」, 김경일 편, 앞의 책, 137쪽 참조. 아리기에 대한 김경일의 분석은 다음과 같은 연구물에 의존한 것이다. 이하 동일. Giovanni Arrighi · Satoshi Ikeda · Alex Irwan, "The Rise of East Asia : One Miracle or Many?", in R. A. Palat(ed.), Pacific Asia and the Future of the World-System, Westport : Greenwood, 1993; Giovanni Arrighi, "The Rise of East Asia and the Withering Away of the Interstate System", Paper prepared for the Session on Global Praxis and the Future of the World-System, 90th Annual Meeting of the American Sociological Association, Washington, DC, 1995, August 19~23; Giovanni Arrighi · Takeshi Hamashita · Mark Selden, "The Rise of East Asia in World Historical Perspective", Paper Prepared for the Planning Workshop held at the Fernand Braudel Center, State University of New York at Binghamton, 1996; Giovanni Arrighi, "Globalization and the Rise of East Asia : Lessons from the Past, Prospects and the Future", Paper prepared for the Seminar Latin America : Globalization and Integration, organized by the Instituto Brasileiro de Estudos Contemporaneos, Belo Horizonte, Brazil, 1997.

60 김경일, 앞의 글, 138쪽.

61 백승욱, 앞의 책, 268쪽.

62 위의 책, 268쪽 참조.

63 Giovanni Arrighi, *The Long Twentieth Century : money, power, and the origins of our times*, New York : Verso, 1994(조반니 아리기, 백승욱 역, 『장기 20세기-화폐, 권력, 그리고 우리 시대의 기원』, 그린비, 2008, 21쪽).

64 백승욱, 앞의 책, 277~278쪽 참조. 아리기가 견지한 헤게모니론의 핵심은 단순히 생산에

서 상대적 우위가 아니라 국가간체제를 만들어낼 수 있는 능력에 달려 있었다. 그는 헤게모니가 국가간체제를 형성하고 유지하려면 헤게모니 국가의 이익을 전체 국가의 보편적 이익으로 만들어낼 수 있는 일반이익이라는 것이 가능해야 하고, 또한 자신이 가는 발전의 길로 다른 나라들을 이끌어갈 수 있어야 한다고 판단했다. 이러한 생각은 도덕적 지도력을 중시하는 안토니오 그람시(Antonio Gramsci)의 헤게모니론에 상응한다.

65 조반니 아리기, 백승욱 역, 앞의 책, 39쪽.

66 Immanuel Wallerstein, "The Three Instances of the Hegemony in the History of the Capitalist World-Economy", in Essential Wallerstein, The New Press(2000), 1983, p.256 참조.

67 Giovanni Arrighi, *Adam Smith in Beijing : Lineages of the Twenty-First Century*, New York : Verso Press, 2007(조반니 아리기, 강진아 역, 『베이징의 애덤 스미스―21세기의 계보』, 길, 2009, 14쪽).

68 위의 책, 23쪽.

69 Gilbert Rozman, *The East Asian Region : Confucian Heritage and its Modern Adaptation*, Princeton, NJ : Princeton University Press, 1991, p.6.

70 조반니 아리기, 강진아 역, 앞의 책, 433~434 · 443쪽 참조.

71 위의 책, 69~105쪽 참조.

72 위의 책, 433~442쪽 참조.

73 위의 책, 442~443쪽 참조.

74 위의 책, 474쪽; 조반니 아리기, 하남석 외역, 「장기적인 관점으로 본 중국의 시장 경제」, 『중국, 자본주의를 바꾸다』, 미지북스, 2012, 78쪽 각각 참조.

75 조반니 아리기, 강진아 역, 앞의 책, 474쪽.

76 위의 책, 475쪽; 김경일, 「동아시아와 세계체제 이론」, 김경일 편, 『지역연구의 역사와 이론』, 문화과학사, 1998, 139쪽 각각 참조.

77 조반니 아리기, 하남석 외역, 앞의 글, 60쪽; 조반니 아리기, 강진아 역, 앞의 책, 475쪽 각각 참조.

78 조반니 아리기, 강진아 역, 앞의 책, 475~476쪽.

79 김경일, 「동아시아와 세계체제 이론」, 김경일 편, 『지역연구의 역사와 이론』, 문화과학사, 1998, 139쪽 참조.

80 위의 글, 139쪽 참조.

81 조반니 아리기, 강진아 역, 앞의 책, 25쪽.

82 위의 책, 91쪽.

83 위의 책, 25쪽.

84 에르네스트 르낭, 신행선 역, 앞의 책 참조.

85 김경일, 「동아시아와 세계체제 이론」, 김경일 편, 『지역연구의 역사와 이론』, 문화과학사, 1998, 140 · 146쪽 참조.

86 이매뉴얼 월러스틴, 나종일 · 백영경 역, 앞의 책, 4쪽.

87 조반니 아리기, 강진아 역, 앞의 책, 141쪽.

88 이매뉴얼 월러스틴, 김재오 역, 앞의 책, 139 · 146쪽 참조.

89 조반니 아리기, 강진아 역, 앞의 책, 25쪽.

제5장 ― 신문명시스템 신중세화론적 모색

1   황태연, 『공자와 세계 1 ─ 패치워크문명 시대의 공맹 정치철학』 제1권 공자의 지식철학 (상), 청계출판사, 2011, 50쪽.

2   아리프 딜릭, 「아시아-태평양권이라는 개념 ─ 지역 구조 창설에 있어서 현실과 표상의 문제」, 정문길 · 최원식 · 백영서 · 전형준 편, 『동아시아, 문제와 시각』, 문학과지성사, 1995, 58 · 60쪽 참조.

3   전형준, 「같은 것과 다른 것 ─ 방법으로서의 동아시아」, 최원식 · 백영서 편, 『동아시아인 의 '동양' 인식』, 창비, 2010, 287쪽 참조.

4   윤현근, 「동아시아공동체 수립에 있어서 동아시아 지역주의의 근원과 함의」, 『국방연 구』 52-3, 국방대 안보문제연구소, 2009, 53쪽 참조.

5   전홍석, 「동아시아 문명공동체 로드맵 ─ 역내 인문 · 종교 · 문화예술 네트워크 제안」, 『양명학』 50, 한국양명학회, 2018, 227쪽 참조.

6   소위 '신중세화'란 명칭은 필자가 이를 주창하는 일군의 학자들의 견해를 종합해서 명명한 것이다. 특히 조동일의 다음 말에 주목할 필요가 있다. "'근대화'는 'modernization'의 번역어 로 등장한 말이다. 그런데 '중세화'를 뜻하는 'medievalization'은 믿기 어려운 일이라고 하겠지만 영어에 없는 말이다. 방대한 분량의 『옥스포드영어사전(Oxford English Dictionary)』(Oxford : Claredon, 1978)을 찾아 확인해보자. 'medieval', 'medievalism', 'medievalist', 'medievalize', 'medievally' 등의 관련 어휘가 다양하게 수록되어 있으나 'medievalization'은 보이지 않는다. 프랑스어나 독일어에도 이에 해당하는 말이 없다. 그러 므로 이제 동아시아의 용어 '중세화'를 'medievalization'으로 번역해 사용해야 한다. 사태가 이렇게 된 것은 일견 기이하지만 당연하다. 근대화에 관한 논의는 유럽문명권에서 먼저 이루어진 것을 그 용어와 함께 수입했지만 중세화론은 동아시아 학계가 앞서서 개척하고 정립하는 것이 마땅하다고 생각해 나는 분발하고 있다." 조동일, 『동아시아문명론』, 지식산 업사, 2010, 27~28쪽.

7   백영서, 「20세기형 동아시아문명과 국민국가를 넘어서 ─ 한민족공동체의 선택」, 『동아 시아의 귀환 ─ 중국의 근대성을 묻는다』, 창작과비평사, 2000, 16쪽.

8   타나까 아끼히꼬, 이웅현 역, 『새로운 중세 ─ 21세기의 세계시스템』, 지정, 2000, 258쪽.

9   여기서 신중세화라고 지칭했을 때의 '중세'란 근대 세계시스템이 탄생했던 16세기 이전 에 존재했던 다른 형태의 세계시스템을 의미한다. 본래 중세라는 명칭 자체가 서구 중심 적인 세계관이 반영된 유럽 근대의 특수한 편견에 뿌리박고 있는 개념이다. 르네상스의 역사가들은 스스로가 고대의 찬란함을 회복했다는 자부심에서 자신들 이전의 시대를 '암흑시대'라고 불렀다. 그러다가 17세기부터 18세기의 유럽 역사가들이 이 암흑시대 대신에 '중세(media tempestas; medium aevium)'라는 보다 세속적인 용어를 사용하 기 시작했다. 위의 책, 186~187쪽 참조.

10 Hedley Bull, *The Anarchical Society : A Study of Order in World Politics*, 3rd edition, New York : Columbia University Press, 2002(헤들리 불, 진석용 역, 『무정부 사회 ─ 세계정치 에서의 질서에 관한 연구』, 나남, 2012, 397쪽). 여기서 불은 국제정치에서 규범과 제도를 중요시했고 '사회'는 공유된 간주관적 이해(inter-subjective understandings), 즉 행위 자들 사이에 존재하는 이해에 따라 이루어지는 다양한 사회적 실천을 통해 구성된다고 생각했다. 또한 그는 국제사회의 정의에서도 가장 중요한 요소를 이익 및 공통의 가치에

대한 개념의 공유, 그리고 법적·도덕적 규칙에 구속된다는 인식의 공유로 보았다.

11 위의 책, 404쪽. 불에 따르면 주권이란 주어진 영토 내의 인민에 대한 최고권을 의미한다는 점에서 중세 기독교세계에서는 그 어떤 지배자나 국가도 자신의 영토 내에 있는 기독교도 인민들에 대해 주권을 갖지 못했다. 아래로는 가신들과 위로는 교황 및 신성로마제국 황제와 권위를 나누어 가지고 있었다.

12 위의 책, 404~405쪽.

13 위의 책, 417~434쪽 참조.

14 타나까 아끼히꼬, 이웅현 역, 앞의 책, 184쪽.

15 위의 책, 185쪽.

16 위의 책, 186~192쪽 참조.

17 위의 책, 196~204쪽 참조.

18 위의 책, 206쪽.

19 위의 책, 208~234쪽 참조.

20 위의 책, 254~257쪽 참조.

21 위의 책, 235쪽.

22 위의 책, 258쪽.

23 Jeremy Rifkin, *The European Dream : How Europe's Vision of the Future is Quietly Eclipsing the American Dream*, New York : Tarcher, 2004(제러미 리프킨, 이원기 역, 『유러피언 드림 – 아메리칸 드림의 몰락과 세계의 미래』, 민음사, 2012, 360쪽).

24 위의 책, 258쪽.

25 위의 책, 296쪽 참조.

26 위의 책, 342쪽. 여기서 리프킨은 '미로의 유럽'이라는 개념을 거론하면서 "각 지역, 시민 사회단체(CSO), 문화집단이 전통적인 국경을 초월해 상호 작용하는 가운데 EU는 실제로 그렇게 변하고 있다. 그런 변화는 EU의 주변에서도 일어나고 있다. EU와 경계를 맞대고 있는 많은 국가들뿐만 아니라 상당히 먼 거리에 떨어져 있는 국가들도 EU와 다양한 '제휴관계'를 맺고 있다. EU와 이웃국가들 사이의 경제, 정치, 문화적 교류가 증가하면서 모든 국경들이 더욱 흐릿해지고 있는 것이다."(위의 책, 342~343쪽)라고 피력한다.

27 위의 책, 12쪽.

28 위의 책, 260쪽.

29 왕후이, 송인재 역, 『아시아는 세계다』, 글항아리, 2011, 420쪽.

30 제러미 리프킨, 이원기 역, 앞의 책, 289쪽.

31 John Milbank, "A gainst the Resignations of the Age", In McHugh, F. P.·S. M. Natale(eds), *Things Old and New : Catholic Social Teaching Revisited*, New York : University of America, 1993, p.19 참조.

32 제러미 리프킨, 이원기 역, 앞의 책, 341~342쪽.

33 Jeremy Rifkin, *The Empathic Civilization : The Race to Global Consciousness in a World in Crisis*, Cambridge, UK : Polity, 2010(제러미 리프킨, 이경남 역, 『공감의 시대』, 민음사, 2010, 758~759쪽 참조).

34 전홍석, 앞의 글, 215쪽.

35 제러미 리프킨, 이원기 역, 앞의 책, 466~467쪽.

36 또 다른 하나는 문명의 단수적 측면에서 야만과 상반되는 진보, 발전, 도덕의 의미를 함의한다. 이 '진보적 의미'의 관점은 배타적 보편주의와 접맥되어 타자의 가치와 특수성을 야만시하는 일방적 단선적 진보사관으로 이어져 현재 '문명중심주의'를 정당화하는 기제로 작용하고 있다. 전홍석, 『문명 담론을 말하다─현대'문명학' 정립을 위한 시론』, 푸른역사, 2013, 118~119쪽 참조.

37 위의 책, 118~119쪽 참조.

38 조동일, 앞의 책, 21~22쪽 참조.

39 위의 책, 23쪽.

40 위의 책, 374~375쪽.

41 위의 책, 239쪽 참조.

42 위의 책, 22·29쪽 참조.

43 조동일은 "'동아시아 한문·유교·불교문명', '남·동남아시아 산스크리트·힌두교·불교문명', '서남아시아·북·동아프리카 아랍어·이슬람문명', '유럽 라틴어·기독교문명'은 나란히 형성되고 주목할 만한 공통점을 지녔다. 이 네 문명은 천여 년 동안 공존하면서 비슷한 변천을 겪었다. 그 시기를 중세라고 하는 것이 합당한 시대 구분이다."(위의 책, 16쪽)라고 주장한다.

44 최원식, 「동아시아 공동어를 찾아」, 『제국 이후의 동아시아』, 창비, 2009, 55쪽.

45 위의 글, 62쪽. 그렇다고 해서 최원식이 근대 이전의 공동문어로 복귀하자는 것은 아니다. 그 본의는 20세기를 통과하면서 동아시아 각국이 겪은 고투의 경험을 충분히 고려하면서 이 흔적들을 바탕으로 동아시아 공동어를 발견하자는 것이다. 최원식의 말을 옮겨보면, "동아시아 공동문화의 기억을 바탕으로 근대 이후 서구와 부딪치면서 획득한 경험을 나누는 공동어 창출의 과정, 즉 다른 동아시아를 만드는 공동의 작업 속에서 단지 교전이 중지된 '소극적 평화(negative peace)'를 넘어서 동아시아 전체의 공동체적 안녕이 보장되는 '적극적 평화(positive peace)', 즉 진정한 의미의 평화가 동아시아에 깃들일 터전이 그만큼 커질 것이다."

46 백영서, 「중화제국론의 동아시아적 의미─비판적 중국연구의 모색」, 『핵심현장에서 동아시아를 다시 묻다』, 창비, 2013, 284~285쪽 참조.

47 위의 글, 287쪽 참조.

48 박충석, 『한국정치사상사』, 삼영사, 1982, 61~62쪽 참조. 한편 중화주의가 제국주의적 성격을 띤다는 사실 또한 부정할 수 없다. 그 이면에는 문명(中華)과 야만(夷狄)을 구분해 타민족을 타자화하고 야만시하는 차별기제가 존재한다. '화이(華夷)' 이분법은 근대 대국주의로 굴절되어 중국인의 의식에 강하게 남아 있다.

49 백영서, 「제국을 넘어 동아시아공동체로」, 『핵심현장에서 동아시아를 다시 묻다』, 창비, 2013, 100쪽 참조.

50 위의 글, 101쪽.

51 조동일, 앞의 책, 52~53쪽.

52 위의 책, 25쪽.

53 이런 측면에서 중화제국담론의 이점과 약점에 대한 백영서의 분석을 참고할 필요가 있다. 먼저 이점으로 볼 때, ① 세계사에서 차지하는 중국사의 특이한 위치를 설명하기 위해 서구에서 산출된 개념이나 이론에 얽매이지 않고 그 독자성만을 천착할 수 있다. ② 중국사를 파악하는 데 전통과 근대를 이분하는 발상에서 어느 정도 벗어나 그 연속성을 주목할

수 있다. 더불어 중국이라는 제국의 독자성을 동서고금의 제국들의 형식적일지라도 비교하고 분류하는 세계사적 시각이 확보된다. ③ 중화제국의 다양성과 이질성을 포용하는 원리 또는 운영방식, 즉 팽창과 관용이 중첩된 제국성이 작동하는 양상이 잘 드러난다. 한편 약점으로 말하자면, ① 제국이라는 개념 또는 이미지가 관용 외에 팽창의 요소를 안고 있어 중국 안팎에서 그에 대한 부정적인 역사기억을 떠올리게 할 위험이 농후하다. ② 중국사의 연속성을 지나치게 강조하는 것만으로는 전통과 근대의 이분법 자체를 넘어설 수 없다. 거대 제국이 근대 세계체제의 규칙에 따라 하나의 국민국가로 행위하는 틀 속에서 그 연속성이 발현된다는 사실을 명심해야 한다. 또한 중국사의 단절과 연속의 복잡성을 고스란히 규명해야 이분법적 역사관을 효과적으로 극복할 수 있다. ③ 제국의 유형 비교만으로는 세계사적 시각도 온전하게 확보되지 않는다. 제국의 기본 구조가 중심과 주변 간의 지배-피지배 관계이긴 하지만 양자관계는 쌍방향적인 대항과 변화로 이뤄진다. 제국주 시각에서 흔히 묘사되듯이 제국주 본국이 식민지에 일방향적으로만 영향을 미치는 것과는 다르다. 거대 중국이 그 주변 여러 나라들과 비대칭적 관계를 맺더라도 그 한쪽인 약소국의 역할을 결코 무시할 수 없다. 중국을 제국으로서 파악하더라도 중국과 동아시아 지역질서의 연동성, 그리고 여기에 작동하는 국가간체제라는 세계사적 규정력 문제의 중요성을 지나칠 수 없다. ④ 제국담론에서 주목하는 기본적인 행위자는 국가이지 사회가 아니므로 제국 개념을 특히 중국근현대사에 적용할 때 국가와 사회 간의 역동성을 쉽게 간과하게 된다. 백영서, 「중화제국론의 동아시아적 의미 – 비판적 중국연구의 모색」, 『핵심현장에서 동아시아를 다시 묻다』, 창비, 2013, 289~291쪽 참조.

54 '제국으로서의 중국'의 시각을 강조하는 시라이 사또시(白井聰)는 그 필요성을 다음과 같이 진술한다. "전근대 제국이 여러 국민국가로 분해되지 않고 중세적 제국의 성격을 유지한 채 오늘날에 이르렀다는 특이성이 오늘 중국의 존재방식을 규정하고 있고, 또 동시에 현대가 국민국가의 시대에서 제국의 시대로 쏜살같이 전환하고 있는 시대라면 중국의 어떤 의미에서는 원형적인 제국적 성격은 소멸하기는커녕 앞으로 점차 강력한 규정이 되어갈 것이라는 전망이 가능하다." 白井聰, 「「陸の帝國」の新時代は近代を超えうるか」, 『atプラス』 12, 2012, 134쪽. 위의 글, 289쪽에서 재인용.

55 타나까 아끼히꼬, 이웅현 역, 앞의 책, 257쪽.

56 위의 책, 256~257쪽.

57 마틴 자크, 안세민 역, 『중국이 세계를 지배하면』, 부키, 2010, 263쪽.

58 위의 책, 27쪽.

59 위의 책, 268쪽.

60 위의 책, 263쪽 참조.

61 위의 책, 270~272쪽 참조.

62 위의 책, 299쪽.

63 왕후이, 송인재 역, 앞의 책, 11쪽 참조.

64 위의 책, 11~12쪽 참조.

65 Zhou Fangyin, "Equilibrium Analysis of the Tributary System", *The Chinese Journal of International Politics*, Vol. 4, No. 2, 2011, p.149; 백영서, 「중화제국론의 동아시아적 의미 – 비판적 중국연구의 모색」, 『핵심현장에서 동아시아를 다시 묻다』, 창비, 2013, 293쪽 각각 참조.

66 마틴 자크, 안세민 역, 앞의 책, 360쪽.

67 위의 책, 362쪽.

68 위의 책, 361~362쪽; 백영서, 「변하는 것과 변하지 않는 것―한중관계의 과거·현재·미래」, 『핵심현장에서 동아시아를 다시 묻다』, 창비, 2013, 198쪽 각각 참조.

69 왕후이, 송인재 역, 앞의 책, 17쪽 참조.

70 위의 책, 421~422쪽 참조.

71 許紀霖, 「特殊的文化, 還是新天下主義」, 『文化縱橫』 2, 2012, 21쪽 참조.

72 위의 글, 21~22쪽 참조.

73 쉬지린은 화하문명에서 발견되는 '화이구별(華夷之辨)'의 측면에 주목하면서 보편 지향의 천하주의와 화이지변은 내재적으로 서로 침투하는 관계이고, 화이지변이 방어적·종속적이라면 천하주의는 공세적·주도적이라고 말한다. 백영서, 「변하는 것과 변하지 않는 것―한중관계의 과거·현재·미래」, 『핵심현장에서 동아시아를 다시 묻다』, 창비, 2013, 201쪽 참조.

74 許紀霖, 앞의 글, 22쪽.

75 자오팅양, 노승현 역, 『천하체계―21세기 중국의 세계 인식』, 길, 2010, 55쪽.

76 위의 책, 57쪽.

77 위의 책, 57~58쪽 참조.

78 위의 책, 75쪽. 자오팅양의 무외원칙은 '내외(內外)'원칙에 의해 보완된다. 두 원칙에서 말하는 '외(外)' 개념은 결코 동일한 차원의 것이 아니므로 서로 모순되지 않는다. 무외원칙은 세계제도 차원의 원칙으로서 어떤 타자도 이단으로 만들지 않는 사해일가(四海一家) 관념이고, 내외원칙은 국제관계 차원의 원칙으로서 친소유별(親疏有別)의 원근관계를 설명하는 것이다. 이 내외의식이 나중에 발선하여 '화이구별(華夷之辨)'이라는 의식을 이룬다. 그런데 무외원칙이 내외원칙에 제약을 가하므로 화이의 구별도 문화적 차이로 표현될 뿐 공존할 수 없는 대립을 야기하거나 이단적인 타자를 성립하지는 않고, 또한 천하제국이 군사적으로 발전해가는 추세를 억제한다. 위의 책, 76~78쪽; 백영서, 「중화제국론의 동아시아적 의미―비판적 중국연구의 모색」, 『핵심현장에서 동아시아를 다시 묻다』, 창비, 2013, 299~300쪽 각각 참조.

79 자오팅양, 노승현 역, 앞의 책, 24·74~75쪽 참조.

80 백영서, 「중화제국론의 동아시아적 의미―비판적 중국연구의 모색」, 『핵심현장에서 동아시아를 다시 묻다』, 창비, 2013, 309쪽.

81 위의 글, 309쪽.

82 위의 글, 310~313쪽 참조. 여기서 백영서는 복합국가라는 시각에서 중국(사)에 접근할 때 얻을 수 있는 이점을 기술한다. 그중에서도 동아시아의 신중세화와 연관된 항목을 소개해보면 다음과 같다. "중국이라는 중심과 그 주변 이웃 사회 또는 국가와의 비대칭적 균형관계에서 더 나아가 주변의 주체성을 제대로 고려하는 역동적 균형관계를 적극적으로 사고할 수 있다. 예를 들면 홍콩에는 이미 '일국양제'가 시행되고 있으니 중국의 내부경계(內境)이자 '구멍 난 주권'으로 중국의 단일형 국가로서의 성격을 흔들고 있는 셈이다. 또한 타이완은 (적어도 단기적·중기적으로는) 홍콩 이상의 독자성을 확보함으로써 ― 공식적인 국가의 틀이야 여하튼 ― 중국이 실질적인 복합국가로 나아가게 할 공산이 크다. 더 나아가 동북아나 동남아 여러 나라들과의 탄력적인 관계 형성에도 기여할 수 있다."

83 백낙청, 「김영호 씨의 분단체제론 비판에 관하여」, 『흔들리는 분단체제』, 창비, 2017, 204쪽.

84 백영서, 「복합국가와 '근대의 이중과제'―20세기 동아시아사 다시 보기」, 『핵심현장에서 동아시아를 다시 묻다』, 창비, 2013, 160쪽.

85 위의 글, 167~168쪽.

86 백영서, 「'핵심현장'에서 찾는 동아시아 공생의 길」, 『핵심현장에서 동아시아를 다시 묻다』, 창비, 2013, 17~18쪽 참조.

87 징하이펑, 「세계의 문화다원적 구조와 유학의 위상」, 『동아시아문화와 사상』 6, 열화당, 2001, 127쪽.

88 쉬지린은 공자아카데미에서 전수하는 것은 단순한 도구적 언어라고 질타한다. "진정한 공자에 대해서는 외국학생은 말할 것도 없고 중국교사도 깊게 이해하지 못한다. 언어에서 그 가치의 영혼을 뽑아내면 그 언어는 앵무새가 말을 따라하듯 공허한 형식이 될 뿐이다." 쉬지린, 송인재 역, 『왜 다시 계몽이 필요한가―현대 지식인의 사상적 부활』, 글항아리, 2013, 520쪽.

89 자오팅양, 노승현 역, 앞의 책, 15쪽.

90 앤드류 허렐, 「제3판 머리말―『무정부 사회』 이후 25년」, 헤들리 불 · 진석용 역, 『무정부 사회―세계정치에서의 질서에 관한 연구』, 나남, 2012, 20쪽.

91 조동일, 앞의 책, 29쪽.

92 조동일, 「유학사상과 현대학문」, 『동아시아문화와 사상』 1, 열화당, 1998, 156쪽.

제6장 ― 세계경제와 동아시아모델

1 Joseph E. Stiglitz, *Globalization and its Discontents*, New York : Norton, 2002, pp.125~126 참조.

2 Giovanni Arrighi, *Adam Smith in Beijing : Lineages of the Twenty-First Century*, New York : Verso Press, 2007(조반니 아리기, 강진아 역, 『베이징의 애덤 스미스―21세기의 계보』, 길, 2009, 33쪽 참조).

3 전홍석, 「동아시아와 문명―세계체제론적 전망―서구적 시각을 중심으로」, 『동양철학연구』 99, 동양철학연구회, 2019 참조.

4 김경일, 「동아시아와 세계체제 이론」, 김경일 편, 『지역연구의 역사와 이론』, 문화과학사, 1998, 144쪽.

5 이외 캘리포니아학파의 대표적인 학자로서는 잭 골드스톤(Jack Goldstone), 존 홉슨(John M. Hobson), 잭 구디(Jack Goody), 제임스 리(James Lee, 李中淸), 제임스 블로트(James M. Blaut), 데이비드 하비(David Harvey) 등을 꼽을 수 있다.

6 Robert C. Allen, *Global Economic History*, Oxford : Oxford University Press, 2011(로버트 C. 앨런, 이강국 역, 『세계경제사』, 문학동네(교유서가), 2019, 8쪽 참조).

7 Joel Mokyr, *A Culture of Growth : The Origins of the Modern Economy*, Princeton, New Jersey : Princeton University Press, 2017(조엘 모키르, 김민주 · 이엽 역, 『성장의 문화―현대 경제의 지적 기원』, 에코리브르, 2018, 22쪽).

8 James M. Blaut, *Eight Eurocentric Historians*, New York : Guilford Press, 2000(제임스 M. 블로트, 박광식 역, 『유럽 중심주의를 비판한다―역사학의 함정』, 푸른숲, 2008, 133쪽).

9 Angus Maddison, *Contours of the World Economy*, Oxford : Oxford University Press, 2007, 70~71쪽 참조. 이영석, 「'대분기'와 근면혁명론」, 『역사학연구』 58, 호남사학회,

2015, 345쪽에서 재인용.

10   Andre Gunder Frank, *ReOrient : Global Economy in the Asian Age*, Berkeley-Los Angeles : University of California Press, 1998(안드레 군더 프랑크, 이희재 역, 『리오리엔트』, 이산, 2003, 71쪽).

11   강진아, 「중국의 부상과 세계사의 재조명 – 캘리포니아학파에서 글로벌 헤게모니論까지」, 『역사와경계』 80, 경남사학회, 2011, 153~154쪽 참조.

12   李伯重, 『理論, 方法, 發展趨勢 : 中國經濟史硏究新探』, 北京 : 淸華大學出版社, 2002(리보중, 이화승 역, 『중국경제사 연구의 새로운 모색』, 책세상, 2006, 44쪽).

13   조엘 모키르, 김민주·이엽 역, 앞의 책, 463쪽.

14   이영석, 『공장의 역사 – 근대 영국사회와 생산, 언어, 정치』, 푸른역사, 2012, 52~60쪽 참조.

15   안종석, 「영국 산업혁명의 원인 논쟁에 대한 비판적 검토와 '대분기'의 재고찰 – '제도·문화적 해석'의 한계와 '경제적 해석'의 도전」, 『사회와 역사』 103, 한국사회사학회, 2014, 352~354쪽 참조.

16   David S. Landes, *The Wealth and Poverty of Nations : Why Some Are So Rich and Some So Poor*, New York : W. W. Norton & Company, 1999(데이비드 S. 랜디스, 안진환·최소영 역, 『국가의 부와 빈곤』, 한국경제신문, 2009, 346쪽).

17   위의 책, 349쪽 참조.

18   조엘 모키르, 김민주·이엽 역, 앞의 책, 22쪽.

19   위의 책, 25쪽.

20   강진아, 「16~19세기 중국경제와 세계체제 – '19세기 분기론'과 '중국중심론'」, 『이화사학연구』 31, 이화여대 이화사학연구소, 2004, 22쪽.

21   Franklin F. Mendels, "Proto-industrialization : The first phase of the industrialization Process", *Journal of Economic History* 32. 1, 1972, pp.241~261; 강진아, 「중국의 부상과 세계사의 재조명 – 캘리포니아학파에서 글로벌 헤게모니論까지」, 『역사와경계』 80, 경남사학회, 2011, 158쪽; 강진아, 「16~19세기 중국경제와 세계체제 – '19세기 분기론'과 '중국중심론'」, 『이화사학연구』 31, 이화여대 이화사학연구소, 2004, 22쪽 각각 참조. 이 원공업화가 산업혁명에 제공한 유리한 조건들로서는 "첫째로 농촌공업이 발전하는 과정에서 상인, 지주, 기업가가 축적한 자금이 산업혁명을 일으키는 데 필요한 자금이 되었다. 둘째로 생산수단에서 자유로운 근대적인 노동자는 인클로저로 인해 농촌에서 도시로 노동자들이 이동해 생겨난 것이 아니라 농촌공업지역 내부에서 준비되었다. 셋째로 농촌공업화와 함께 농업근대화가 진행됨으로써 산업혁명 이후 도시공업인구 확대를 식량공급 면에서 지지하는 기반이 되었다. 넷째로 농촌공업이 근대공업노동자를 위한 초보적 기술훈련의 장으로 기능했다. 다섯째로 원공업화를 통해 상인에게 경영관리, 마케팅에 관한 노하우가 축적되었다"고 열거된다. 齊藤修, 『プロト工業化の時代』, 東京 : 日本評論社, 1985, 262~263쪽. 강진아, 「중국의 부상과 세계사의 재조명 – 캘리포니아학파에서 글로벌 헤게모니論까지」, 『역사와경계』 80, 경남사학회, 2011, 159쪽에서 재인용.

22   안종석, 앞의 글, 362쪽.

23   Robert C. Allen, "American exceptionalism as a problem in global history", Department of Economics Discussion Paper Series No. 689, 2013, pp.2~3 참조.

24   로버트 C. 앨런, 『세계경제사』, 49~50쪽.

25   안종석, 「영국 산업혁명의 원인 논쟁에 대한 비판적 검토와 '대분기'의 재고찰 – '제도·

문화적 해석'의 한계와 '경제적 해석'의 도전」, 362쪽.

26 앨런은 영국의 고임금 · 저가에너지가 형성된 배경을 급속한 도시화(가령 유럽 · 세계시장에서 해상교역의 거점으로 기능하는 런던 등의 빠른 도시경제의 발전이나 팽창)에 기인한다고 설명한다. 잠깐 살펴보면 "첫째로 도시의 성장은 농촌 양모공업과 함께 노동수요를 증가시켰고, 그 결과 영국의 임금은 유럽대륙보다 더 높은 인구성장률에도 불구하고 17세기부터 계속 상승했다. 둘째로 도시의 성장으로 인해 목재 · 목탄이 부족해지고 에너지가격이 16세기 중반부터 급등하자 영국경제는 목재 · 목탄에서 저가에너지의 원천인 석탄으로 주력에너지원을 대체해 나갔다." 위의 글, 366~367쪽.

27 위의 글, 376~380쪽 참조.

28 위의 글, 380~381쪽 참조.

29 로버트 C. 앨런, 이강국 역, 앞의 책, 82쪽.

30 중간에 하이픈(hyphen)을 명기하는 세계-경제(world-economy), 세계-체제(world-system)는 전 세계를 포괄하는 세계경제, 세계체제와는 다른 개념이다. 세계-경제는 경제적으로 독자적 · 핵심적인 것들을 자급자족할 수 있고 내부적인 연결, 교역이 유기적으로 통일성을 이루는 단위다. '세계-체제' 역시 한 국가의 경계선을 넘어서는 광역경제로서 일정한 지역에서 독립적인 여러 국가들이 무역으로 긴밀하게 연결되는 경제체제를 의미한다.

31 Kenneth Pomeranz, *The Great Divergence : China, Europe, and the Making of the Modern World Economy*, Princeton : Princeton University Press, 2000.(케네스 포메란츠, 김규태 · 이남희 · 심은경 역, 김형종 감수, 『대분기 – 중국과 유럽, 그리고 근대세계 경제의 형성』, 에코리브르, 2016, 15쪽.)

32 제임스 M. 블로트, 박광식 역, 앞의 책, 35쪽.

33 안드레 군더 프랑크, 이희재 역, 앞의 책, 503쪽.

34 조엘 모키르, 김민주 · 이엽 역, 앞의 책, 23쪽.

35 케네스 포메란츠, 김규태 · 이남희 · 심은경 역, 앞의 책, 35쪽.

36 위의 책, 17쪽.

37 위의 책, 17쪽.

38 위의 책, 17쪽.

39 위의 책, 56쪽. 토머스 맬서스(Thomas R. Malthus)의 인구변화가설은 잘 알려진 대로 인구가 농업생산보다 빠르게 증가해 빈곤이 확대된다는 것이 골자다. 잠깐 살펴보면, 첫째로 사람들은 자신들의 생식행위를 통제하지 못하기 때문에 할 수 있는 한 많은 자식을 갖게 된다. 둘째로 여기서 인구과잉이 발생하고 굶주림과 결핍이 생겨난다. 셋째로 이윽고 인구의 상당 부분이 죽어 없어지는 방식의 조정이 일어나는데 사람 수와 이 사람들을 먹여 살릴 자원 사이에 대강의 균형이 다시 잡힐 때까지 조정은 계속된다. 다섯째로 균형이 잡히는 단계에서 사람들이 다시 아이들을 너무 많이 낳으면서 조정 과정은 새로 시작된다. 제임스 M. 블로트, 박광식 역, 앞의 책, 120쪽 참조.

40 이영석, 「'대분기'와 근면혁명론」, 『역사학연구』 58, 호남사학회, 2015, 353~354쪽.

41 강진아, 「중국의 부상과 세계사의 재조명 – 캘리포니아학파에서 글로벌 헤게모니論까지」, 『역사와경계』 80, 경남사학회, 2011, 155쪽 참조.

42 케네스 포메란츠, 김규태 · 이남희 · 심은경 역, 앞의 책, 56쪽.

43 위의 책, 36쪽.

44 위의 책, 57쪽.

45   위의 책, 43쪽.

46   강진아, 「16~19세기 중국경제와 세계체제-'19세기 분기론'과 '중국중심론'」, 『이화사학연구』 31, 이화여대 이화사학연구소, 2004, 16~17쪽.

47   안드레 군더 프랑크, 이희재 역, 앞의 책, 288쪽.

48   위의 책, 288~289쪽.

49   위의 책, 106쪽.

50   위의 책, 410쪽.

51   안종석, 앞의 글, 381쪽.

52   이러한 프랑크·앨런이 공유하는 분석 틀은 1973년 마크 엘빈(Mark Elvin)이 『중국역사의 발전 형태(The pattern of the Chinese past : a social and economic interpretation)』라는 저서에서 시도한 고전적 연구가 선행한다. 엘빈의 연구를 요약해보면 중국은 이미 10~14세기에 체계적인 자연과학의 초입에 도달했으며 세계 최초의 기계화된 산업을 육성했다. 대표적인 사례는 14세기 초의 『왕정농서(王禎農書)』에 나오는 수력방적기인데 노동절약적 효과가 상당해 인력이 부족한 북중국에서 널리 이용되었다. 이러한 노동절약적 기술진보노선을 조금만 더 추구했다면 중국은 서양보다 400년 전에 산업혁명을 달성했을 것이다. 그러나 명청대에 이러한 방향의 기술진보가 쇠퇴했고 노동절약적 기계도 사라졌다. 그 원인은 기술적 창의성이나 기업정신의 결핍에 있다기보다는 자원·자본·노동의 부존상태에 대한 경제 주체의 합리적 반응이었다. 마크 엘빈, 이춘식·김정희·임중혁 역, 『중국역사의 발전 형태』, 신서원, 1989 참조.

53   안드레 군더 프랑크, 이희재 역, 앞의 책, 435쪽.

54   위의 책, 443쪽.

55   참고로 동서양의 대분기 시점과 관련해서 프랑크는 세계경제의 판도변화, 곧 유럽의 경제적 우위가 확실해지는 시기를 1850년, 심지어 1870년까지도 가능하다(위의 책, 18쪽 참조)고 했다. 포메란츠는 적어도 1800년, 혹은 1850년까지 잡는다.

56   John M. Hobson, *The Eastern Origins of Western Civilisation*, Cambridge·New York : Cambridge University Press, 2004·2008(존 M. 홉슨, 정경옥 역, 『서구문명은 동양에서 시작되었다』, 에코리브르, 2005, 20~21쪽).

57   P. Coclanis, "Ten Years After", Historically Speaking 12(4), 2011, pp.10~12.

58   조엘 모키르, 김민주·이엽 역, 앞의 책, 464쪽.

59   Robert C. Allen, *The British Industrial Revolution in Global Perspective*, Cambridge : Cambridge University Press, 2009, pp.80~81·89~90 참조.

60   케네스 포메란츠, 김규태·이남희·심은경 역, 앞의 책, 37쪽.

61   위의 책, 37쪽.

62   위의 책, 37쪽.

63   안드레 군더 프랑크, 이희재 역, 앞의 책, 71~72쪽 참조.

64   케네스 포메란츠, 김규태·이남희·심은경 역, 앞의 책, 51쪽.

65   위의 책, 36쪽.

66   R. Bin Wong, *China Transformed : Historical Change and the Limits of European Experience*, Ithaca : Cornell University Press, 1997, pp.16~23·30~31 참조.

67   강진아, 「16~19세기 중국경제와 세계체제-'19세기 분기론'과 '중국중심론'」, 『이화사학연구』 31, 이화여대 이화사학연구소, 2004, 19쪽.

68 위의 글, 21쪽. 이 과밀화라는 개념은 포메란츠의 논적 필립 황이 제기한 것으로 개간할 땅이 부족한 상태에서 지력(地力)이 소모되므로 단위 경작 당 더 많은 노동력을 쏟아서 생산량을 늘리려고 하지만 생산량의 증가는 점차 감소하고 결국 한계에 봉착하게 된다는 것이다. 필립 황은 과밀화라는 경제적 메커니즘을 통해 18세기 중국에서 대규모로 노동의 효능성이 높은 농업의 자본화가 이루어지지 않아 규모의 경제를 가져오지 못한 한계성을 드러냈다고 설명한다. 즉 노동력을 계속 늘려도 생산량은 수확체감의 법칙에 의해 점차 줄어들 수밖에 없게 되어 결국 맬서스위기의 한계 상황에 이르러 '발전 없는 성장'을 이룩했다고 보았다. 이 인벌루션(involution)은 근세 유럽에서 볼 수 있었던 1인당 수익성 없는 노동강화를 의미하는 '근면혁명'과 유사한 점이 있다. 김두진·이내영, 「유럽산업혁명과 동아시아 '대분기(Great Divergence)' 논쟁」, 『아세아연구』 55-2(통권148호), 고려대 아세아문제연구소, 2012, 61쪽 참조.

69 1930년대부터 중국의 사회학자들은 중국의 전근대에 자력으로 근대화할 경제적 성장이 있었지만 제국주의의 억압에 의해 그 가능성이 압살되었다고 주장했다. 1939년 마오쩌둥(毛澤東)은 '자본주의의 맹아'가 중국 전근대에 존재했다고 공식화함으로써 중화인민공화국 성립 이후 역사학계에서는 중국사에서 이 '맹아'를 찾는 데 온 힘을 기울였다. 중국에서 자본주의 맹아론은 1950년대와 80년대 두 차례 논쟁을 거치면서 성숙되었다. 전기는 푸이링(傅衣凌)이, 후기는 우청밍(吳承明)이 각각 대표적인 학자다. 이 이론은 기왕의 서구학계를 점령하던 중국정체론적 시각을 타파하는데 많은 기여를 했다. 강진아, 「중국의 부상과 세계사의 재조명─캘리포니아학파에서 글로벌 헤게모니論까지」, 『역사와경계』 80, 경남사학회, 2011, 161~162쪽.

70 위의 글, 161~162·167쪽 참조.

71 안정옥, 「동아시아 현대 이행의 장기사적 쟁점─역사적 시간(성), 동아시아 경로, 다중현대(성)」, 『담론201』 21-1, 한국사회역사학회, 2018, 8~9쪽 참조.

72 조반니 아리기, 강진아 역, 앞의 책, 22쪽.

73 위의 책, 22~23쪽.

74 위의 책, 23쪽.

75 강진아, 「중국의 부상과 세계사의 재조명─캘리포니아학파에서 글로벌 헤게모니論까지」, 『역사와경계』 80, 경남사학회, 2011, 174쪽.

76 조반니 아리기, 강진아 역, 앞의 책, 70~71쪽 참조.

77 강진아, 「중국의 부상과 세계사의 재조명─캘리포니아학파에서 글로벌 헤게모니論까지」, 『역사와경계』 80, 경남사학회, 2011, 174~175쪽.

78 조반니 아리기, 강진아 역, 앞의 책, 50~51·57~58쪽 참조.

79 위의 책, 58~67쪽 참조.

80 위의 책, 25쪽.

81 아리기는 세계를 세계북측과 세계남측으로 양분하는 논거를, "1950년대에 제3세계의 출현은 서구에 대한 반란과 냉전적 세계질서의 공동산물이었다. 역사적으로 비서구지역은 거의 전부 제3세계로 들어갔지만 서양이었던 지역은 세 부류의 다른 성원으로 나뉘었다. 이들 중 더 잘사는 성원들(북미·서유럽·오스트레일리아)에 일본이 더해져 제1세계를, 덜 잘사는 성원들(소련·동유럽)은 제2세계를, 그리고 일부(라틴아메리카)는 비서구에 합류해 제3세계를 각각 구성했다. 냉전이 끝나고 제2세계가 사라지자 제1세계와 제3세계라는 표현은 구닥다리가 되어 세계북측과 세계남측이라는 표현으로 각각 대체

되었다"고 설명한다. 위의 책, 19쪽.

82 위의 책, 25쪽.
83 위의 책, 25쪽.
84 위의 책, 535쪽.
85 Immanuel Wallerstein, *European Universalism : The Rhetoric Power*, New York : New Press, 2006(이매뉴얼 월러스틴, 『유럽적 보편주의 – 권력의 레토릭』, 창비, 2008, 145쪽).
86 위의 책, 90쪽.
87 위의 책, 146쪽.
88 박섭, 「서평 – 안드레 군더 프랑크, 『리오리엔트』 이희재 역(이산, 2004)」, 『역사와 경계』 53, 경남사학회, 2004, 292쪽 참조.
89 안드레 군더 프랑크, 이희재 역, 앞의 책, 503쪽.
90 강진아, 「중국의 부상과 세계사의 재조명 – 캘리포니아학파에서 글로벌 헤게모니論까지」, 『역사와경계』 80, 경남사학회, 2011, 147쪽.
91 안정옥, 앞의 글, 10쪽.
92 전홍석, 『초기 근대 서구지식인의 동아시아상과 지식체계 – 예수회 선교사의 유교오리엔트 – 호혜적 교류 형상』, 동과서, 2018, 43쪽.

제7장 — 탈근대 동아시아식 체제모델

1 윤명철, 「'동아시아 평화공동체' 실현을 위한 문명권 설정의 제안」, 『평화와 창조를 위한 동아시아학의 제 양상』(제69회 정기학술대회 발표 자료집), 동아시아고대학회・경희대 인문학연구원, 2018, 2~3쪽; 쉬지린, 송인재 역, 『왜 다시 계몽이 필요한가 – 현대지식인의 사상적 부활』, 글항아리, 2013, 508쪽 각각 참조.
2 전홍석, 「현대문명의 생태학적 전환 – 생태와 문명의 교차점 – 보편주의와 다원주의의 회통」, 『동서철학연구』 61, 한국동서철학회, 2011, 255쪽 참조.
3 1970년대 이후 1980년대에 걸쳐 동아시아의 성장에 대한 서구의 시각은 양면적 성격을 띠었다. 한편으로 이성의 결여, 일罰례, 집단주의 등으로 위협과 경멸을 수반하는가 하면, 다른 한편으로는 근면과 성실, 가족적 유대, 공동체의식, 높은 교육열, 검양과 자제, 정신주의 등에 대해 지지와 찬사를 보냈다. 1990년대로 접어들면서 전반적인 기조는 후자로 기울어졌다. 그러나 동아시아 국가들이 금융위기를 겪으면서 전자의 측면이 부정적인 차원에서 가부장제, 권위주의, 정실주의, 연고주의, 부정부패, 무능 등으로 제기될 수 있는 가능성이 팽배했다. 김경일, 「동아시아와 세계체제 이론」, 김경일 편, 『지역연구의 역사와 이론』, 문화과학사, 1998, 137쪽 참조.
4 최민자, 「정치학적 측면에서 본 동아시아론 – 동아시아론을 위한 小考」, 『동아시아문화와 사상』 1, 열화당, 1998, 60~61쪽 참조. 통상 서구(Western Europe)는 두 가지 의미로 이해된다. "하나는 좁은 의미에서 근대 유럽문명의 탄생에 결정적인 역할을 한 네덜란드, 영국, 프랑스 등을 핵심으로 포함하는 지리적 개념이다. 다른 하나는 오늘날 서구문명에서 지시되는 서구로서 단순히 지리적 의미를 넘어 미국, 캐나다, 일본 등의 근대 유럽문명이 보급되고 이식된 지역을 지칭하는 정치적・문화적 개념이다." 강정인, 『서구중심주의를 넘어서』, 아카넷, 2004, 128쪽.
5 전홍석, 「세계화와 문명 – 서구보편주의 비판 – 21세기 문명인의 재탄생」, 『동서철학연

구』60, 한국동서철학회, 2011, 306쪽.

6 위의 글, 308쪽.

7 Immanuel Wallerstein, *European Universalism : The Rhetoric Power*, New York : New Press, 2006(이매뉴얼 월러스틴, 김재오 역, 『유럽적 보편주의─권력의 레토릭』, 창비, 2008, 15~16쪽).

8 위의 책, 8~9쪽.

9 위의 책, 9쪽.

10 John Hicks, *A Theory of Economic History*, Oxford : Glarendon Press, 1991, pp.6~7 참조.

11 이매뉴얼 월러스틴, 김재오 역, 앞의 책, 64~65쪽.

12 위의 책, 65쪽 참조.

13 전홍석, 「현대 문명담론의 이해와 전망 2─현대 문명강권주의 비판 담론─반서구중심주의를 중심으로」, 『동서철학연구』58, 한국동서철학회, 2010, 513쪽.

14 강정인, 앞의 책, 47~48・84쪽 참조.

15 전홍석, 「세계화와 문명─서구보편주의 비판─21세기 문명인의 재탄생」, 『동서철학연구』60, 한국동서철학회, 295쪽 참조.

16 James M. Blaut, *Eight Eurocentric Historians*, New York : Guilford Press, 2000(제임스 M. 블로트, 박광식 역, 『유럽 중심주의를 비판한다─역사학의 함정』, 푸른숲, 2008, 17쪽).

17 Joel Mokyr, *A Culture of Growth : The Origins of the Modern Economy*, Princeton, New Jersey : Princeton University Press, 2017(조엘 모키르, 김민주・이엽 역, 『성장의 문화─현대 경제의 지적 기원』, 코리브르, 2018, 463쪽).

18 제임스 M. 블로트, 박광식 역, 앞의 책, 35쪽.

19 위의 책, 33~34・37쪽 참조.

20 강진아, 「중국의 부상과 세계사의 재조명─캘리포니아학파에서 글로벌 헤게모니論까지」, 『역사와경계』80, 경남사학회, 2011, 152쪽.

21 위의 글, 153쪽.

22 이매뉴얼 월러스틴, 김재오 역, 앞의 책, 9쪽.

23 제임스 M. 블로트, 박광식 역, 앞의 책, 32쪽 참조.

24 David S. Landes, *The Wealth and Poverty of Nations : Why Some Are So Rich and Some So Poor*, New York : W. W. Norton & Company, 1999(데이비드 S. 랜디스, 안진환・최소영 역, 『국가의 부와 빈곤』, 한국경제신문, 2009 참조).

25 Andre Gunder Frank, *ReOrient : Global Economy in the Asian Age*, Berkeley-Los Angeles : University of California Press, 1998(안드레 군더 프랑크, 이희재 역, 『리오리엔트』, 이산, 2003, 409쪽 참조).

26 이매뉴얼 월러스틴, 김재오 역, 앞의 책, 90쪽.

27 김경일, 앞의 글, 136쪽 참조.

28 위의 글, 136쪽.

29 R. Bin Wong, *China Transformed : Historical Change and the Limits of European Experience*, Ithaca : Cornell University Press, 1997 참조.

30 Giovanni Arrighi, *Adam Smith in Beijing : Lineages of the Twenty-First Century*, New York

: Verso Press, 2007(조반니 아리기, 강진아 역, 『베이징의 애덤 스미스―21세기의 계보』, 길, 2009, 48쪽).

31 李伯重, 『理論, 方法, 發展趨勢 : 中國經濟史研究新探』, 北京 : 淸華大學出版社, 2002(리보중, 이화승 역, 『중국경제사 연구의 새로운 모색』, 책세상, 2006, 54쪽); 조반니 아리기, 강진아 역, 앞의 책, 48쪽 각각 참조.

32 리보중, 이화승 역, 앞의 책, 54~55쪽 참조.

33 조반니 아리기, 강진아 역, 앞의 책, 50쪽 참조.

34 강진아, 앞의 글, 167쪽.

35 Angus Maddison, *Chinese Economic Performance in the Long Run*, The Eight Annual World History Association International Congress, Victoria Canada, 1999.6.27, pp.25・40 참조.

36 조반니 아리기, 강진아 역, 앞의 책, 57쪽.

37 앞의 책, 58~67쪽 참조.

38 하야미 아키라, 조성원・정안기 역, 『근세 일본의 경제 발전과 근면혁명―역사인구학으로 본 산업혁명 vs 근면혁명』, 혜안, 2006, 295~301쪽; 이영석, 「'대분기'와 근면혁명론」, 『역사학연구』 58, 호남사학회, 2015, 366~367쪽 각각 참조.

39 강진아, 「16~19세기 중국경제와 세계체제―'19세기 분기론'과 '중국중심론'」, 『이화사학연구』 31, 2004, 20쪽.

40 이영석, 앞의 글, 367쪽.

41 조반니 아리기, 강진아 역, 앞의 책, 58~61쪽 참조.

42 Kaoru Sugihara, "The East Asian Path of Economic Development : A Long-Term Perspective", in G. Arrighi・T. Hamashita・M. Selden, eds., *The Resurgence of East Asia : 500, 150 and 50 Year Perspectives*, London and New York : Routledge, 2003, pp.94~99・112~114 참조.

43 안종석, 「영국 산업혁명의 원인 논쟁에 대한 비판적 검토와 '대분기'의 재고찰―'제도・문화적 해석'의 한계와 '경제적 해석'의 도전」, 『사회와 역사』 103, 한국사회사학회, 2014, 392쪽.

44 Kenneth Pomeranz, *The Great Divergence : China, Europe, and the Making of the Modern World Economy*, Princeton : Princeton University Press, 2000. 케네스 포메란츠, 김규태・이남희・심은경 역, 김형종 감수, 『대분기―중국과 유럽, 그리고 근대세계 경제의 형성』, 에코리브르, 2016, 28쪽.

45 박승우, 「동아시아 담론의 현황과 문제」, 동아시아공동체연구회 편, 『동아시아공동체와 한국의 미래―동북아를 넘어 동아시아로』, 이매진, 2008, 316~321쪽; 박승우, 「동아시아 공동체 담론 리뷰」, 『아시아리뷰』 1-1, 서울대 아시아연구소, 2011, 77~89쪽 각각 참조.

46 최원식, 「동아시아 공동어를 찾아」, 『제국 이후의 동아시아』, 창비, 2009, 55쪽.

47 백낙청, 「분단체제 극복운동의 일상화를 위해」, 『흔들리는 분단체제』, 창비, 2017, 17쪽.

48 위의 글, 18쪽 참조.

49 위의 글, 20쪽 참조.

50 위의 글, 20쪽.

51 위의 글, 21~22쪽.

52 위의 글, 24쪽.

53 위의 글, 26쪽.

54 위의 글, 23~24쪽 참조.

55 천관우는 1972년 '7·4남북공동성명'이 발표된 한반도의 상황변화를 체감하고 "한동안은 남은 남대로 북은 북대로의 체제를 유지하고 그러면서도 일정한 한도 안에서나마 한민족이 한 덩어리로 얽히는 국가의 형태"(천관우, 「민족통일을 위한 나의 제언」, 『창조』 1972.9, 31쪽)를 '복합국가'라 칭했다. 백낙청은 이러한 천관우의 발상을 수용해 한반도 분단체제 극복을 위한 과제로 구체화한 것이다.

56 백낙청, 「한반도 평화통일을 위한 새 발상」, 『한반도식 통일, 현재진행형』, 창비, 2006, 83~84쪽.

57 백영서, 「복합국가와 '근대의 이중과제' – 20세기 동아시아사 다시 보기」, 『핵심현장에서 동아시아를 다시 묻다』, 창비, 2013, 179쪽.

58 백영서, 「동아시아론과 근대 적응·근대 극복의 이중과제」, 『핵심현장에서 동아시아를 다시 묻다』, 창비, 2013, 62쪽.

59 백영서, 「복합국가와 '근대의 이중과제' – 20세기 동아시아사 다시 보기」, 『핵심현장에서 동아시아를 다시 묻다』, 창비, 2013, 179쪽.

60 위의 글, 181쪽.

61 백낙청, 「21세기 한국과 한반도의 발전전략을 위해」, 백낙청 외편, 『21세기의 한반도 구상』, 창비, 2005, 22쪽.

62 최원식, 「대국과 소국의 상호 진화」, 『제국 이후의 동아시아』, 창비, 2009, 29쪽.

63 백영서, 「중국에 '아시아'가 있는가? – 한국인의 시각」, 『동아시아의 귀환 – 중국의 근대성을 묻는다』, 창비, 2000, 49쪽. 중국학자 쉬슈리(徐秀麗)는 한국, 일본과는 대조적으로 중국의 동아시아의식이 비교적 취약하다는 데 동의하고 그 요인을 다음과 같이 분석한다. 첫째, 문화전통 면에서 중국은 천하의 중심이라 여겨 대외관계를 국내관계의 연장선상에서 보았고 문화적 친밀도로 주변의 지역이나 국가와의 친소를 구분했던 까닭에 경계가 분명한 지역 관념이 형성되지 않았다. 둘째, 근대 중국이 당면한 급선무는 강대한 민족국가를 수립하는 것이어서 지역적 시각에서 사고하는 것의 중요성을 알지 못했다. 셋째, 근대 중국은 세계 열강과의 분쟁에 휘말리면서 세계와 직접 대면할 수밖에 없었고 그 결과 지역적 연대감은 상대적으로 희박했다. 넷째, 근대에 일제에 의해 조장된 대동아공영권의 상흔이 동아시아의식을 긍정적으로 발전하는 데 저해요소가 되고 있기 때문이다. 쉬슈리, 「중국의 동아시아의식과 동아시아 서술」, 동북아역사재단 편, 『동북아역사재단 학술회의 자료집 – 역사적 관점에서 본 동아시아의 아이덴티티와 다양성』, 동북아역사재단, 2010, 119~125쪽 참조.

64 백영서, 「중국에 '아시아'가 있는가? – 한국인의 시각」, 『동아시아의 귀환 – 중국의 근대성을 묻는다』, 창비, 2000, 49쪽.

65 쉬슈리, 앞의 글, 117·127쪽 참조.

66 韓昇, 『東亞世界形成史論』, 上海 : 復旦大學出版社, 2009, 53~54쪽.

67 許紀霖, 『家國天下 : 現代中國的個人, 國家與世界認同』, 上海 : 世紀文景·上海人民出版社, 2017, 455~456쪽.

68 Dwight Perkins, *China : Asia's Next Economic Giant?*, Seattle : University of Washington Press, 1986 참조.

69 리보중, 이화승 역, 앞의 책, 235쪽.

70 이른바 '신중국 역사학의 화려한 다섯 송이 꽃'이란 문화혁명 이전에 고대사의 시대 구분, 봉건제 토지소유 형식, 농민전쟁, 자본주의 맹아, 한(漢)민족 형성이라는 다섯 가지 주제를 둘러싸고 전개된 뜨거운 논쟁에 대한 별칭이다. 이 중에서 한민족 형성을 제외한 네 송이가 모두 경제사 문제에 속하거나 이와 밀접한 관계를 가지고 있었다. 특히 자본주의 맹아 연구는 중국 스스로 자본주의를 탄생시킬 수 있는가의 여부 문제에서 출현했다. 이 연구는 1939년 마오쩌둥(毛澤東)이 "중국 봉건사회의 상품경제 발전은 이미 자본주의 맹아를 잉태하고 있어서 외국 자본주의의 영향이 없었더라도 중국은 서서히 자본주의 사회로 발전할 수 있었을 것이다"(毛澤東, 『毛澤東選集』, 北京 : 人民出版社, 1967, 589쪽)라고 말한 데서 시작되었다. 중국학자들은 역사상 출현했던 상품경제, 노동고용, 초기 공업화(사영수공업) 등을 자본주의 맹아라고 보았다. 그러나 중국역사에 존재했다는 자본주의 맹아는 그 실체가 분명히 밝혀지지 않은 가설일 뿐이며 1990년대 이후 학계의 열기가 식어 점차 사라질 상황에 이르고 있다. 리보중, 이화승 역, 앞의 책, 249~250·23~42쪽 참조.

71 위의 책, 32쪽.

72 위의 책, 32쪽 참조.

73 위의 책, 36쪽.

74 위의 책, 44쪽 참조.

75 위의 책, 45~50쪽 참조.

76 위의 책, 50쪽.

77 위의 책, 52쪽 참조.

78 리보중은 장난 농업경제변화의 일관된 특징을 '상식을 벗어나는 것'이라고 분석한다. 국가는 1949~1979년까지 30년 동안 농업경제의 근대화를 향한 정상궤도에 따라 장난 농촌사회를 철저히 개편했다. 근대 농업기술을 보급하고 소규모 가구별로 이루어지던 농업을 집단농장으로 개조해 대규모 경영으로 전환했다. 또한 농촌의 수공업과 상업을 억제하고 농가부업을 제한하면서 농민들이 농업에 전념하게 해 전문화를 꾀했다. 그러나 노동생산율은 계속 하락했고 생산기술이 낙후되는 등 결과는 실패로 끝나고 말았다. 그러나 1979년부터 시작된 개혁은 집단농장을 다시 가구별 농업으로 되돌려 경영 규모를 축소시켰으며 농촌의 수공업, 상업, 부업을 장려해 농민들이 농민인 동시에 직공이고 상인이 될 수 있게 했다. 이러한 정책은 분명 '과거로의 회귀'이자 '근대화의 길'을 이탈한 것이었지만 뜻밖에도 장난 농업경제의 비약적인 고속성장을 이끌었다. 위의 책, 231~234쪽 참조.

79 위의 책, 55~56쪽 참조.

80 위의 책, 240~248쪽 참조.

81 許紀霖, 앞의 책, 437쪽.

82 위의 책, 437쪽.

83 위의 책, 437쪽.

84 위의 책, 441쪽.

85 이매뉴얼 월러스틴, 김재오 역, 앞의 책, 145쪽.

86 許紀霖, 앞의 책, 453쪽.

87 왕후이, 송인재 역, 『아시아는 세계다』, 글항아리, 2011, 409쪽.

88 위의 책, 9쪽.

89 위의 책, 410~411쪽.

90 김경일, 『제국의 시대와 동아시아 연대』, 창비, 2011, 7~10쪽 참조.

91 백영서, 「20세기형 동아시아문명과 국민국가를 넘어서 — 한민족 공동체의 선택」, 『동아시아의 귀환 — 중국의 근대성을 묻는다』, 창작과비평사, 2000, 16쪽.

제8장 — 동아시아문명과 한반도 진경문화

1 근대화는 'modernization'의 번역어로 등장한 말이다. 근대화는 그 진원지가 서구라는 점에서 유럽문명권에서 먼저 이루어진 논의를 그 용어와 함께 수입한 것이다. 그런데 중세화를 뜻하는 'medievalization'은 영어를 비롯한 서구어에는 없는 말이라고 한다. 그런 까닭에 일각에서는 동아시아의 용어 중세화를 medievalization으로 번역해 사용해야 함은 물론 동아시아학계가 앞서서 '중세화론'을 개척하고 정립해야 한다고 주장하게 된다. 조동일, 『동아시아문명론』, 지식산업사, 2010, 27~28쪽 참조.

2 김기봉, 『역사를 통한 동아시아공동체 만들기』, 푸른역사, 2007, 54쪽.

3 이경구, 「중화와 '문명' 개념의 내면화와 동일시」, 『개념의 번역과 창조 — 개념사로 본 동아시아 근대』, 돌베개, 2012, 16쪽 참조.

4 위의 글, 25쪽 참조.

5 이춘식, 『중화사상의 이해』, 신서원, 2003, 121~122쪽 참조.

6 『書經』「堯典」, "欽明文思"; 『書經』「舜典」, "濬哲文明"; 『周易』「乾卦」「文言」, "見龍在田, 天下文明"; 『周易』「大有」「象傳」, "其德剛健而文明, 應乎天而時行." 전홍석, 「조선 후기 국제 공공성 변동과 홍대용의 문명생태주의 담론 — 21세기 '생태 문명관' 모색을 중심으로」, 『동서철학연구』 67, 한국동서철학회, 2013, 110~111쪽 참조.

7 임형택, 『문명의식과 실학 — 한국 지성사를 읽다』, 돌베개, 2009, 21~22쪽 참조.

8 『中文大辭典』에서 '화(華)'를 찾아보면 "帝舜曰重華(『書經』「舜典」)를 용례로 들면서 역시 옛 성왕의 "문덕(文德)"으로 풀이하고 있다.

9 신정근, 『동중서(董仲舒) — 중화주의의 개막』, 태학사, 2004, 79~80쪽 참조.

10 김한규, 『천하국가 — 전통 시대 동아시아 세계 질서』, 소나무, 2005, 10쪽 참조.

11 위의 책, 5~15쪽 참조.

12 오석원, 『한국 도학파의 의리사상』, 성균관대 출판부, 2006, 47쪽 참조.

13 박충석, 『한국정치사상사』, 삼영사, 1982, 61~62쪽 참조.

14 김한규, 앞의 책, 11쪽 참조.

15 이성규, 「중화사상과 민족주의」, 정문길 · 최원식 · 백영서 · 전형준 편, 『동아시아, 문제와 시각』, 문학과지성사, 1995, 115 · 152쪽 참조.

16 조동일, 앞의 책, 23쪽.

17 책봉은 국서를 교환하고 천자가 국왕에게 금인(金印) 옥새(玉璽)를 주는 것으로 구체화되었으며 조공이라는 이름의 선물을 보내고 답례품을 받는 물물교환의 무역을 수반했다. 책봉과 조공이 짝을 이루어 '책봉조공체제'라는 말을 쓸 수 있다. 국서는 정신적 일체감을 문장으로 표현하고 금인은 권력의 정당성을 보장해주고 조공무역은 물질생활이 서로 연결되게 해서 문명권의 동질성을 여러 겹으로 다졌다. 위의 책, 202~203쪽 참조.

18 한 왕조는 중앙에서 군현에 관리를 파견하여 직접 지배하는 군현제(전국시대)와 아울러 황제의 일족이나 공신에게 왕이나 후(侯)와 같은 작위를 수여하고 국(國)이라는 봉토를 주는 봉건제(춘추시대)를 부활시켰다. 이것이 군국제(郡國制)인데 봉건제의 부분적 부

활을 통해 이를 이민족 국가에 적용, 주변 국가의 수장에게 왕이나 후 등의 작위를 부여함으로써 중국황제와 여러 민족의 수장이 군신관계를 맺는 형식이 탄생하게 되었다. 그리고 국내의 신하를 내신(內臣)이라 하고 주변민족의 수장을 외신(外臣)이라 하여 중국왕조 내부의 군신관계와 구별했다. 이성시, 박경희 역, 『만들어진 고대-근대 국민 국가의 동아시아 이야기』, 삼인, 2001, 142쪽 참조.

19 동아시아세계의 구조가 성격적으로 크게 변용된 것은 10세기 초 당의 명말 이후였다. 즉 당 왕조의 멸망(907) 이후에는 동아시아세계의 정일성이 정치면에서나 문화면에서 크게 동요를 일으켰다. 예컨대 이 시기 발해와 신라가 멸망했고 그때까지 중국왕조의 직접 지배를 받고 있던 베트남도 중국왕조의 지배에서 이탈해 독립했다. 일본에서도 다이라노 마사카도(平將門)의 난과 후지와라노 스미토모(藤原純友)의 난을 겪으면서 율령제가 이완하여 사회 상황이 변화해 간다. 문화면에서도 요(遼) 왕조에서는 거란문자, 일본에서는 가나문자, 그리고 서하(西夏)에서도 서하문자가 출현하는 등 이른바 국풍(國風)문화의 시대를 맞이한다. 이처럼 당의 멸망으로 국제적인 정치질서로서의 동아시아세계는 붕괴되었지만 이를 대신해서 경제권으로서의 동아시아세계가 탄생해 지속되었다. 즉 15세기 명 왕조가 책봉체제와 감합(勘合)무역체제를 결합시키면서 동아시아세계는 재흥되어 청 왕조로 바뀌면서 그 범위는 더욱 확대되었다. 위의 책, 147~149쪽 참조.

20 조동일, 앞의 책, 203쪽 참조.

21 동아시아의 경우 한족이 아닌 다른 민족의 통치자가 책봉의 주체 노릇을 하기 위해서는 자기 언어와 거리가 먼 한문을 사용하는 불편과 고통을 감수해야 했다. 중원을 통치하기 위해서는 한문을 익히는 데 그치지 않고 중국어 구어를 사용하기까지 해야 했다. 그 때문에 자기 민족어가 위축되고 마침내 민족 소멸의 위기까지 초래했던 것이다. 위의 책, 21·67·210쪽 참조.

22 이경구, 앞의 글, 24쪽 참조.

23 『禮記』「禮運」, "大道之行也, 天下爲公."

24 『正字通』, "中夏曰華, 言禮樂明備也";『史記』卷43「趙世家」, "中國者, 蓋聰明徇智之所居也, 萬物財用之所聚也, 聖賢之所敎也, 仁義之所施也, 詩書禮樂之所用也."

25 유승국, 『한국사상과 현대』, 동방학술연구원 출판부, 1988, 182쪽 참조.

26 부정적 측면에서 볼 때 중화사상은 역사의 전개 과정에서 역대 통일중국 군주들의 제왕사상과 통치이념에서 가장 이념화되고 정형화되었다. 그리고 중국의 전통과 윤리에 깊이 파고들어 중국 사대부계층의 독선적·배타적 사고방식과 중국 중심의 한정되고 편협된 세계관 형성에 결정적인 역할을 수행하기도 했다. 이춘식, 앞의 책, 151쪽 참조.

27 임형택, 앞의 책, 50~51쪽 참조.

28 본디 중세라는 말은 15세기 중엽 이탈리아 인문주의자들이 중세의 '낡은 사람들(anciens)'을 우리 시대의 '근대적인 사람들(modernes)', 즉 르네상스 인간들과 대비하기 위해 만든 것이다. 시기적으로는 476년 로마제국의 멸망으로부터 14~15세기 르네상스(전)까지를 가리키는 것으로 알려져 있다. 그러나 장기지속의 시간을 강조하는 아날학파(Annales)의 중세사가들은 4세기에서 18세기에 이르는 장기적 중세를 주장한다. 그 사이에 중세는 4~9세기의 지체된 고대이면서 봉건제도의 발생기(초기), 10~14세기의 번영과 대비약의 시대(중기-본래적 의미의 중세), 그리고 14~16세기의 위기의 시대(말기)를 겪으면서도 시민혁명의 시대까지 완강하게 존속했다는 것이다. 자크 르고프, 유희수 역, 『서양 중세문명』, 문학과지성사, 2012, 17~26쪽 참조.

29 아날학파의 '장기중세' 관점은 조동일의 생각과 겹친다. 조동일은 기존 유럽문명권중심
    주의의 그릇된 역사관을 비판하면서 '중세에서 근대로의 이행기'라는 다소 유연한 시각
    을 제시한다. 이 시기는 빠른 곳에서는 14세기에, 대개는 17세기에, 늦은 곳에서는 19세
    기 또는 20세기에 시작되었으며, 빠른 곳에서는 19세기에, 대개는 20세기에 끝나고, 늦
    은 곳에서는 아직 끝나지 않았다고 일반화해서 말할 수 있다. 그는 유럽문명권과 함께
    동아시아문명권 또한 비슷한 시기에 '중세에서 근대로의 이행기'에 들어서서 필요한 노
    력을 각기 진행했다고 천명한다. 이 시기는 세계사의 보편적이고 공통된 시대였음은 물
    론이고 이를 이해해야 동아시아의 근대가 스스로 준비되고 있었음을 알 수 있다는 것이
    다. 조동일, 앞의 책, 268~275쪽 참조.

30 윤사순, 『한국의 성리학과 실학』, 삼인, 1998, 13쪽 참조.

31 천라이(陳來), 안재호 역, 『송명 성리학』, 예문서원, 2006, 9쪽.

32 이경구, 앞의 글, 17~18쪽 참조.

33 박충석, 앞의 책, 61쪽 참조.

34 '중화'는 동아시아문명 이분법인 '화이관'과 맞물려 세 측면으로 의식화되었다. 첫째는
    중국이 문화적으로 가장 우수하며 주변의 이민족은 미개하다는 생각이다. 이 관념에 따라
    유교가 국교화된 한대 이후에는 중국문화의 핵심을 유교로 보았으며 중국의 천자가 유교문
    화의 총체적 담당자로서 주변의 이민족을 유교적 도로써 계서적으로 지배한다고 생각했다
    (문화적 화이관). 둘째는 이러한 문화의 우월의식으로 인해 중국민족이 가장 우수하며
    주변의 이민족은 중국민족보다 뒤떨어지고 중국민족만이 우월한 문화를 가질 수 있다고
    규정되었다(종족적 화이관). 셋째는 중국이 지리적으로도 세계의 중심에서 주변의 이민족
    을 지배한다는 의식이다(지리적 화이관). 이 세 측면의 화이관은 중국적 동아시아 국제질서
    가 형성된 이후에 그 질서를 지탱하는 이데올로기로 기능했다. 조성을, 「홍대용의 역사
    인식─화이관을 중심으로」, 진단학회 편, 『담헌서』, 일조각, 2001, 56쪽 참조.

35 실제 역사상 한족의 자존·자긍심은 물론 자신을 위협하는 타집단에 대한 격렬한 증오심
    과 저항을 자극·고무한 것도 바로 중화사상이었다. 그러나 화이사상이 이민족 지배에
    대한 저항의 논리뿐 아니라 그 지배의 정당성을 보증한 논리로도 기능했다는 것은 무척
    흥미 있는 사실이다. 이것은 결국 화이사상이 단순한 한족의 자기주장의 논리에 그치지
    않고 보편적인 세계질서의 원리로 발전할 수 있는 가능성을 내포했음을 시사한다. 이성
    규, 앞의 글, 109~110쪽 참조.

36 전홍석, 앞의 글, 114~115쪽 참조.

37 오석원, 앞의 책, 48·53·228쪽 참조.

38 전홍석, 앞의 글, 116·118쪽 참조.

39 정옥자, 『조선 후기 조선중화사상연구』, 일지사, 2010, 17쪽 참조.

40 최완수, 「조선 왕조의 문화절정기, 진경시대」, 『우리문화의 황금기 진경시대』 1, 돌베개,
    1998, 22쪽; 정옥자, 앞의 책, 17쪽 각각 참조.

41 유봉학, 『실학과 진경문화』, 신구문화사, 2013, 13~29쪽; 지두환, 「경연 과목의 변천과
    진경시대의 성리학」, 『우리문화의 황금기 진경시대』 1, 돌베개, 1998, 112쪽; 최영진,
    「우리문화의 황금기 진경시대, 그리고 그 뿌리로서의 조선성리학」, 『동아시아문화와 사
    상』 1, 열화당, 1998, 286쪽 각각 참조.

42 최근 임진왜란과 병자호란의 양란 이후를 조선 후기로 이해하고 무너져 내리는 사회로
    평가절하하던 기존의 이해방식에 문제를 제기하면서 인조반정을 기점으로 보려는 새로운

시각이 설득력을 갖게 되었다. 여기에 근거해보면 조선 후기는 1623년 인조반정부터 1894년 갑오경장 체제의 출범 이전까지를 지칭한다. 인조반정은 율곡 이이의 학문을 계승한 서인이 주도하고 퇴계 이황 계열인 남인이 동조하여 일으킨 정변으로 조선 후기 사회의 새로운 전개가 시작되는 분기점이다. 이 정변은 순수 성리학도의 권력 장악으로 성리학을 국교로 한 조선사회의 사상적 심화 과정이라는 관점에서 의미가 있다. 이들 사림정권은 양란으로 와해된 조선사회를 재건하기 위해 국가의 기본 방향을 도덕국가, 문화국가로 설정하여 밀고나갔다.(정옥자, 앞의 책, 11~12쪽 참조) 그리고 숙종 20년 (1694) 갑술환국(甲戌換局)을 끝으로 남인이 정치일선에서 완전히 제거되자 이후 정통 조선성리학파로 불리는 서인이 정계와 학계를 주도하면서 우리문화의 황금기 '진경시대' 를 열어간다.

43 최완수, 앞의 글, 13·19쪽 참조.

44 유봉학, 「경화사족의 사상과 진경문화」, 『우리문화의 황금기 진경시대』 1, 돌베개, 1998, 81~110쪽 참조.

45 황태연은 여러 국내외의 연구와 통계 자료를 통해서 18세기 조선이 당시 세계에서 가장 잘살았던 중국도 능가하고 유럽에서 가장 잘살았던 영국을 능가하는 생활 수준 세계1위 국가였다는 역사사실을 밝히고 있다. 가령 1780~1809년 사이 30년간 조선 숙련노동자의 실질임금(쌀 8.2kg)은 당시 영국에서 생활 수준이 가장 높은 곳인 런던(1750~59)의 숙련노동자 실질임금 수준(빵 8.13kg)을 상회했다. 또한 조선 전체의 총요소생산성(134)이 영국에서 가장 잘살던 잉글랜드(100)보다 훨씬 높았다고 한다. 황태연, 「조선시대 국가공공성의 구조변동과 근대화-'조선국'에서 '조선민국'으로, 다시 '대한제국'으로」, 『조선시대 공공성의 구조변동-국가·공론·민의 공공성, 그 길항과 접합의 역사』, 한국 학중앙연구원(조선시대 공공성의 구조변동 연구단) 국제학술심포지움, 2012.11, 237~ 241쪽 참조.

46 유봉학, 『실학과 진경문화』, 신구문화사, 2013, 291쪽 참조.

47 지두환, 앞의 글, 111~154쪽 참조.

48 전홍석, 「조선조 주자학, 이기심성론의 한국유학적 전개 양상-한·중 문화의 공유성과 평화공존의 의미를 중심으로」, 『문명교류연구』 2, 한국문명교류연구소, 2011, 299~ 329쪽 참조. 조선 후기 진경문화의 쇠퇴를 이끈 '북학론'은 중화계승의식이 문화적 화이 관의 성립 등으로 강화되면서 초래된 한 논리적 귀결이었지만 여기에는 문화적 화이관이 극도로 변형될 경우 중화와 이적의 구분 자체를 무의미하게 만드는 가능성이 내포되어 있었다. 객관적인 지역이 아니라 주관적인 문화로 중화와 이적이 구분된다면 누가 중화 문명을 더 순수하게 계승했는가, 그리고 중화문명의 본질을 어떻게 규정하는가에 따라서 중화와 이적의 구분이 유동적으로 되며, 더 나아갈 경우 중화와 이적의 구분이 무의미해 질 가능성이 생기기 때문이다. 담헌(湛軒) 홍대용(洪大容)의 '화이일론'은 바로 이런 인 식의 가장 극단적인 지점에 서 있었고 '화이'의 구분 자체에 대한 부정으로 이해될 수 있는 측면을 담지하고 있다. 따라서 문화적 화이관의 전개와 변형에 따른 청에 대한 긍정 적 평가를 하나의 배경으로 하고서 그 위에 청과 청이 보유하고 있는 문물을 구분하게 되면 북학론으로까지 나아갈 수 있었다. 허태용, 「조선 후기 중화의식의 계승과 변용」, 인하대 한국학연구소 편, 『중국 없는 중화』, 인하대 출판부, 2009, 318·320쪽 참조.

49 이경구, 앞의 글, 19쪽 참조.

50 박은순, 「진경산수화 연구에 대한 비판적 검토-진경문화·진경시대론을 중심으로」,

『한국사상사학』 28, 한국사상사학회, 2007, 73~99쪽 참조.

51 조남호, 「김창협학파와 진경산수화」, 『철학연구』 71, 철학연구회, 2005, 120쪽.

52 이 '동아시아아이덴티티담론'을 해부해보면 다음 세 가지의 테제로 나눌 수 있다. 첫째는 동아시아의 역내 국가·민족, 또는 모든 구성단위들이 모두 공통된 문화적 특성을 공유한다는 것(문화적 동질성 테제－자기 동일성·일체감으로서의 아이덴티티), 둘째는 이러한 동아시아만의 문화적 특성은 서구문화와는 다른 독자적 특성이라는 것(동아시아적 특수성 테제－주체성, 독자성, 개성으로서의 아이덴티티), 셋째는 이러한 동아시아만의 문화적 특성이 동아시아 또는 그 주민들의 정체성을 형성한다(동아시아 정체성 테제－정체성으로서의 아이덴티티)는 것이다. 이 동아시아아이덴티티담론은 동아시아에 단일의 문화적 공동체를 형성하는 작업도 가능하다는 점을 시사하고 있다. 박승우, 「동아시아담론의 현황과 문제」, 동아시아공동체연구회 편, 『동아시아공동체와 한국의 미래－동북아를 넘어 동아시아로』, 이매진, 2008, 316~317쪽 참조.

53 오석원, 앞의 책, 54쪽 참조.

54 천라이(陳來), 안재호 역, 앞의 책, 8쪽 참조.

55 조동일, 앞의 책, 17쪽.

56 이경구, 앞의 글, 22쪽 참조.

참고문헌

1차 자료

『史記』, 『書經』, 『禮記』, 『正字通』, 『周易』, 『中文大辭典』.

논저

강상중, 이경덕·임성모 역, 『오리엔탈리즘을 넘어서』, 이산, 2000.

강정인, 『서구중심주의를 넘어서』, 아카넷, 2004.

강진아, 「16~19세기 중국경제와 세계체제-'19세기 분기론'과 '중국중심론'」, 『이화사학연구』 31, 이화여대 이화사학연구소, 2004.

_____, 「중국의 부상과 세계사의 재조명-캘리포니아학파에서 글로벌 헤게모니論까지」, 『역사와경계』 80, 경남사학회, 2011.

고성빈, 「한국과 중국의 '동아시아 담론'-상호 연관성과 쟁점의 비교 및 평가」, 『국제지역연구』 16-3, 서울대 국제학연구소, 2007.

고야스 노부쿠니(子安宣邦), 「일본 쇼와(昭和) 시기 '동아'의 이념」, 김시업·마인섭 편, 『동아시아학의 모색과 지향』, 성균관대 출판부, 2005.

김경일, 「동아시아와 세계체제 이론」, 김경일 편, 『지역연구의 역사와 이론』, 문화과학사, 1998.

_____, 「전후 미국에서 지역연구의 성립과 발전」, 김경일 편, 『지역연구의 역사와 이론』, 문화과학사, 1998.

_____, 『제국의 시대와 동아시아 연대』, 창비, 2011.

김기봉, 『역사를 통한 동아시아공동체 만들기』, 푸른역사, 2007.

김두진·이내영, 「유럽산업혁명과 동아시아 '대분기(Great Divergence)' 논쟁」, 『아세아연구』 55-2(통권148), 고려대 아세아문제연구소, 2012.

김명섭, 「탈냉전기 국제정치학의 문명패러다임」, 『한국정치학회보』 37-3, 한국정치학회, 2003.

김영호, 「국제-안중근 동양평화론 토대 위에 '동북아 건축학개론' 열어라」, 『한겨레』, 2014.1.2.

김유은, 「일본 하토야마 총리의 동아시아공동체 구상-한계와 전망」, 『평화학연구』 10-4, 한국평화연구학회, 2009.

김준석, 『근대국가』, 책세상, 2011.

김지하, 「동서 통합으로부터 '붉'을 향하여」, 장파·유중하 외역, 『동양과 서양, 그리고 미학』, 푸른숲, 2009.

김한규, 『천하국가-전통 시대 동아시아 세계 질서』, 소나무, 2005.

김형찬, 「동아시아공동체와 한국철학의 정체성」, 『오늘의동양사상』 14, 예문동양사상연구원, 2006.

도널드 K. 에머슨, 「'동남아시아'-이름의 유래와 역사」, 김경일 편저, 『지역연구의 역사와 이론』, 문화과학사, 1998.

두웨이밍(杜維明), 「지역적 지식의 세계적 중요성-유가 인문주의에 관한 새로운 시각」, 김시업·

마인섭 편, 『동아시아학의 모색과 지향』, 성균관대 출판부, 2005.

문순홍, 「온생명과 정치사회 체제」, 『동아시아문화와 사상』 4, 열화당, 2000.

미조구치 유조(溝口雄三), 「동아시아 연구의 시각에 관한 모색―중국 연구를 중심으로」, 김시업·마인섭 편, 『동아시아학의 모색과 지향』, 성균관대 출판부, 2005.

박길성, 『세계화―자본과 문화의 구조변동』, 사회비평사, 1996.

박명규, 「복합적 정치 공동체와 변혁의 논리―동아시아적 맥락」, 『창작과비평』, 2000.봄.

박사명, 「동아시아공동체의 의의와 과제」, 동아시아공동체연구회 편, 『동아시아공동체와 한국의 미래―동북아를 넘어 동아시아로』, 이매진, 2008.

박섭, 「서평―안드레 군더 프랑크, 『리오리엔트』(이희재 역, 이산, 2004)」, 『역사와 경계』 53, 경남사학회, 2004.

박승우, 「동아시아 담론의 현황과 문제」, 동아시아공동체연구회 편, 『동아시아공동체와 한국의 미래―동북아를 넘어 동아시아로』, 이매진, 2008.

_____, 「동아시아공동체 담론 리뷰」, 『아시아리뷰』 1-1, 서울대 아시아연구소, 2011.

박은순, 「진경산수화 연구에 대한 비판적 검토―진경문화·진경시대론을 중심으로」, 『한국사상사학』 28, 한국사상사학회, 2007.

박이문, 『나비의 꿈이 세계를 만든다―동서세계관의 대화』, 웅진 문학에디션 뿔, 2007.

_____, 『문명의 미래와 생태학적 세계관』, 당대, 2000.

_____, 『자연, 인간, 언어』, 철학과현실사, 1998.

박충석, 『한국 정치사상사』, 삼영사, 1982.

백낙청, 「21세기 한국과 한반도의 발전전략을 위해」, 백낙청 외편, 『21세기의 한반도 구상』, 창비, 2005.

_____, 「미래를 여는 우리의 시각을 찾아」, 『창작과비평』 79, 창작과비평사, 1993.

_____, 「김영호 씨의 분단체제론 비판에 관하여」, 『흔들리는 분단체제』, 창비, 2017.

_____, 「분단체제 극복운동의 일상화를 위해」, 『흔들리는 분단체제』, 창비, 2017.

_____, 「한반도 평화통일을 위한 새 발상」, 『한반도식 통일, 현재진행형』, 창비, 2006.

백승욱, 『자본주의 역사 강의―세계체계 분석으로 본 자본주의의 기원과 미래』, 그린비, 2018.

백영서, 「20세기형 동아시아문명과 국민국가를 넘어서―한민족 공동체의 선택」, 『동아시아의 귀환―중국의 근대성을 묻는다』, 창비, 2000.

_____, 「'핵심현장'에서 찾는 동아시아 공생의 길」, 『핵심현장에서 동아시아를 다시 묻다』, 창비, 2013.

_____, 「동아시아론과 근대 적응·근대 극복의 이중과제」, 『핵심현장에서 동아시아를 다시 묻다』, 창비, 2013.

_____, 「변하는 것과 변하지 않는 것―한중관계의 과거·현재·미래」, 『핵심현장에서 동아시아를 다시 묻다』, 창비, 2013.

_____, 「복합국가와 '근대의 이중과제'―20세기 동아시아사 다시 보기」, 『핵심현장에서 동아시아를 다시 묻다』, 창비, 2013.

_____, 「제국을 넘어 동아시아공동체로」, 『핵심현장에서 동아시아를 다시 묻다』, 창비, 2013.

_____, 「중국에 '아시아'가 있는가?―한국인의 시각」, 정문길 외편, 『발견으로서의 동아시아』,

문학과지성사, 2000.

_____, 「중화제국론의 동아시아적 의미−비판적 중국연구의 모색」, 『핵심현장에서 동아시아를 다시 묻다』, 창비, 2013.

_____, 『동아시아의 귀환−중국의 근대성을 묻는다』, 창비, 2000.

_____, 「동아시아공동체로 가는 길−일곱 가지 질문」(초청 세미나−'동북아시아 연구의 현황과 과제 / 바람직한 연구공동체의 상' 자료), 원광대 동북아시아인문사회연구소, 2018.4.4.

쉬슈리, 「중국의 동아시아 의식과 동아시아 서술」, 동북아역사재단 편, 『동북아역사재단 학술회의 자료집−역사적 관점에서 본 동아시아의 아이덴티티와 다양성』, 동북아역사재단, 2010.

스테판 다나카, 「근대 일본과 '동양'의 창안」, 정문길·최원식·백영서·전형준 편, 『동아시아, 문제와 시각』, 문학과지성사, 1995.

신정근, 『동중서(董仲舒)−중화주의의 개막』, 태학사, 2004.

신종훈, 「유럽 정체성과 동아시아공동체 담론−동아시아공동체의 정체성에 대한 비판적 질문」, 『역사학보』 221, 역사학회, 2014.

신진욱, 『시민』, 책세상, 2009.

아리프 딜릭, 「아시아−태평양권이라는 개념−지역 구조 창설에 있어서 현실과 표상의 문제」, 정문 길·최원식·백영서·전형준 편, 『동아시아, 문제와 시각』, 문학과지성사, 1995.

안정옥, 「동아시아 현대 이행의 장기사적 쟁점−역사적 시간(성), 동아시아 경로, 다중현대(성)」, 『담론201』 21-1, 한국사회역사학회, 2018.

안종석, 「영국 산업혁명의 원인 논쟁에 대한 비판적 검토와 '대분기'의 재고찰−'제도·문화적 해석'의 한계와 '경제적 해석'의 도전」, 『사회와역사』 103, 한국사회사학회, 2014.

야노 도오루(矢野暢), 「지역연구란 무엇인가?」, 김경일 편, 『지역연구의 역사와 이론』, 문화과학사, 1998.

야마모토 가쯔야(山本和也), 「하토야마정권의 동아시아공동체 구상과 아시아 지역주의」, 『입법과 정책』 1-1, 한국입법정책학회, 2009.

오석원, 『한국 도학파의 의리사상』, 성균관대 출판부, 2006.

유봉학, 「경화사족의 사상과 진경문화」, 『우리문화의 황금기 진경시대』 1, 돌베개, 1998.

_____, 『실학과 진경문화』, 신구문화사, 2013.

유승국, 『한국사상과 현대』, 동방학술연구원 출판부, 1988.

윤명철, 「'동아시아 평화공동체' 실현을 위한 문명권 설정의 제안」, 『평화와 창조를 위한 동아시아 학의 제 양상』(제69회 정기학술대회 발표 자료집), 동아시아고대학회·경희대 인문학연구원, 2018.

윤사순, 『한국의 성리학과 실학』, 삼인, 1998.

윤여일, 「탈냉전기 한국지식계 동아시아 담론의 이행과 분화」(초청 세미나−인문한국플러스 1차 년도 제10차 워크숍 자료집), 원광대 동북아시아인문사회연구소, 2018.5.8.

윤현근, 「동아시아공동체 수립에 있어서 동아시아 지역주의의 근원과 함의」, 『국방연구』 52-3, 국방대 안보문제연구소, 2009.

이경구, 「중화와 '문명' 개념의 내면화와 동일시」, 『개념의 번역과 창조―개념사로 본 동아시아 근대』, 돌베개, 2012.

이규수, 「근대 일본의 동아시아 인식체계―'문명'과 '야만'의 역전」, 성균관대 동아시아역사연구소 편, 『서구학문의 유입과 동아시아 지성의 변모』, 선인, 2012.

이기호, 「동아시아 시민사회 지역구상에 대한 고찰」, 『동향과전망』 78, 박영률출판사, 2010.

이매뉴얼 월러스틴, 「지식의 재구조화와 분석단위의 전이―국가로부터 초국가(trans-state)로」, 김경일 편, 『지역연구의 역사와 이론』, 문화과학사, 1998.

이성규, 「중화사상과 민족주의」, 정문길 · 최원식 · 백영서 · 전형준 편, 『동아시아, 문제와 시각』, 문학과지성사, 1995.

이성시, 박경희 역, 『만들어진 고대―근대 국민 국가의 동아시아 이야기』, 삼인, 2001.

이시재, 「시론―영토분쟁 푸는 동아시아공동체 구상」, 『한겨레』, 2012.12.4, 31면.

이영석, 「'대분기'와 근면혁명론」, 『역사학연구』 58, 호남사학회, 2015.

_____, 『공장의 역사―근대 영국사회와 생산, 언어, 정치』, 푸른역사, 2012.

이용일, 「유럽중심주의와 근대화―미국적 세계지배비전으로 근대화이론의 형성과 독일사적 전유」, 『유럽중심주의 비판과 주변의 재인식』, 미다스북스, 2010.

이우성, 「동아시아와 한국」, 김시업 · 마인섭 편, 『동아시아학의 모색과 지향』, 성균관대 출판부, 2005.

이유선, 「동아시아공동체의 가능성과 시민사회」, 『사회와 철학』 11, 사회와철학연구회, 2006.

이진우, 『포스트모더니즘의 철학적 이해』, 서광사, 1993.

이춘식, 『중화사상의 이해』, 신서원, 2003.

임형택, 『문명의식과 실학―한국 지성사를 읽다』, 돌베개, 2009.

장회익, 「온생명과 인류문명」, 『동아시아문화와 사상』 4, 열화당, 2000.

전형준, 「같은 것과 다른 것―방법으로서의 동아시아」, 최원식 · 백영서 편, 『동아시아인의 '동양' 인식』, 창비, 2010.

전홍석, 「동서 '문화 · 문명'의 개념과 그 전개―현대 문명담론의 개념적 이해를 중심으로」, 『동양철학연구』 63, 동양철학연구회, 2010.

_____, 「동아시아모델의 전환―중세화론과 진경문화」, 황태연 외편, 『조선시대 공공성 담론의 동학』, 한국학중앙연구원 출판부, 2016.

_____, 「동아시아 문명공동체 로드맵―역내 인문 · 종교 · 문화예술 네트워크 제안」, 『양명학』 50, 한국양명학회, 2018.

_____, 「동아시아와 문명-세계체제론적 전망―서구적 시각을 중심으로」, 『동양철학연구』 99, 동양철학연구회, 2019.

_____, 「세계화와 문명―서구보편주의 비판―21세기 문명인의 재탄생」, 『동서철학연구』 60, 한국동서철학회, 2011.

_____, 「조선 후기 국제 공공성 변동과 홍대용의 문명생태주의 담론―21세기 '생태 문명관' 모색을 중심으로」, 『동서철학연구』 67, 한국동서철학회, 2013.

_____, 「조선조 주자학, 이기심성론의 한국유학적 전개 양상－한·중 문화의 공유성과 평화공존의 의미를 중심으로」, 『문명교류연구』 2, 한국문명교류연구소, 2011.

_____, 「주첸즈의 '중국문화공간설－남방문화운동' 고찰－세계단위론의 재발명주의적 접근」, 『동아시아고대학』 51, 동아시아고대학회, 2018.

_____, 「현대 문명담론의 이해와 전망 2－현대 문명강권주의 비판 담론－반서구중심주의를 중심으로」, 『동서철학연구』 58, 한국동서철학회, 2010.

_____, 「현대문명의 생태학적 전환 : 생태와 문명의 교차점－보편주의와 다원주의의 회통」, 『동서철학연구』 61, 한국동서철학회, 2011.

_____, 『문명 담론을 말하다－현대 '문명학' 정립을 위한 시론』, 푸른역사, 2013.

_____, 『초기 근대 서구지식인의 동아시아상과 지식체계 : 예수회 선교사의 유교오리엔트－호혜적 교류 형상』, 동과서, 2018.

정수일, 『문명담론과 문명교류』, 살림, 2009.

정옥자, 『조선 후기 조선 중화사상 연구』, 일지사, 2010.

조남호, 「김창협학파와 진경산수화」, 『철학연구』 71, 철학연구회, 2005.

조동일, 「유학사상과 현대학문」, 『동아시아문화와 사상』 1, 열화당, 1998.

_____, 『동아시아문명론』, 지식산업사, 2010.

_____, 『하나이면서 여럿인 동아시아 문학』, 지식산업사, 1999.

조반니 아리기, 하남석 외역, 「장기적인 관점으로 본 중국의 시장 경제」, 『중국, 자본주의를 바꾸다』, 미지북스, 2012.

조성을, 「홍대용의 역사 인식－화이관을 중심으로」, 진단학회 편, 『담헌서』, 일조각, 2001.

지두환, 「경연 과목의 변천과 진경시대의 성리학」, 『우리문화의 황금기 진경시대』 1, 돌베개, 1998.

징하이펑, 「세계의 문화다원적 구조와 유학의 위상」, 『동아시아문화와 사상』 6, 동아시아문화포럼, 열화당, 2001.

천관우, 「민족통일을 위한 나의 제언」, 『장소』 19/2.9.

최민자, 「정치학적 측면에서 본 동아시아론－동아시아론을 위한 小考」, 『동아시아문화와 사상』 1, 열화당, 1998.

최영진, 「우리문화의 황금기 진경시대, 그리고 그 뿌리로서의 조선성리학」, 『동아시아문화와 사상』 1, 열화당, 1998.

최완수, 「조선 왕조의 문화절정기, 진경시대」, 『우리문화의 황금기 진경시대』 1, 돌베개, 1998.

최원식, 「대국과 소국의 상호 진화」, 『제국 이후의 동아시아』, 창비, 2009.

_____, 「동아시아 공동어를 찾아」, 『제국 이후의 동아시아』, 창비, 2009.

_____, 『생산적 대화를 위하여』, 창작과비평사, 1997.

프라센짓 두아라, 「민족의 지구적, 지역적 구성－동아시아로부터의 관점」, 심재훈 편, 『화이부동의 동아시아학－민족사와 고대 중국 연구 자료 성찰』, 푸른역사, 2012.

하병주, 「지역학의 정체성과 패러다임 모색 I」, 『지중해지역연구』 9-1, 부산외대, 2007.

하세봉, 「한국학계의 동아시아 만들기」, 『동아시아문화와 사상』 4, 열화당, 2000.

하영선, 「동아시아공동체-신화와 현실」, 하영선 편, 『동아시아공동체-신화와 현실』, (재)동아시아연구원, 2010.

한석희 · 강택구, 「동아시아공동체 형성과 중국의 인식-EAS에 대한 정책적 함의」, 『한국정치학회보』 43-1, 한국정치학회, 2009.

함재봉, 『유교 자본주의 민주주의』, 전통과현대, 2000.

허태용, 「조선 후기 중화의식의 계승과 변용」, 인하대 한국학연구소 편, 『중국 없는 중화』, 인하대출판부, 2009.

황태연, 「조선시대 국가공공성의 구조변동과 근대화-'조선국'에서 '조선민국'으로, 다시 '대한제국'으로」, 『조선시대 공공성의 구조변동-국가 · 공론 · 민의 공공성, 그 길항과 접합의 역사』, 한국학중앙연구원(조선시대 공공성의 구조변동 연구단) 국제학술심포지움, 2012.11.

_____, 『공자와 세계 1-패치워크문명 시대의 공맹 정치철학』 제1권 공자의 지식철학(상), 청계출판사, 2011.

천라이, 안재호 역, 『송명 성리학』, 예문서원, 2006.

마크 엘빈, 이춘식 · 김정희 · 임중혁 역, 『중국역사의 발전 형태』, 신서원, 1989.

마틴 자크, 안세민 역, 『중국이 세계를 지배하면』, 부키, 2010.

쉬지린, 송인재 역, 『왜 다시 계몽이 필요한가-현대 지식인의 사상적 부활』, 글항아리, 2013.

쑨꺼, 류준필 외역, 『아시아라는 사유공간-동아시아의 비판적 지성』, 창비, 2003.

안쏘니 기든스, 진덕규 역, 『민족국가와 폭력』, 삼지원, 1991.

앤드류 허렐, 「제3판 머리말-『무정부 사회』 이후 25년」, 헤들리 불, 진석용 역, 『무정부 사회-세계정치에서의 질서에 관한 연구』, 나남, 2012.

에드워드 사이드, 성일권 편역, 『도전받는 오리엔탈리즘』, 김영사, 2001.

왕후이, 송인재 역, 『아시아는 세계다』, 글항아리, 2011.

자오팅양, 노승현 역, 『천하체계-21세기 중국의 세계 인식』, 길, 2010.

자크 르고프, 유희수 역, 『서양 중세문명』, 문학과지성사, 2012.

타나까 아끼히꼬, 이웅현 역, 『새로운 중세-21세기의 세계시스템』, 지정, 2000.

하야미 아키라, 조성원 · 정안기 역, 『근세 일본의 경제 발전과 근면혁명-역사인구학으로 본 산업혁명 vs 근면혁명』, 혜안, 2006.

홍호평, 하남석 외역, 「지구적 자본주의의 세 전환과 중국의 부상」, 『중국, 자본주의를 바꾸다』, 미지북스, 2012.

杜維明, 『對話與創新』, 桂林 : 廣西師範大學出版社, 2005(뚜웨이밍, 김태성 역, 『문명들의 대화-동아시아문명은 세계에 어떤 비전을 제시할 수 있는가』, 휴머니스트, 2006).

李伯重, 『理論, 方法, 發展趨勢-中國經濟史研究新探』, 北京 : 淸華大學出版社, 2002 (리보중, 이화승 역, 『중국경제사 연구의 새로운 모색』, 책세상, 2006).

毛澤東, 『毛澤東選集』, 北京 : 人民出版社, 1967.

胡錦濤, "在中國-東盟領導人非正式會晤上的講話", 1998.12.16.

許紀霖, 「特殊的文化, 還是新天下主義」, 『文化縱橫』 第2期, 2012.

_____, 『家國天下-現代中國的個人、國家與世界認同』, 上海 : 世紀文景・上海人民出版社, 2017.

韓昇, 『東亞世界形成史論』, 上海 : 復旦大學出版社, 2009.

中共中央文獻編輯委員會 編, 『江澤民文選』第三卷, 北京 : 人民出版社, 2006.

中共中央宣傳部, 『習近平總書記系列重要講話讀本』, 北京 : 人民出版社, 2014.

齊藤修, 『プロト工業化の時代』, 東京 : 日本評論社, 1985.

李文, 『東亞合作的文化成因』, 北京 : 世界知識出版社, 2005.

楊軍・張乃和 主編, 『東亞史-從史前至20世紀末』, 長春 : 長春出版社, 2006.

白井聰, 「「陸のの帝國」の新時代は近代を超えうるか」, 『atプラス』12, 2012.

"Towards an East Asian Community : Region of Peace, Prosperity and Progress," East Asia Vision Group Report, 2001.

Allen, Robert C., "American exceptionalism as a problem in global history", *Department of Economics Discussion Paper Series* No. 689, 2013.

_____, *Global Economic History*, Oxford : Oxford University Press, 2011(로버트 C. 앨런, 이강국 역, 『세계경제사』, 문학동네・교유서가, 2019).

Allen, Robert C., *The British Industrial Revolution in Global Perspective*, Cambridge : Cambridge University Press, 2009.

Armstrong, Karen, *The Great Transformation : The World in the Time of Buddha, Socrates, Confucius and Jeremiah*, London : Atlantic Books, 2007(카렌 암스트롱, 정영목 역, 『축의 시대―종교의 탄생과 철학의 시작』, 교양인, 2011).

Arrighi, Giovanni, "Globalization and the Rise of East Asia : Lessons from the Past, Prospects and the Future", *Paper prepared for the Seminar Latin America : Globalization and Integration*, organized by the Instituto Brasileiro de Estudos Contemporaneos, Belo Horizonte, Brazil, 1997.

Arrighi, Giovanni, "The Rise of East Asia and the Withering Away of the Interstate System", *Paper prepared for the Session on Global Praxis and the Future of the World-System, 90th Annual Meeting of the American Sociological Association*, Washington, DC, 1995, August 19~23.

Arrighi, Giovanni, *Adam Smith in Beijing : Lineages of the Twenty-First Century*, New York : Verso Press, 2007(조반니 아리기, 강진아 역, 『베이징의 애덤 스미스―21세기의 계보』, 길, 2009).

Arrighi, Giovanni, *The Long Twentieth Century : money, power, and the origins of our times*, New York : Verso, 1994(조반니 아리기, 백승욱 역, 『장기 20세기―화폐, 권력, 그리고 우리 시대의 기원』, 그린비, 2008).

Arrighi, Giovanni・Satoshi Ikeda・Alex Irwan, "The Rise of East Asia : One Miracle or Many?", in R. A. Palat(ed.), *Pacific Asia and the Future of the World-System*, Westport

: Greenwood, 1993.

Arrighi, Giovanni · Takeshi Hamashita · Mark Selden, "The Rise of East Asia in World Historical Perspective", *Paper Prepared for the Planning Workshop held at the Fernand Braudel Center*, State University of New York at Binghamton, 1996.

Bell, Daniel, *The Coming of Post-Industrial Society : A Venture in Social Forecasting*, New York : Basic Books, 1999(다니엘 벨, 김원동·박형신 역, 『탈산업사회의 도래』, 아카넷, 2006).

Blaut, James M., *Eight Eurocentric Historians*, New York : Guilford Press, 2000(제임스 M. 블로트, 박광식 역, 『유럽 중심주의를 비판한다―역사학의 함정』, 푸른숲, 2008).

Braudel, Fernand, *On History*, Chicago : Univ. of Chicago Press, 1980.

Bull, Hedley, *The Anarchical Society : A Study of Order in World Politics*, 3rd edition, New York : Columbia University Press, 2002 (헤들리 불, 진석용 역, 『무정부 사회―세계정치에서의 질서에 관한 연구』, 나남, 2012).

Coclanis, P., "Ten Years After", *Historically Speaking*, 12-4, 2011.

Dawson, Christopher, *Progress and Religion : An Historical Enquiry, Westport*, Conneticut : Greenwood Press, 1970.

Fairbank, John K. · Edwin O. Reischauer, *East Asia : The Great Tradition*, Boston : Houghton Mifflin, 1960.

Fangyin, Zhou, "Equilibrium Analysis of the Tributary System", *The Chinese Journal of International Politics*, Vol. 4, No. 2, 2011.

Frank, Andre Gunder, *ReORIENT : Global Economy in the Asian Age*, Berkeley : University of California Press, 1998 (안드레 군더 프랑크, 이희재 역, 『리오리엔트』, 이산, 2003).

Hamilton, Clive, *Growth Fetish*, Ann Arbor : Univ. of Michigan Pr, 2004(클라이브 해밀턴, 김홍식 역, 『성장숭배―우리는 왜 경제성장의 노예가 되었는가』, 바오출판사, 2011).

Held, David · Anthony McGrew · David Goldblatt · Jonathan Perraton, *Global Transformations : Politics, Economics and Culture*, Stanford, CA : Stanford University Press, 1999.

Hicks, John, *A Theory of Economic History*, Oxford : Glarendon Press, 1991.

Hobson, John M., *The Eastern Origins of Western Civilisation*, New York : Cambridge University Press, 2004 · 2008 (존 M. 홉슨, 정경옥 역, 『서구문명은 동양에서 시작되었다』, 에코리브르, 2005).

Huntington, Samuel, *The Clash of Civilizations and the Remaking of World Order*, New York : Touchstone, 1997(새뮤얼 헌팅턴, 이희재 역, 『문명의 충돌』, 김영사, 1998).

Jaspers, Karl, *Vom Ursprung und Ziel der Geschichte*, Frankfurt : Fischer Bücherei, 1956(칼 야스퍼스, 백승균 역, 『역사의 기원과 목표』, 이화여대 출판부, 1987).

Korhonen, Pekka, "Asia's Chinese Name", *Inter-Asia Cultural Studies*, Vol. 3, No. 2, 2002.

Landes, David S., *The Wealth and Poverty of Nations : Why Some Are So Rich and Some So Poor*, New York : W. W. Norton & Company, 1999(데이비드 S. 랜디스, 안진환·최소영 역, 『국가의

부와 빈곤』, 한국경제신문, 2009).

Maddison, Angus, *Chinese Economic Performance in the Long Run, The Eight Annual World History Association International Congress*, Victoria Canada, 1999.

Maddison, Angus, *Contours of the World Economy*, Oxford : Oxford University Press, 2007.

Mendels, Franklin F., "Proto-industrialization : The first phase of the industrialization Process", *Journal of Economic History*, 32-1, 1972.

Milbank, John, "A gainst the Resignations of the Age", In McHugh, F. P., and S. M. Natale, eds. *Things Old and New : Catholic Social Teaching Revisited*, New York : University of America, 1993.

Mokyr, Joel, *A Culture of Growth : The Origins of the Modern Economy*, Princeton, New Jersey : Princeton University Press, 2017(조엘 모키르, 김민주·이엽 역, 『성장의 문화—현대 경제의 지적 기원』, 에코리브르, 2018).

Moulder, Frances, *Japan, China, and the Modern World Economy*, Cambridge : Cambridge University Press, 1977.

Müller, Harald, *Das Zusammenleben der Kulturen : Ein Gegenentwurf zu Huntington*, Frankfurt am Main : Fischer Taschenbuch Verlag, 1998(하랄트 뮐러, 이영희 역, 『문명의 공존』, 푸른숲, 2002).

Murphey, Rhoads, *The Outsiders : The Western Experience in India and China*, Ann Arbor : The University of Michigan Press, 1975.

Perkins, Dwight, *China : Asia's Next Economic Giant?*, Seattle : University of Washington Press, 1986.

Pomeranz, Kenneth, *The Great Divergence : China, Europe, and the Making of the Modern World Economy*, Princeton : Princeton University Press, 2000 (케네스 포메란츠, 김규태·이남희·심은경 역, 김형종 감수, 『대분기—중국과 유럽, 그리고 근대세계 경제의 형성』, 에코리브르, 2016).

Prewitt, Kenneth, "The Impact of the 'Developing World' upon U. S. Social Science Theory and Methodology", prepared for the Conference of Strengthening Social Science Capacity in the Developing Areas, Oct. 1908.

Renan, Ernest, *Qu'est-ce qu'une nation? et autres écrits politiques*, Imprimerie Nationale Editions, 1996 (에르네스트 르낭, 신행선 역, 『민족이란 무엇인가』, 책세상, 2002).

Rifkin, Jeremy, *The Empathic Civilization : The Race to Global Consciousness in a World in Crisis*, Cambridge, UK : Polity, 2010 (제러미 리프킨, 이경남 역, 『공감의 시대』, 민음사, 2010).

Rifkin, Jeremy, *The European Dream : How Europe's Vision of the Future is Quietly Eclipsing the American Dream*, New York : Tarcher, 2004(제러미 리프킨, 이원기 역, 『유러피언 드림—아메리칸 드림의 몰락과 세계의 미래』, 민음사, 2012).

Rozman, Gilbert, *The East Asian Region : Confucian Heritage and its Modern Adaptation, Princeton*, NJ : Princeton University Press, 1991.

Said, Edward W., *Orientalism*, New York : Random House, 1978 (에드워드 사이드, 박홍규 역, 『오리엔탈리즘』, 교보문고, 2015).

Stiglitz, Joseph E., *Globalization and its Discontents*, New York : Norton, 2002.

Sugihara Kaoru, "The East Asian Path of Economic Development : A Long-Term Perspective", in G. Arrighi · T. Hamashita · M. Selden, eds., *The Resurgence of East Asia : 500, 150 and 50 Year Perspectives*, London and New York : Routledge, 2003.

Wallerstein, Immanuel, "Japan and the Future Trajectory of the World-System : Lessons from History", *Geopolitics and Geoculture : Essays on the Changing World-System*, Cambridge : Cambridge University Press, 1991.

_____, "The Rise of East Asia, or The World-System in the Twenty-First Century", Keynote Address at Symposium on "Perspective of the Capitalist World-System in the Beginning of the Twenty-First Century", sponsored by Project, "Perspectives on International Studies", *Institute of International Studies*, Meiji Gakuin University, 1997.

_____, "The Three Instances of the Hegemony in the History of the Capitalist World-Economy", *Essential Wallerstein*, The New Press(2000), 1983.

_____, *European Universalism : The Rhetoric Power*, New York : New Press, 2006 (이매뉴얼 월러스틴, 김재오 역, 『유럽적 보편주의―권력의 레토릭』, 창비, 2008).

_____, *Historical Capitalism, with Capitalist Civilization*, London · New York : Verso, 1995(이매뉴얼 월러스틴, 나종일 · 백영경 역, 『역사적 자본주의/자본주의 문명』, 창비, 2001).

Wong, R. Bin, *China Transformed : Historical Change and the Limits of European Experience*, Ithaca : Cornell University Press, 1997.

찾아보기